工业自动化与智能化丛书

技术系统进化树

分析预测，洞见未来

王健 李荒野 ◎编著

机械工业出版社
CHINA MACHINE PRESS

图书在版编目（CIP）数据

技术系统进化树：分析预测，洞见未来 / 王健，李荒野编著. -- 北京：机械工业出版社，2024.11. （工业自动化与智能化丛书）. -- ISBN 978-7-111-76856-2

I. F062.4

中国国家版本馆 CIP 数据核字第 2024DS3239 号

机械工业出版社（北京市百万庄大街 22 号　邮政编码 100037）
策划编辑：王　颖　　　　　　　　　责任编辑：王　颖　于伟蓉
责任校对：杜丹丹　张慧敏　景　飞　责任印制：常天培
北京宝隆世纪印刷有限公司印刷
2024 年 12 月第 1 版第 1 次印刷
165mm×225mm・13.75 印张・1 插页・275 千字
标准书号：ISBN 978-7-111-76856-2
定价：99.00 元

电话服务　　　　　　　　　网络服务
客服电话：010-88361066　　机　工　官　网：www.cmpbook.com
　　　　　010-88379833　　机　工　官　博：weibo.com/cmp1952
　　　　　010-68326294　　金　书　网：www.golden-book.com
封底无防伪标均为盗版　　　机工教育服务网：www.cmpedu.com

Preface 前言

本书是从讨论技术信息结构化的必要性开始的。技术发展是创新的成果，随着技术的不断进步，创新变得越来越困难。为此，人们开始总结产生创意的规律，形成创新方法。创新方法提高了创新效率，促进了技术快速发展，反过来技术的发展也促使创新方法不断地改进和完善，最终形成体系化的创新理论。发明问题解决理论（TRIZ）就是这样的非常高效的创新理论，其核心是揭示问题本质并解决矛盾。围绕这一核心，TRIZ 发展出许多不同的工具，其中描述矛盾的模型和消除矛盾的发明原理是最基本的工具；最终理想结果是形成并尖锐化矛盾的思考方式，也是衡量解决方案是否可行的标准；技术进化法则指出了技术系统发展的规律与方向，极大地缩小了解决方案的选择范围；解决矛盾和问题的流程和发展想象力的工具能最大限度地避免思维定式对产生创意的影响。此外，应用科学原理或类比其他行业解决类似问题的技术方案是超越个人经验和本企业甚至本行业知识范围的重要手段。

这些解决矛盾和问题的工具都离不开技术信息检索，应用信息检索工具能快速找到"强效的解决方案域"，并获得若干适合当前问题的解决方案。但这还不够，在实际项目中，还要确保已经彻底研究了所有可能的解决方案，并拥有一张能有效转换当前技术系统的完整地图，即进化树。这张系统转换地图由大量包括专利在内的技术信息按结构化的形式排列而成。它是什么样的结构形式？能否涵盖不同技术领域的各类问题？怎样与具体的技术信息相对应？这些就成为构建技术系统进化树的基本问题。

TRIZ 创始人阿奇舒勒在归纳出技术系统进化法则之后，就提出了若干条技术系统进化路线，V.M. 彼得罗夫、B.L. 兹罗京和 U.P. 萨拉马托夫等著名 TRIZ 大师也各自提出了新的进化路线，各有特点也各有侧重。事实上，每个人都可以创建自己的进化路线，困难在于能否全面且完整地描述技术系统在各个发展阶段所要进行的方式转换。从大量技术系统的发展历史中可以看出，任何技术系统都围绕着某一特定的功能进行转换，这种转换表现为原理或结构的变化，每一次变化都增强了系统执行特定功能的能力。技术系统可用系统功能模型来描述，它能清晰地显示出系统所要执行的功能，同时也为从专利等技术信息中提取其他执行该功能的结构创造了条件。这不仅在某个特定行业有效，对跨行业的技术也同样是可行的。

从技术系统发展规律来看，技术系统的进化总是从某个组件自身的变化开始，再发展到组件之间连接的变化，最后是系统内部的协调性以及整体的可控性。也就是说，系统在进化过程中必须要经历这三个发展阶段，而且在每个阶段还必须要完成几个特定的转换动作。将体现这些转换动作的概念方案按一定顺序排列起来，就形成了进化路线。总的来说，系统在这三个发展阶段中共有 10 个基本转换动作，相应地，共有 10 条进化路线来描述技术系统的发展。仔细研究这些进化路线就会发现，它们能够引导系统达到更高的理想化程度。我们知道，系统发生任何转换都需要使用资源，而系统内部资源是通过改变系统组件形态而获得的，所以系统发展就要从分割组件开始。当一个整体组件被分割成两个部分时，它至少比原来多出两个界面，这两个界面就可以被当作资源来提升系统所需的性能。随着组件的不断分割，系统内可用的资源也逐渐增多。这时，不仅分割后的各部分组件是可用资源，它们的表面、内部结构和几何形状也都是可用资源。当系统资源足以满足其实现所需性能时，就开始增加组件之间连接的动态性与协调性，并在最后实现系统内部的高度可控性。这时，系统性能到达顶峰，其内部资源已得到了充分的利用，系统的理想化程度也达到最高。当然，从外部引入一个新组件也能增加系统资源，这个组件在经历一系列的融合、裁剪、连接、动态化等动作后，也将使系统性能得到提升并达到最高的理想化程度。

将这 10 条进化路线按照上述顺序关联在一起就形成了一棵基础进化树，它可作为技术信息结构化的基本原则与形式。将收集来的技术信息按此原则进行排列就会得到一棵具体的技术系统进化树。本书以显示器为例，详细介绍了构建该技术系统进化树的全过程，并且还列出了进化树中每条分支路线的名称、概念方案及其详细说明。

谈到这里，进化树还只是将现有技术信息以树状结构的方式排列起来，展示了到目前为止能够执行当前指定功能的所有已知概念方案，并没有产生或者指明任何新方案。温故而知新，新方案可以根据已整理好的技术路线推演出来，它们存在于每条分支路线上已知概念方案之间的空白处或是路线的末尾。需要仔细按照当前进化路线的转换思路提出新方案，并将其填补在路线的空白处。由此可见，产生新概念方案也是构建进化树的主要目的之一。至此，我们完成了技术系统进化树的构建工作。

进化树的应用范围非常广，既可以为产品发展战略规划提供决策依据，又可以用来解决具体技术问题，还可以用于全新产品设计和专利规避。通常来讲，进化树的主干，即分割路线描述了原理级的概念方案，这条路线上的每个概念方案都对应一个能够执行所需系统功能的原理。在主干上选择概念方案会带来革命性的变化，对开发新产品、实现技术突破起到决定作用。当企业在市场上已经处于领先地位，没有可供借鉴或参考的竞争性产品时，沿着进化树的主干进行分析并选择实现系统功能的全新原理级概念方案就显得尤为重要。与主干不同的是，分支路线描述的是系统的子系统及其组件的进化趋势。这些路线列出了系统组件的多种转换方案，并且都能在不改变系统运行原理的前提下解决问题、实现突破。企业的日常研发工作大部分都是在这个层面上进行。但这并不绝对，系统组件也会有原理级的转换，分割路线同样可以当作分支路线使用，并从这条路线上再引出更多的分支路线。这将产生更多差异化的方案，使得新产品的特点更加突出。这种灵活使用进化路线的方式最适合全新产品设计和专利规避。在全新产品设计中，系统的每个层级可能都有需要开发的新技术，如何选择合适的概念方案就成了大问题。建立新系统时所面对的选择范围与不确定性要比改进一个老系统大得多。在这类开发中使用进化树能明确系统发展方向，缩小概念方案选择范围，提高研发效率。对于专利规避也是如此。以最小的代价避开已有专利保护范围的效率最高、代价最小，所以一般都会从某个组件或子系统开始尝试转换，但这并非总是有效。当无法通过简单的组件形态转换来规避专利时，可以尝试改变组件的运行原理，还不行的话再通过改变其上一级系统的结构形态或原理来实现规避。如此循环并逐级提高所改变的系统层级，可以最终确定出最有效的规避方案。

需要说明的是，进化树展示的是执行功能的概念方案，而不是具体的实施方案。这并不是说进化路线不实用，只是在它所应用的设计阶段还无法直观地显示出具体的实施方案。进化树的目的在于，在产品研发的概念设计阶段尽可能毫无遗漏地展示所有实现系统功能的可能性。研发人员需要从中选择合适的概念方案，并根据其思路设计产品结构，经试验验证后才能确定最终的实施方案。另外，进化树中的其他概念方案可以作为备选方案或技术资料存储起来，形成知识，为以后解决其他问题提供参考。

进化树是有时效性的。需要定期将已经实现的概念方案补充到进化树中，并且再根据最新的技术信息进行新一轮的预测。这是个动态滚动的过程，需要的工作量不小。大家关心的另外一个问题是：要做多少棵进化树才能满足某个产品的创新需求？单棵进化树对应的是一个核心功能，通常一个产品至少有一个核心功能，也就是说需要关注几个产品的发展就要相应地至少构建几棵进化树。这对于手工制作来说工作量极大。因此，如何利用计算机软件来辅助分析和整理技术信息，实现快速构建和更新进化树就成为下一步的研究重点，也是普及与推广进化树的关键。

受作者水平的限制，本书一定存在不少疏漏，不妥之处还请各位读者见谅。如有问题或相关话题的讨论请通过 oleg.li@ima-innocloud.com 联系我们。

本书受到"创新方法工作专项"资助，项目编号为2019IM050300，特此感谢该项目对本书出版的大力支持。

目录 | Contents

前言

第1章 技术信息结构化的必要性 ⋯ 1
1.1 创新方法的发展 ⋯ 1
1.2 TRIZ 的基本原理 ⋯ 3
1.2.1 TRIZ 的概念 ⋯ 3
1.2.2 技术系统进化法则 ⋯ 5
1.2.3 提高技术系统的理想性 ⋯ 6
1.2.4 揭示并解决矛盾 ⋯ 15
1.2.5 使用创新模型 ⋯ 20
1.2.6 思维的心理学特点 ⋯ 23
1.2.7 利用资源信息库 ⋯ 24
1.2.8 解决发明问题的流程 ⋯ 28
1.3 建立有效的信息结构 ⋯ 29

第2章 客观对象的进化路线 ⋯ 33
2.1 将信息组织成进化路线 ⋯ 33
2.2 真实系统分析案例 ⋯ 42
2.3 系统的基本构成 ⋯ 46
2.3.1 执行系统模型 ⋯ 46
2.3.2 符合专利特性的执行系统 ⋯ 49
2.4 执行系统的进化 ⋯ 50

  2.4.1 系统的建立与发展 ······ 50
  2.4.2 系统转换的三个阶段 ······ 55

第 3 章 符合进化的路线 ······ 60

 3.1 技术对象的主要进化路线 ······ 60
  3.1.1 "单 – 双 – 多"进化路线 ······ 61
  3.1.2 系统成分的裁剪路线 ······ 63
  3.1.3 系统成分的扩展 – 裁剪路线 ······ 65
  3.1.4 物体和物质的分割路线 ······ 67
  3.1.5 物体表面特性的进化路线 ······ 71
  3.1.6 物体内部结构的进化路线 ······ 72
  3.1.7 物体几何形状的进化路线 ······ 74
  3.1.8 系统组件动态化进化路线 ······ 77
  3.1.9 提高系统组件可控性的进化路线 ······ 79
  3.1.10 提高系统组件动作协调性的进化路线 ······ 81
 3.2 进化路线的建立及其在应用中的特点 ······ 83
  3.2.1 建立进化路线 ······ 83
  3.2.2 进化路线在应用中的特点 ······ 86

第 4 章 构建进化树 ······ 90

 4.1 描述基本功能 ······ 90
 4.2 基础进化树和具体进化树 ······ 96
  4.2.1 基础进化树 ······ 96
  4.2.2 具体进化树 ······ 99
 4.3 满足分类结构的要求 ······ 103
 4.4 构建进化树的建议 ······ 104

第 5 章 构建显示器进化树 ······ 105

 5.1 定义显示器 ······ 105
 5.2 在表面上获得图像 ······ 107
 5.3 显示器进化树的结构 ······ 108
 5.4 从静态图像到动态图像 ······ 111

5.5 电视的出现和发展 …………………………………………………… 116
5.6 平板显示器 ……………………………………………………………… 124
5.7 显示器的分割 …………………………………………………………… 137

第 6 章 进化树的应用 …………………………………………………… 157

6.1 应用进化树的基本原则 ………………………………………………… 157
6.2 寻找带有标记的信息集 ………………………………………………… 161
6.3 应用进化树解决问题 …………………………………………………… 163
    6.3.1 扩大初步概念方案的范围 ……………………………………… 163
    6.3.2 结构类比法 ……………………………………………………… 172
6.4 应用进化树规避竞争对手的专利 ……………………………………… 184
    6.4.1 专利竞争的主要方法 …………………………………………… 184
    6.4.2 应用进化树规避实际专利 ……………………………………… 191
6.5 高效的系统预测 ………………………………………………………… 197
    6.5.1 应用进化树进行预测 …………………………………………… 197
    6.5.2 系统组件主要方案的演算 ……………………………………… 201
    6.5.3 应用显示器进化树预测解决方案的实例 ……………………… 203
    6.5.4 应用计算机分析复杂系统的方法 ……………………………… 207

参考文献 …………………………………………………………………… 210

Chapter1 第 1 章

技术信息结构化的必要性

只有熟练使用创新方法并善于组织技术及专利信息，才能有效地解决复杂的创新问题。为此，需要找到建立完整且客观的信息结构的方法。

1.1 创新方法的发展

人类不断地探寻事物本质，并创造出有形的发明成果，这种行为是推动技术发展的基础。汽车、造纸、磨坊、茶壶、圆珠笔，都是人发明创造的成果。

建造金字塔、船只、要塞、军事装备等，需要有特殊的领悟力和执着精神。以一座巨型雕塑的底座搬运过程为例。这个底座是一块重约 1600 吨的巨石。为了减少阻力，工程师将巨石放在带有铜球的滚道上，并用巨大的绞盘拉动。将石头运上船的方法也是原创的：先将船沉入水底，再把石头平移到船上，最后将水排出使船浮出水面。这只是工程师解决的一小部分问题。他们还解决了搬运途中的管理问题——工匠们在运输底座的同时对其进行雕刻；财务问题——卖票参观如何搬运巨石。在没有牵引设备、大型运输船、起重机的情况下，工程师硬是将这块巨石搬运了 22 公里，其中有 13 公里是水路运输。

创造任何事物都要解决许多简单或困难的问题。发明者经常会钻进死胡同，甚至投入了当时所有能够动员到的力量和资源，都没法解决问题。要解决这样的问题，需要发明者跳出传统的认识范围。

19 世纪初，某地需要将一台蒸汽机运过河。但是桥面承重能力有限，经不住蒸汽机的重量。机灵（有头脑）的人能够看到蒸汽机独有的特性，即它的锅炉和发动机是由几个大的腔体组成，如果将它们密封起来就能使蒸汽机具备新的特性，即浮力。

这时，就不再需要桥了，漂浮的蒸汽机可以直接被拖到对岸。

也是在这个时期，另外一个地方正在改建城市广场。有块大石头影响了施工进度，需要将它挪走。但是，人拖马拉怎么都没法挪动这块石头。聪明的人们想出了一个办法，于是，第二天早晨，广场上的石块消失了。原来前一天晚上，人们在巨石旁边挖了个深坑，然后把它推入坑中埋在几米深的地下。

这些突破性的解决方案就是发明。在现代社会，技术发展十分迅猛，以至于发明成了一项连续进行的工作。任何一位工程师都有可能碰到使用传统方法解决不了的复杂性技术问题，因此当代工程师应该做好准备应对这些问题。

发明并不局限于解决技术问题。要想成为超越所有竞争对手的领先企业，就需要在竞争对手之前预测技术发展方向并应用新的解决方案。也就是说，工程师们不仅要解决实际问题，还要预测技术问题的未来。

专利也是企业间竞争的主要战场。想要在市场上取得优势的企业，都需要评估自身产品的专利形势。企业的专利部门应该掌握规避竞争对手专利的方法，并在其他企业还未设置保护的领域申请产品替代方案的专利。同样重要的是要善于保护本企业的技术方案，在其周围构筑专利屏障，即专利保护伞。

在此，我们列举当代工程经常会碰到的三个问题：
- 解决实际的技术问题。
- 预测技术系统发展趋势。
- 为专利保护或规避寻找替代或解决方案。

这里我们会遇到一个大问题：如何将大师积累的经验、解决复杂工程问题的艺术等知识传承下去。在传统的手工艺行业，师傅传授徒弟都是在不公开的情形下进行的，但每传一代技艺就会有所丢失，最终就像大马士革钢那样失传了。同样，发明家自己无法解释产生创意的过程，这方面的技能也会越传越少。无论怎样，产生解决方案的方法都可归结于直觉、顿悟以及其他难以解释的隐性经验等。

然而，对解决发明问题方法的需求还是增多了。从技术演进来看，18世纪以后技术急速发展和跨越。在蒸汽时代、电气时代，物理学、化学等自然科学快速发展的过程中，都需要解决许多发明问题。在伟大的飞跃之后技术并没有停止发展，相反，它始终在加速发展，这不仅受益于装备和技术的变革，还得益于方法学的建立。而创新活动的方法论在此背景下得以发展。

最古老的寻找新方案、解决复杂问题的方法是枚举法，即将一些完全不同的发明过程尽可能地列举出来的方法。一位对问题有深入认识并理解其本质的有经验的专家，他列举的方案数量会因方案质量很高而比第一次遇到这个问题的发明者列举的方案数量少很多。这种枚举法适用于那些机器和装备成本很低但时间紧迫的情形。

头脑风暴也是一种著名的创新方法，是许多发明家一起解决问题的方法。在头脑风暴过程中可以产生任何创意，因为不允许评价在讨论环节任何的建议。一群经验丰富的专家，在开放、没有评判的氛围下，无疑会产生积极的结果，特别是头脑风暴小组的主持人有足够的经验和能力的情况下。但是，这个方法的有效性需要提升。

美国麻省理工学院教授威廉·戈登（W.J.Gordon）开发了综摄法，这个方法将新的机制引入了头脑风暴法，即允许对创新方案提出建设性的评价。综摄法使用的原理是基于不同物体的类比，它要求参加者受过扎实的训练，并具有良好的心理素质。

还可以用其他创新方法解决问题，如焦点法、形态盒等。当代也涌现出许多类似的方法。所有这些方法都有特定的含义，当它们的创始人和追随者能够达成一致，那么它们可以得到改进。但这实现起来并不容易，因为几乎每个人都认为自己的方法是自成体系和唯一正确的，其他的方法仅能为其提供一些有益的补充。

熟悉技术系统进化的读者可能会注意到，各种不同的方法会不可避免地被更高层次的某种方法取代，即实用的"发明科学"。这是事实，而且被人类智力发展过程所证实：一些关于某个物质领域的知识，最初它们之间少有关联，之后联系越来越多，形成结构化的知识，最后成为相关理论的核心。炼金术演变成了化学，治疗术演变成了医学，而占星术演变成了天文学。

1.2 TRIZ 的基本原理

1.2.1 TRIZ 的概念

发明问题解决理论（TRIZ）就是这样一门集成了所有创新方法的"发明科学"。目前，在识别和解决技术系统改进过程中产生的矛盾方面，TRIZ 是最有效的创新理论。任何基于 TRIZ 的创新工具都要求发明者积极地使用创新算法并形成特定的思维模式。

TRIZ 归纳了数以百万计的创意经验，而在几百年技术发展过程中产生了令人惊奇的创新案例，这些案例所解决问题的核心都是尖锐的矛盾。

G.S. 阿奇舒勒最早提出了一种不用大量试错就能快速进入有效解决方案所在领域的方法，并从以下三个方向进行了研究：

1）分析了大量保护有效创新解决方案的专利，揭示出发明者为解决矛盾而使用的基本原理。

2）研究了解决自然界和社会矛盾的哲学基础，首要是辩证唯物主义。

3）研究了创新的心理学基础。他在《心理学问题》杂志上发表了第一篇关于如何在解决创新问题时组织起人的意识的文章[1]。

上述研究在工程师、设计师和科学家获得新想法并付诸实施的日常愿望与哲学、心理学这些高等学科之间的鸿沟上成功地建立起一座坚固而便捷的桥梁。哲学知道所有问题的答案，而心理学研究的是如何将人的意识组织起来使其更有成效地工作。

20世纪50～80年代，一群热爱发明创造的人们在G.S.阿奇舒勒的带领下，发展并完善了TRIZ理论[2,3]。阿奇舒勒奠定了TRIZ理论的基础，开发了各种创新工具及其用法，建立了培训机构并为成千上万的爱好者普及了创新方法。

TRIZ的核心是有序地解决问题的流程，它用一系列连续的动作替代了传统的等待顿悟或盲目搜寻，是获得解决方案的创新模式。在解决问题时，原则上无论问题难易程度如何，人意识中的运行模式都是相同的。在物质层面定义的问题会立即被我们的意识转换为某个抽象模型，并在抽象层面上对其进行转换，最后再回到具体层面以具体的技术解决方案表现出来（图1-1）。

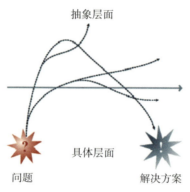

图1-1　思维过程示意图

人们日常的思维链条是这样的：感觉脚冷了→脚掌很凉→在脚掌周围放上某种热的东西→穿上棉鞋。在解决大量日常生活问题时，我们根本不会察觉这样的思维过程，它们只在我们的意识中瞬间闪过。这种状态一直持续到出现了某个激化的矛盾："脚感到冷，但棉鞋很小或者根本没有棉鞋，该怎么办呢？"如果这种事情发生在城市里，而且城里还有很多鞋店，那这个问题解决起来就相对简单。但如果是在白雪皑皑的原始森林里，那该怎么办呢？这时，矛盾被大大地激化了，需要找一个不同寻常的解决办法。

我们面对技术问题时也是如此。比如需要把几个机器零件放入一个有限空间内，但却怎么也放不下。习惯性的思维方式开始构建一个思考链：放入所有零件→零件和空间→没有空间……，这样的思考是没有尽头的。这时就开始深入思考，在意识中产生了某种抽象的形态，一直到出现顿悟的那一刻，就像"苹果掉到了头上"。

问题越复杂、对解决方案的限制越多，这个过程就越痛苦。

事实上，熟悉TRIZ并知道如何使用它的发明者在解决问题时也是以这样的方式进行思考。因为他们熟悉TRIZ，所以他们解决问题的优势体现在抽象思维方面，不会"随波逐流"，而是对如何更好地寻找解决方案有十分清晰的方向和提示（图1-2）。这些解决问题的提示是建立在哲学基本原理的基础上，运用几代发明家积累的宝贵经验和对我们大脑运行特点的理解。根据问题的难易程度，人们既可以将解决问题的流程本身转换到更高层级，也可以将流程中每个具体步骤的思维活动转换到更高层级。

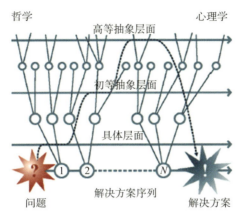

图 1-2　使用 TRIZ 解决问题的流程

为了让更多的人掌握这种创新方法，TRIZ 培训体系应该包括：
- 解决问题的技术。它帮助人们产生与题意相符的提示，并据此找到解决问题的思路。
- 捕捉并强化提示的能力。这些提示往往只在意识边缘闪现，没有经过专门训练的人可能根本不会注意到。

尽管 TRIZ 尚处在发展阶段，但已经拥有非常有效的工具，人们可以利用这些工具分析复杂的问题并寻找解决方案。

TRIZ 基本理论包括以下方面：

1）所有的技术系统都不是随机发展的，而是遵循客观规律，这些规律可用于方法学的开发。

2）提高理想度法则是技术系统进化的诸多法则的基础。

3）任何系统的进化都是由内部矛盾的积累和解决而引发的。

4）技术系统转换过程中的所有动作都产生自发明者的心智模式。

5）在解决发明问题时必须要考虑思维过程的特点。

6）技术系统要利用资源才能进行转换。

接下来，我们将详细研究这些内容。

1.2.2　技术系统进化法则

TRIZ 中使用的是阿奇舒勒提出的九条技术系统进化法则[4]，这些进化法则分成静态、运动态和动态三组（表 1-1）。TRIZ 中还有 S 曲线发展法则和矛盾驱动力法则这两条特殊法则。严格地说，这两条特殊法则并不是法则，而是对技术系统具体转换机制的描述。

表 1-1　技术系统进化法则

序号	法则名称	分组
1	系统完备法则	静态（statics）
2	系统能量传递法则	
3	系统协调性法则	
4	提高理想性法则	运动态（kinematics）
5	子系统不均衡进化法则	
6	向超系统转换法则	
7	提高动态性法则	动态（dynamics）
8	向微观级转换法则	
9	提高物场度法则	

随着 TRIZ 的发展，尽管每条进化法则的内容都有所深化，但进化法则的总体框架几乎没有变化。这套法则描述的是技术系统建立与发展过程中应遵循的规则，其中第一组"静态"给出了构建技术系统的三个条件，第二组说明了系统发展的方向和性质，第三组是对前两组的补充。

本书后面章节将详细介绍进化法则及其在技术系统转换过程中的作用。在此要强调的是，为了让技术系统变得可靠、高效、经济并最终成为最具竞争力的系统，其发展的每个阶段都要比上一阶段更理想。也就是说，提高理想性对技术系统最重要。文献 [5] 提出了多种获得新概念和产生新解决方案的方法，但仅仅找到新的解决方案是不够的，需要在当前的情境下找到一种新的、有效的、比原型系统更加理想的解决方案。

1.2.3　提高技术系统的理想性

在 TRIZ 中，理想性被广泛用于评估获得的解决方案，理想性是技术系统有用功能与其执行时所产生成本的比值[6]：

$$I=F/Z$$

式中，I 为技术系统的理想性；F 为系统有用功能；Z 为执行这个功能的成本。

根据上面公式可以得出两种提高技术系统理想性的方法：

第一，通过增加产品数量、提高产品质量和（或者）引入附加有用功能、生产附加有用产品来提高技术系统的有用功能。同时，执行这些功能的成本应该低于提高系统功能之后所带来的收益。

第二，降低执行有用功能的成本。可以通过裁剪系统结构，删除辅助系统，降低系统生产、维修和回收利用的成本来实现。同时，系统有用功能的数量不应减少，而其完成的质量也不能降低。另外,还可以通过专利策略来降低成本。例如,通过规避竞争对手的专利,降低公司用于支付专利许可的成本。

在极端情况下,理想性会趋向于无穷大。这种情况在 TRIZ 中被称为"理想的技术系统",即系统执行有用功能的成本与其产生的有用作用相比微不足道。例如,汽车发动机风扇的作用是散热,它应该在发动机过热时启动并对其进行冷却,而其他时间运行风扇是无效甚至有害的。有很多种控制风扇的装置,但它们都会极大地增加冷却系统的复杂程度,并增加其成本。

发动机的理想性应该这样描述:在发动机过热时,风扇叶片应该在没有额外启动装置的情况下自我开始送风。与这个定义相对应的结构是:风扇叶片是用形状记忆材料制成的。风扇随发动机一起启动并不停地转动,在低温时所有叶片都是平直的,并不会产生气流。当达到一定温度时,叶片会翻转成某一角度,风扇开始送风。

在按照上述公式提高技术系统理想性时,可能会出现以下 3 种情况:

1)技术系统功能的数量及其质量能够满足要求,但是执行这些功能的成本不能满足要求。

2)技术系统功能的数量不能够满足要求,需要增加额外功能。

3)技术系统功能的数量及其成本能够满足要求,但会产生一系列的问题导致无法实现解决方案。

当理想性公式的分母(成本)大到无法接受时,就会出现第 1 种情况。当理想性公式的分子(功能)太小时,就会出现第 2 种情况。当理想性公式的分母和分子都不能够满足要求时,即技术系统的性能不足而且执行功能的成本又太高时,就是第 3 种情况。可用以下 3 种改善技术系统的方法应对上述情况:

1)裁剪技术系统成分。裁剪指的是从技术系统中删除一个或者多个组件(图 1-3)。在这种情况下,需要满足以下要求:被删除组件的功能应该转移到技术系统其他组件上,并由该组件执行。

2)扩展技术系统成分。扩展技术系统成分就是向技术系统结构引入新组件,即所需功能的载体(图 1-4)。在这种情况下,可能出现对技术系统组件的相互矛盾的要求。

3)优化技术系统成分。优化技术系统成分的是一个组合动作:既包括向技术系统引入用于提高主要有用功能质量的新系统,也包括裁剪技术系统组件,并将其功能转移到已改进技术系统的其他组件上(图 1-5)。

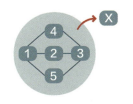
图 1-3　从系统删除组件

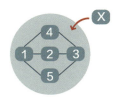
图 1-4　向系统引入组件

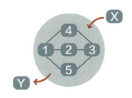
图 1-5　优化系统

采用上述 3 种方法时都需要解决在改进系统过程中所产生的矛盾。

1. 裁剪技术系统成分

裁剪的目的是在确保功能数量和质量不变的前提下，简化系统并降低其成本。那些被删除的非必要组件是根据功能价值分析结果来确定的[7]。裁剪后，被裁剪组件所执行的功能将转移到系统内其他的组件上。

裁剪的步骤如下：

1）确定待改善技术系统的组成、结构和功能。为此，需要对技术系统的结构和功能进行分析，并把所有的功能分为基本功能、辅助功能和非必要功能。然后，建立该系统实现工艺流程的结构组件图。根据组件所执行功能的重要性、制作成本、运行成本为每个组件评分。根据综合评分结果确定需要从技术系统中删除的组件。

2）在技术系统分析之后，就是工艺流程的裁剪，这是具有创造性的步骤。裁剪的目的是删除所有那些执行辅助功能和无效功能的组件，甚至根据情况还可删除执行主要功能的组件。执行辅助功能和无效功能的组件应该从技术系统中直接去掉，而主要功能将被转移到技术系统剩余的组件上。为此，可使用以下原则进行判断：如果上一步或者下一步的操作能够执行所选功能，那么就可以不在当前步骤执行该功能。

3）在删除一系列组件后，就构建出一个工艺流程的理想化功能模型。最后一步是根据这个模型，建立改进产品的实际方案。

进行裁剪时，关键是要进行创造性地思考，并且避免惯性思维的影响。开发团队的行动越坚决，技术系统改进的程度就越大。通常，这里会产生激化的矛盾问题，可以使用 TRIZ 工具和其他创新方法来解决这些矛盾。

如果操作比较保守，只是进行局部裁剪，那么产生的问题也相对简单，但很难预期技术系统会有实质性的改进。

※ **案例：制冰装置结构的裁剪**

几乎每台冰箱都有一个制冰装置（图 1-6）。用多孔（冰格）制冰盒制冰块是最简单的制冰方式。具体步骤是先往制冰盒里倒满水，然后将盒子放入冷冻室。经过一段时间，水冻成冰块，将冰块取出放到储存容器中，然后再往制冰盒里倒水继续制冰块。

大容量、昂贵的冰箱与专用制冰装置的制冰原理大致相同，只是在自动化程度上有所区别。一般来说，这种冰箱有两个相邻的腔体。其中一个是高且窄的制冰室，另外一个是冰箱本体。制冰装置安装在制冰室内。

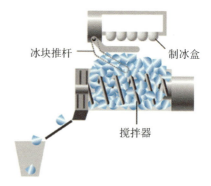

图 1-6　制冰装置结构图

制冰装置上部是带冰格的制冰盒，盒子里装满水后，计时器开始计算冷冻时间。水冻成冰块后，由一个特制的蜗轮马达翻转制冰盒。当制冰盒快要倒过来时，盒子的一侧会顶到专门的凸出部位。盒子扭转变形，冰块与冰格内壁分离并掉到储冰室中。如此循环操作，直到冰块装满储冰室。

取冰块的操作很简单，只需要将杯子放在冰箱门上的专用托架上，并按下推杆就可以了。这时，储冰室中的螺旋搅拌器开始旋转，冰块就从出口落到下面的杯子里。有些型号的冰箱还可以将冰块粉碎成冰沙。

如果制造出来的冰块被全部立即用掉，那么制冰装置一切正常。但是，如果制好的冰块需要储存一段时间，这就产生了一个不希望看到的现象：打开冰箱门时，房间内的暖空气就会进入储冰室，储冰室内的冰块表面就会融化。然后又经过冷冻，许多单独的小冰块就会连在一起冻成一个大冰坨，而且很难将其破碎开。因此，螺旋搅拌器还有另一个很重要的功能，即每隔一个小时，搅拌器以满功率的模式反方向旋转，将冻结在一起的冰块打碎。这个操作会产生很大的噪声。

这个生产冰块的"小工厂"的生产流程复杂且运营成本高。此外，制冰装置还占据了冷冻室1/3的空间，挤占用了冰箱内部宝贵的空间。

制冰装置裁剪的目的在于降低成本、缩小尺寸和降低能耗，下面使用理想化功能模型（功能价值分析中的一部分）来进行分析。

在建立制冰工艺流程的结构组件图（图1-7）、分析功能以及揭示图中每个与不良影响相关联的组件之后，发现系统内最昂贵且"令人担忧"的组件是储冰室。

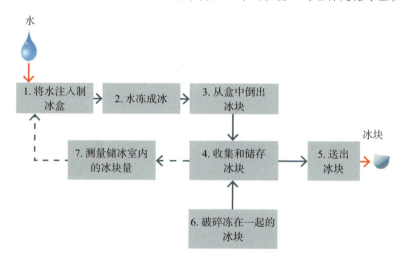

图1-7 制冰装置的结构组件图

以上一步或者下一步的操作替代当前功能的原则来分析裁剪制冰工艺流程的可能性，我们得出了一个看似荒唐的结论：为了消除"周期性地破碎冻结在一起的冰块"这一操作及其功能载体,即收集器、螺旋搅拌器和带减速器的电动机,冰块不应该从制冰盒中取出。就是说,为了避免冰块相互之间冻结在一起,每个冰块应该留在冰格内,就像弹匣内的子弹一样,只在使用时才被取出。由此可得到制冰工艺流程的理想化功能模型(图1-8)。

图1-8 制冰流程的理想化功能模型

这就对制冰盒提出了矛盾的要求:制冰盒应该占用很小的空间,但是为满足用户需要,理想的冰格数量应该多到完全满足用户的需求。如何解决这个矛盾呢?

人们常说,如果要将一个有限物品赋予无限的属性,那就把它围成一个圆。也就是说,我们需要的不是固定的框架,而是一个类似转动的卷筒或者子弹带之类的东西。假如把这样的带子两头连接在一起,我们就得到了带冰格的传输带(图1-9),这样的传输带可以直接放在冷冻室的顶部,最好以加厚架子的样式安装在冷冻室上部1/3处,那里正好安装有向用户提供冰块的装置。

还有一系列的技术问题需要解决,例如,如何从冰格取出冰块。首先想到的是某个旋转的取出器,通过其凸起部分将冰格内的冰块顶出(图1-10)。但这个解决方案降低了传输带的理想性,最好是能够找到一种更简单的、不需要使用额外设备就能取出冰块的方法。

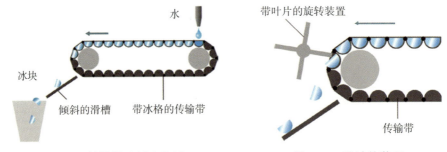

图1-9 传输带式制冰装置　　　　　图1-10 取冰块装置

让我们回顾通过扭转制冰机的冰盒将冰块取出的情景。这个情景提示我们,应该创造这样一个条件,使得取出冰块时冰格队列也在扭转。要实现这一点很容易,只需将冰格队列与其运动方向设置成一定的角度。当冰格队列转到滚轮上时,冰格会发生变形,从而导致冰块和内壁分离。这时,只需防止冰块掉落得太早就可以了,例如，安装一块挡板。这样，我们就能够随着传输带的运动按顺序向用户提供冰块（图 1-11）。

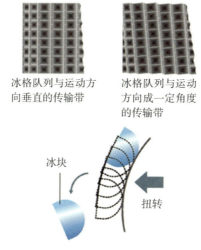

图 1-11　从冰格队列与运动方向成一定角度的传输带上取冰块

理想的"制冰装置"应该像是一根管道，管道内是一条冰棒（图 1-12）。需要时将冰棒向前推，而切割器从中截取出所需大小的冰块。管道后段空出的地方再补充进用于制冰的水。

如果能够解决实现这一想法时产生的矛盾，那我们就可以得到一个具有高度理想化的"制冰装置"。

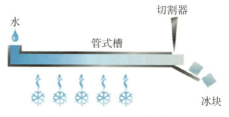

图 1-12　理想的制冰装置

2. 扩展技术系统成分

技术系统成分的扩展是指向其内部引入新的组件。显然这样会使技术系统变得复杂，这种扩展只有在其理想性提高的情况下才合理，就是说技术系统功能对应的性能的增长速度要高于实现这些功能的成本。

对技术系统进行扩展时，可以向原型添加一个或多个执行对用户有用的附加功能的组件或附加系统。这个组合后的系统具有多个执行装置，其中每个执行装置都能处理与其相对应属性的物体。

个人计算机就是这类扩展的例子（图1-13）。随着技术发展，计算机本身也增加了一些附加的外设装置，包括：可拆卸的信息存储器、音响、打印机、扫描仪、调制解调器、网络摄像头以及其他执行附加功能的装置。

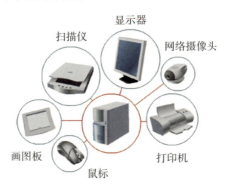

图1-13 个人计算机成分的扩展

在组合技术系统时经常会将相互矛盾的属性合并在一起，整个技术系统在总体上来说是全能的，因为它可以处理多个不同的事物，但是一个执行装置只能够处理一个对象。在这样的技术系统中，或者按时间来解决矛盾，即按照顺序执行不同的操作（更换执行装置）；或者按空间来解决矛盾，即并行执行这些操作（多功能装置）。

※ 扩展系统成分的案例：汽车制动器和无线鼠标

（1）汽车制动器

早期汽车的制动器非常简单，就是一个带有静止组件（刹车片或刹车带）并可压向转动轴的挤压装置。现代汽车制动系统的组成就扩展了许多，包括制动器冷却装置、刹车片磨损检测装置、防抱死装置及其他装置。毫无疑问，所有这些改进装置都使初始系统变得复杂且昂贵。但是，它们能够提高汽车最重要的辅助功能的质量。从市场角度看，制动系统产生的效益大大超过其增加的成本。

（2）无线鼠标

曾有这样的无线鼠标，其外壳表面有很多开槽，使得鼠标内部的风扇能够吹出气流冷却手掌。另外，它还预设了几种冷却模式，确保在最炎热的天气里，用户握鼠标的手也不会潮湿。

扩展技术系统时引入的附加系统也可能是备用的，比如某些飞机的发动机紧急启动系统或者备用降落伞。作为主要技术系统的补充，也可以引入校正用的附加系统，它们能够消除主要技术系统运行时的某些有害影响。

我们看下内燃发动机冷却系统的例子。早期内燃发动机没有冷却装置，很容易过热并失效。之后,将校正用的冷却系统引入发动机。冷却系统的一种冷却方式是风冷,即通过旋转的叶片向气缸吹冷空气。发动机的可靠性立刻就提高了。

由于冷却系统是附加系统,它增加了发动机的成本,因此要对它进行裁剪。喷射冷却系统是部分裁剪的例子,它利用汽车尾气的能量运行。从排气管出来的尾气穿过专用套筒,将气缸周围的热空气带走。陶瓷发动机具有很好的耐热性,所以它是完全裁剪冷却系统的例子。

还有一种技术系统功能扩展的特殊情况,即将技术系统与其竞争或者替代系统进行合并,即以不同方式执行相同功能的系统[8]。所有通过专利检索获得的转换方案都是替代系统,因此这种方法在处理信息并组织成进化树时是很有价值的。

对替代系统进行合并的主要思路不是将它们机械地组合在一起,而是将更先进系统的属性转移至待改进的系统上。为此需要将其中一个系统作为原型,赋予它一个或者多个替换系统的必要属性,并解决在这个过程中出现的矛盾。一般来说,会选择比较便宜的系统方案作为原型。

※ 合并替代系统的案例:全自动洗衣机

洗衣机是一个带有洗涤溶液(水和洗衣粉)的内部可放衣服的容器(洗衣桶)。洗涤时,通过转动容器本身或者是用专门的叶片搅拌器(波轮)来扰动洗涤溶液。洗涤后,排掉溶液,容器开始快速旋转,利用离心力去除衣物内剩余的水分。

所有洗衣机都可以归纳为两种主要类型:一种是旋转轴水平放置的洗衣机(图 1-14a);另外一种是旋转轴垂直放置的洗衣机(图 1-14b)。

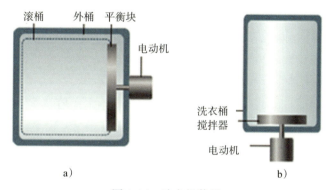

图 1-14 洗衣机装置

我们将两种类型的优缺点汇总在表 1-2 里。事实上,这里有两个替代系统:一种类型的洗衣机在某一方面是好的,但在另一方面是不好的,反之亦然。正如我们已经知道的那样,需要将它们结合起来,使新系统从两个替代系统中只获取它们好的属性。

表 1-2　两种洗衣机类型的优缺点

洗衣机类型	洗涤和漂洗	脱水
水平放置洗衣桶的洗衣机	+	−
垂直放置洗衣桶的洗衣机	−	+

注："+"为优点；"−"为缺点。

洗衣机的主要矛盾可以定义如下：

1）洗衣桶的旋转轴应该是水平的，以确保高质量的洗涤和漂洗。
2）洗衣桶的旋转轴应该是垂直的，以确保衣物脱水时有良好的平衡性。

可以通过动态化来解决这个矛盾。想象一下有一台普通的垂直放置洗衣桶的洗衣机，洗衣桶通过铰链与一个附加框架相连（图1-15）。洗涤时只需要将洗衣机侧过来，就可以使洗衣桶的旋转轴转换成水平状态。在脱水和取出衣物时需要将洗衣机调整回初始位置。在增加框架和转动装置后，洗衣机会变得稍微复杂些，但是可以从新方案中删除初始系统的波轮和平衡块。

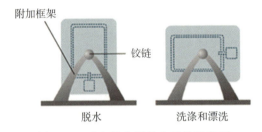

图 1-15　洗衣机位置状态转换示意图

如果我们回顾理想性的要求，就知道应该如何对所获得的结构进行裁剪，即从新结构中去掉不需要的组件，并对剩余部分进行优化。那么可以得出一个奇特的结论：洗衣机应该是球形的（图1-16）。

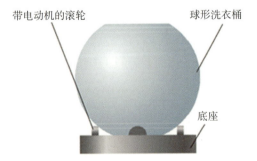

图 1-16　球形洗衣机示意图

盛有水和衣物的球形洗衣桶安装在底座上，其上还安装有电动机和水管。底座上有三个或者四个凸出的滚轮,每一个滚轮都由独立的电动机驱动。这些滚轮可以驱动洗衣桶向不同方向转动,将其从垂直位置转换到水平位置或者相反。

在图 1-17 中展示了在主要洗涤过程中滚轮的摆放位置。

当滚轮都是平行摆放且缓慢旋转时,洗衣桶是绕水平轴转动的洗涤模式(图 1-17c)。在洗涤和漂洗之间切换时,则需要传动滚轮将洗衣桶口翻转 90°,实现洗涤和脱水模式的切换(图 1-17b)。

如果两对滚轮的旋转轴中心线相交于圆心(图 1-17a),那么球形洗衣桶就是脱水模式。由于在旋转时水会被甩向洗衣桶的赤道大圆,这就需要在桶内设置限定衣服接触桶壁的网格,并以间歇的方式旋转洗衣桶,以便排走积水。

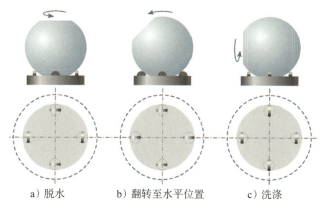

a)脱水　　　　b)翻转至水平位置　　　　c)洗涤

图 1-17　传动滚轮不同的摆放方案

1.2.4　揭示并解决矛盾

提高理想性是技术系统改进的主要方向,但这往往并不容易实现,而且还会出现矛盾的情况。通常理解的矛盾是人的愿望与现实之间的冲突,而在 TRIZ 中是按管理矛盾、技术矛盾和物理矛盾这几个具体类型来揭示和确定矛盾的。

在问题的最上层是管理矛盾,即需要做一些事情来改善现状,但并不知道如何去做。

改善一个系统参数导致另一个参数不可接受地恶化的情况,是技术矛盾。可以用以下格式描述技术矛盾:如果改善参数 A,那么参数 B 将恶化到无法接受的程度。

物理矛盾是指针对系统某一单独部分提出的相互排斥的需求。描述物理矛盾的格式如下:为了满足问题要求,当前系统区域应该具有属性"X"(比如,应该是活动的),以执行某个功能;同时这个区域又应该具有属性"非 X"(比如,应该是静止的)。

例如,协和式超音速飞机在几个小时内就能完成越洋飞行,但它并没有为其创造者带来所期望的利润。在这个矛盾的描述中,完全弄不清应该做什么和如何做才能使利润增长。所以,这是管理矛盾。如果分析现状就能清楚,导致问题发生的原因是多方面的：票价高，飞行过程噪声大，飞机只能在拥有长跑道的机场降落。虽然越洋飞行速度很快，但乘客还要花费额外的时间从起降机场到达他们的目的地。所有这些原因都可以重新用几个技术矛盾描述出来。例如，应用特殊形状的机翼可以提高超音速客机的巡航速度，但起飞和着陆所需的跑道长度随之增加到令人无法接受的程度。物理矛盾的描述则极为具体：机翼应该小，以实现高速巡航，机翼应该大，以实现短距起降。

传统方法强调在系统各个部分的要求之间寻求妥协，也就是说，这些方法的目的是平衡所产生的矛盾。在改善系统一个参数并导致其他参数恶化时，通常会选择最优化的解决方案。飞机设计师通常会采取折中的办法开发出最优化的机翼，这样的机翼能确保飞机在可接受的距离内起降，同时拥有尽可能高的飞行速度。其结果是飞行速度变慢了，但跑道长度也缩短了。

与之相反，TRIZ 建议激化矛盾。因为激化矛盾可以跳出本领域从而在其他领域获得强有力的解决方案。在本例中，机翼形状与速度的矛盾可用改变几何形状的思路来消除。在巡航状态下将机翼变得很小，而在起降过程中变得很大。这样，飞机在高空具有很大的速度，起降时也不需要专门为其加长跑道（图 1-18）。

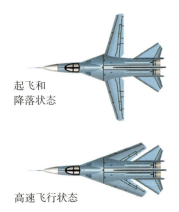

图 1-18　机翼几何形状可变的飞机

由此可见，在 TRIZ 中将技术系统中存在的矛盾划分为几个层次，可以为分析现状和改进系统提供新的可能性。不仅如此，TRIZ 还开发了一些颇为有效的工具来消除这些矛盾。

通过对专利数据库中一些高水平案例的研究，阿奇舒勒整理出一系列专门用于解决技术矛盾的原理。这些原理指明了系统转换的方向，将发明者引导向能够产生高水平创意的领域。而具体的技术解决方案，要按照这些原理的说明或者从类比案例的思路中寻找。值得说明的是，同一个原理可以解决完全不同的技术领域的问题。

让我们来看两个分别来自发动机制造和水利工程领域的例子。

※ **案例：发动机的磨合**

磨合是发动机生产过程中一道很重要的工序。通常是在不加负载的情况下启动发动机，让所有可动部件开始相互摩擦。这个过程时间很长且需要消耗大量燃料，那么如何加快可动部分的磨合？

不知道解决技术矛盾的发明原理是很难解决这个问题的。其中的"变害为利"原理对解决问题有很大的启示。这个原理建议：

1）利用有害的因素（包括环境带来的有害作用），获得有益的效果。
2）用另一个有害因素来消除当前有害因素。
3）增加有害因素的程度，直至其不再有害。

根据建议1）得到的解决方案是，如果发动机吸入的不是干净的空气，而是含有灰尘的空气，那么磨合速度可以提高几倍。

※ **案例：减小水流的能量**

从山上流下来的水流能量巨大，会破坏水利设施。如何减小水流的能量呢？

这里同样可以使用"变害为利"原理。

如果使用"变害为利"原理的建议2），可以得到以下解决方案：将河道分成几个支流，并引导它们汇聚在一起，这样水流的能量将相互抵消。

为了方便揭示和解决技术矛盾，G.S.阿奇舒勒开发了一个解决技术矛盾的矛盾矩阵表，如图1-19所示。

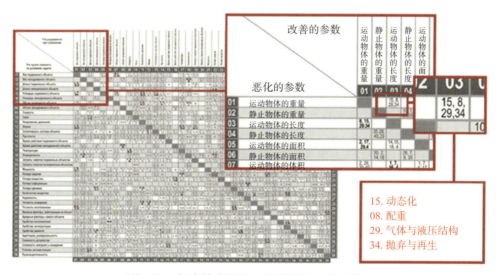

图1-19　解决技术矛盾的阿奇舒勒矛盾矩阵表

矩阵表中横行排列的是一些根据问题条件应该改善的参数，而竖列上给出的则是在改善参数后恶化的参数。在横行竖列相交的单元格内列出了一些发明原理的序号，所对应的原理能够解决改善参数和恶化参数之间的技术矛盾。G.S. 阿奇舒勒总结了 40 个解决技术矛盾最有效的发明原理，并据此建立了这张矛盾矩阵表。

即使不用矛盾矩阵表，仅使用这些发明原理也可以获得一些初步的概念方案。为此需要按顺序逐个分析使用这 40 个发明原理的可能性。每位创新者还可以将自己经常使用的方法逐步添加到这个矩阵表中。

实际使用发明原理解决技术矛盾时，要特别注意以下特点：每个原理描述的建议都不应该按照字面意思来简单机械地理解。如果将它们理解为提示或者用于扩展思维的原始材料，则能够达到最大的效果。

比如，第 32 号发明原理是改变颜色。如果按照字面意思来理解这个建议，那么作用范围就会大大缩小。如果把这个原理理解为改变物体表面特性，那么就大大增加了获得新想法的机会。在这种情况下，可以改变的是表面的光学特征、平整度、温度、镀上某种其他物质等。

与解决技术矛盾的诸多发明原理相比，解决物理矛盾的主要方法有以下几条：

1）空间分离：如果要求一个组件在同一个时间显示出相反的性质，那么可以通过在空间上分离这些性质来解决这个矛盾。

2）时间分离：如果要求一个组件在同一个地方显示出相反的性质，那么可以通过在时间上分离这些性质来解决这个矛盾。

3）向超系统过渡：如果要求一个组件在同一个时间和同一个地方显示出相反的性质，那么可以在超系统层次上解决这个矛盾。

※ 案例：十字路口

怎样在十字路口管理汽车的通行秩序？如果不遵守任何规则，则所有的汽车都会在同一时间穿过路口，其中也包括诸如救护车等拥有通行优先权的汽车。这时不可避免地会发生碰撞，因为这里出现了一个物理矛盾：两辆或者多辆汽车在同一时间出现在同一个地点。

怎样在空间上解决这个矛盾呢？可以将一条道路架设在另一条道路的上面，即立交桥。这样汽车就可在不同的高度上通过十字路口，彼此互不干扰。

怎样在时间上解决这个矛盾呢？可以使用信号灯。汽车根据信号灯的颜色通过十字路口。

怎样在超系统中解决这个矛盾？如果专用车辆上的警示灯已经开启，比如救护车，就有优先通过十字路口的权力。这样的规则是在超系统中制定的，是道路通行的特殊规则并在所有道路上都有效。

※ 案例：显示器

任何一个显示器的屏幕都是由许多很小的方块（即像素）组成。每个像素都能变亮或变暗，还能产生所需要的颜色，由此屏幕就能显示出图像。为了得到动态画面，显示器上的图像就要在每秒钟至少变化 24 次，像素的亮度和颜色也应该以这样的频率变化。

因此，对彩色显示器来说，就出现了这样的矛盾：像素的颜色应该是不停地变化，但由于技术上的限制，同一时间上一个像素只能显示一种颜色。

怎样在空间上解决这个矛盾呢？

可以将一个像素分解成为多个子像素，至少三个，其中每一个子像素都只能发出一种颜色，或者是红色，或者是绿色，或者是蓝色。这些是光谱的主要颜色，它们按照一定比例混合并由人眼感知到所需的颜色（图 1-20a）。

这里遵循的规则是：一帧图像，一个光学脉冲。

怎样在时间上解决这个矛盾呢？

三星公司开发了一种液晶显示屏的特殊技术，称之为 UFS，即"超高显示质量的显示器"。这种技术不需要将一个像素分成三个子像素，而是通过在液晶滤光片后面安装的红色、绿色和蓝色光源来为像素提供所需的亮度和颜色。这些光源在每一帧图像内依次闪烁多次（图 1-20b），然后，液晶滤光片通过打开像素前面的小窗口来控制形成所需要的颜色。如果需要显示一个红点，那么滤光片只在红色光源闪烁的时候打开像素，而在蓝色和绿色光源闪烁时保持关闭。为了得到白颜色，只需在显示一帧图像时保持像素打开状态就可以了。通过控制不同颜色的闪烁次数，可以得到任何需要的像素颜色。

这里遵循的规则是：一帧图像，多个光学脉冲。

a）几个不同颜色的子像素　　b）闪烁的三色光源　　c）高分辨率的大屏幕

图 1-20　解决在获得彩色电视图像时的矛盾

怎样在超系统中解决这个矛盾呢？

由于像素大小是有限制的，为了提高图像的清晰度，就需要增加显示器屏幕上像素的数量，而这又需要观看者离屏幕再远些。这样像素的可见尺寸会更小。

一种可能的解决方案是使用无缝技术（Seamless Technology）的原理，根据这项技术可以将多个常规尺寸和分辨率的屏幕组合成一个高清超大屏幕（参见第 5.6 节）。由于像素还是原来的大小，而屏幕的尺寸增加了，对于观看者来说，图像的清晰度也就增加了（图 1-20c）。

1.2.5　使用创新模型

解决发明问题时，所有的创意动作都不是根据真实物体直接产生的，而是根据其思维模型产生的。这也并不是什么新鲜事，因为人类活动的各个领域都在应用各种各样的模型，比如工程设计也是通过模型进行的，只不过是图形化模型。

回想下古代建筑师们留下的图纸，正是根据这些图形，人类创造了很多伟大的建筑。为了能够解释建造时应该做些什么，人们不得不画下大量的能从不同角度展示物体的图画。法国数学家加斯帕德·蒙日发明的几何图形画法为工程技术设计带来了突破。蒙日提出的画法实际上是一种垂直投影法，它画出了在两个相互垂直平面上的投影，是现代技术绘图中的主要制图方法[9]。这个方法大大简化了图形设计，使图纸看起来更加简洁、直观；而且极大地提高了对机器形状和结构描述的质量，提高了物体在平面图形上的表达性、测量的精度和便利性。图形模型在不断发展过程中出现了三维和多维的投影图，包括均角投影图，能画出很多切面和截面，以便更加直观地显示出任何复杂零部件的形状和内部构造。

类似地，TRIZ 也有不同形式的有效模型。这些模型先用规范的文字格式或符号描述问题的情况，再匹配相应的发明原理将其转换为解决方案模型，为后续产生实际的解决方案提示可行的思路。目前，TRIZ 已经开发出一些描述问题的模型以及相应的解决问题模型，下面简要介绍其中两个模型。

1. 物场模型

物场模型描述的是工具和作用对象之间相互作用的关系[10]。物场分析是从"物质"和"场"这两个词得来的，因为在物场模型中，物质之间的相互作用是通过场来进行的。TRIZ 中，这些术语具有特定的含义。

这里的"物质"与普通工程上所理解的物质不同，它指代任何物质形式的物体，可以是人造的也可以是自然的，比如冰、轴、铜板、融化的铝、车床、破冰船、蒸汽、玻璃棱镜等。

这里的"场"指的是一个物质对另外一个物质发生的作用或动作，或者是这些物质之间的相互作用或动作。这既可以是人们通常理解的引力、机械、声音、热、化学、电、磁等场，还可以是任何其他作用或动作。例如，气味的本质不是场，而是某种物质，但它是气味源与嗅觉器官之间相互作用的方式，因此在物场分析中把气味也归为场。

TRIZ 中的场有重力场、摩擦、压力、热场、超声波、磁场、气味、弹性、惯性等。

为了建立物场模型，需要明确哪些物质有相互作用，并确定哪个物质是工具（执行装置），哪个物质是作用的对象（被加工物体），它们之间是通过哪个场来进行相互作用的（图 1-21）。

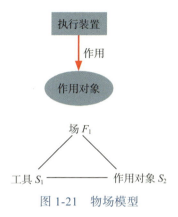

图 1-21　物场模型

物场模型是一个三角形，在其顶点上表示物质和场：
S_1：工具，即系统的执行装置，它作用于作用对象。
S_2：作用对象，在工具的作用下产生所需动作的物体。
F_1：场，它确保了工具对作用对象的作用。
在物场模型中发生的过程可以描述为：物质 S_1 通过场 F_1 对物质 S_2 进行作用。
根据问题条件，物场模型可能有不同类型的相互作用。

※ **示例：磁铁把铁块吸住（图 1-22）**

物场模型：物质 S_1（磁铁）通过场 F_1（磁场）对物质 S_2（铁块）进行作用。

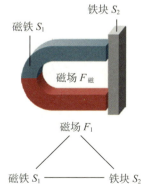

图 1-22　物场模型示例：磁铁和铁块之间的相互作用

为了转换物场模型，TRIZ 提供了 76 种标准解法，即通用的转换规则。

标准解系统是一组以技术系统进化法则为基础的技术系统综合和转换规则的总和。标准解能确保物场模型转换的逻辑性以及物理和几何效应的使用。

2. 小人模型

TRIZ 中使用的另一种有趣的模型是"小人"模型[4]。

解决过许多问题的著名物理学家麦克斯韦将研究过程想象成许多小人,它们能够完成任何需要的事情。这样的小人在文学作品中被称为"麦克斯韦妖"。G.S. 阿奇舒勒提出了类似的建模方法,利用一组或者几组小人在我们的想象中实现任何动作。

这个模型能通过图形表示出相互矛盾的要求。为此,需要建立一幅图画(或者多幅连续的图画),图中有大量的小人(一组、几组、一群)在相互作用。通常只把问题模型中变化的部分用小人的形式描述出来。

小人法模型的便利之处在于,它不仅将工具和作用对象之间的相互作用当作技术系统组件来对待,还最大限度地考虑它们的内部结构。

※ **示例:扭杆的可靠性问题**

激光投影仪的反射镜尺寸很小,但在其系统的运行中却起着非常重要的作用。它以很高的频率摆动,确保激光束能在屏幕上进行扫描。反射镜固定在两个扭杆上,通过交变电场使其运动(图 1-23a)。

现在的问题是要提高扭杆的可靠性,以避免断裂。

图 1-23b 所示是用小人模型建立的反射镜模型。两个小人(扭杆)正在吃力地支撑着反射镜。如何帮助它们呢?很显然,应该在反射镜摆动的时候把它支撑住(图 1-23c)。还可以将反射镜分成许多部分,给每一个小人一面很小的镜子,使它们的工作更加轻松。摆动一面小镜子要轻松许多,只是要使它们的动作协调一致(图 1-23d)。

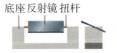    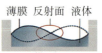

a) 初始系统　　　b) 小人扭杆　　c) 小人支撑反射镜　d) 协调小人的动作　　e) 液体镜子

图 1-23　使用小人模型解决激光投影仪反射镜问题

分析获得的模型,或者更准确地说是和小人们一起做了游戏之后,我们可以得到很多有建设性的想法,其中一个是液体反光镜。在容器内注入特殊液体,液体表面有一层反射薄膜。在液体内产生波长为容器长度两倍的驻波(图 1-23e)。这样在容器中部就形成了一面摆动的镜子。也许在实现这个创意时会遇到一些技术难题,但可以确定,这样的一面液体镜子是不可能断裂的。

毫无疑问,不可能在这样短的篇幅内把所有关于 TRIZ 的内容叙述完整,作者也没有以此作为本书的目的。现在有大量关于 TRIZ 的专业文献。除了前文被引用的文献之外,我们还建议读者阅读 G.S. 阿奇舒勒[11-13]和其他作者的相关著作[14-18]。

1.2.6 思维的心理学特点

使用任何方法都需考虑人的思维特点。人在类似情形下会产生习惯性动作，从而能够机械地、无意识地完成大量的工作。这有非常大的好处，因为在这种情况下，人能够更加合理地使用人的大脑。

想象一下第一次驾驶汽车的驾驶员。他的大脑是多么吃力地在运行！他需要回忆行车规则，并预先想好所有动作：怎样换挡，应该按下哪些按钮，应该拉什么杆才能把车停稳等。当然还要时刻观察路况。而有经验的驾驶员就不用考虑这些，诸如换挡杆在什么位置，怎样正确地拨动它，等等。他能够自动地完成大多数的控制动作，因此，注意力将更多地关注在路线、道路和最佳速度之类的问题上。

但是，当需要解决新的、非传统的问题时，之前培养的行为习惯就成了障碍，而这正是发明者所经历的。刚开始解决新问题时，我们会不由自主地使用已经知道的一些解决思路或概念。思维惯性促使我们使用一些显而易见的方法，而发明的本质在于搜索和解决悖论。

应该考虑下人的大脑是如何处理信息的。我们来看一个著名的视错觉的例子（图 1-24）。图 1-24a 两组圆中心的那两个圆圈是一样大的，图 1-24b 中那两条线段的长度也是一样的。但是人的大脑却认为它们的尺寸是不一样的，这是因为人的大脑会根据环境来修正视觉感知。

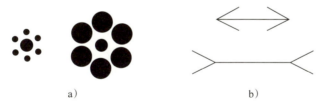

图 1-24 视错觉示例

如果我们的潜意识在解决简单问题时是这样工作的，那么在解决复杂问题时它是如何工作的呢？

可以做一个简单的试验。你可以给某人展示你张开的双手，并问："有几根手指？"当这个人回答说"10"时，要快速追问一句："那 10 只手上呢？"最常见的回答是："100"。但 10 只手上只有 50 根手指头。

或者问一个简单的问题："聋哑人怎样借到一只锤子？"想都不用想，对方就会比画出使用锤子的动作。然后接着问下一个问题："盲人怎样能够借到剪刀？"对方经常会继续用手比画出剪东西的动作。但盲人是可以直接用语言表达的。

我们的思维也经常会开这样的玩笑。这也并没有什么不好的地方，只是我们应该理解我们的思维过程是怎样进行的，并学会如何引导大脑的思考方向。TRIZ 中有一整套用于开发创造性思维的方法[19]，其核心在于如何培养能够控制思维惯性的独特的思维方式。

1.2.7 利用资源信息库

解决发明问题时，拥有一些高质量的信息作为产生解决方案的保障是很重要的。因为只有解决问题的抽象思路是不够的，还要有能够用来将思路转换为可实施方案的资源。通常，最好的解决方案都是在使用了起初看上去最不可思议的资源后得到的。资源指的是所有在解决问题时能够用到的东西：物质、场、时间、空间、信息及其他。在寻找资源时，不仅要考虑系统及其组件，还要考虑到系统周围的环境。最成功的是那些在系统内部找到资源的解决方案，如果使用的是操作区域内的资源，那就更好了。

在解决问题时，首先需要尝试使用一些显而易见的、马上就能够应用的资源。如果使用这样的资源仍不能解决问题，那就需要分析一下现有资源派生后产生的新资源。其主要方法是应用物理或者其他效应。最成功的是效应所产生的结果正是系统需要寻找的资源。这种情况可以在解决问题的任何阶段出现，但最有可能出现在确定物理矛盾之后，即当对系统内某一物体提出了相互排斥的要求以后。

每一个效应都对应一些自然现象。效应的组成如图 1-25 所示。

图 1-25　效应的组成

物理效应举例（图 1-26）：压电晶体（被作用物体）经过机械形变（作用）后产生了电压（结果）。

几何效应举例（图 1-27）：薄膜（被作用物体）的形状从平面变成凸面（作用）后提高了强度（结果）。

这种效应的表示方式很方便，因为它能帮助系统中可用资源转换成需要的形式。

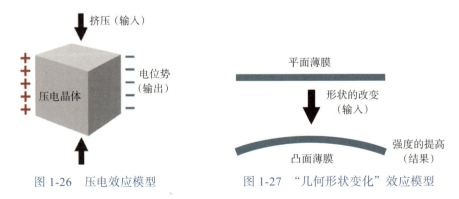

图 1-26　压电效应模型　　　　图 1-27　"几何形状变化"效应模型

TRIZ 认为搜索和分类能够用来解决问题的各种效应是非常重要的。在 TRIZ 发展过程中，专家们在对成千上万份发明和大量科研资料的分析基础上，完成了《物理效应和现象应用指南》[20]。对于很多发明者来说，这是一本不可或缺的参考书，它能够帮助发明者解决他们遇到的问题。应该指出，这本应用指南只是发明者根据个人解决具体问题的经验进行效应累积的基础和开始，我们应该不断补充新的效应。

1. 物理效应的应用

※ 示例：兰克效应

例如，需要对用冷藏柜运输的食品进行冷却，同时要求对系统做最小改动，也不能耗费大量燃油。

我们来画出所需要的效应简图（图1-28a）。先来看一看运动的汽车中已存在的资源。首先想到的是迎面吹来的风。这样简图就转换成一个新的效应图（图1-28b）。

在《物理效应和现象应用指南》中，或者根据其他参考书，我们可以找到最常见的两种利用气流冷却的方法：蒸腾式冷却和兰克效应。蒸腾式冷却指的是在物体表面上的一层物质蒸发时，比如液体，物体表面温度降低的现象。因此，该装置长期运行时需要不停地向物体表面提供液体，这在汽车上使用可能会产生一些额外的问题。

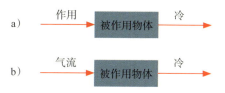

图1-28 "物体冷却"效应图

这里更适合用兰克效应对汽车上的食品进行冷却，它的原理如下：如果从管道的一端沿着切线方向送入空气或者其他气体时，空气在管道内壁沿着螺旋线运动，则靠近管壁的气流温度将比环境温度高，靠近管道中心线的气体将被冷却。

这种冷却装置完全可以用在移动的冷藏柜上（图1-29）。

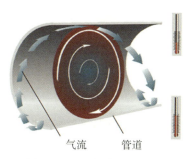

图1-29 兰克效应冷却器

对效应的清晰描述和理解能帮助我们正确地使用它们,并找到新的应用方向。通常,一个效应可以应用在不同的技术系统中。

※ 示例:康达效应

罗马尼亚航空工程师亨利·康达发现了康达效应。该效应的本质是:如果气流从扁平的缝隙吹向凸起的表面,则气流将在较长的距离内都会附着在这个表面上。基于这个效应,康达开发并申请了世界上第一个"飞碟"专利。

在设计很多流体力学和气动力学系统(如飞机、空调、泵、水下设备等)时,都需要考虑康达效应。俄罗斯开发的 EKIP 型飞行器是一个典型应用康达效应的例子。这种飞行器的特点令人印象深刻:在离地不高的经济飞行模式下飞机时速为 160km/h,在 8~13km 的高度上,它的速度能够达到 700km/h。该飞行器的经济性和安全性也很高,其有效负荷是普通飞机的两倍,机身内的有效空间是普通飞机的四倍。

EKIP 型飞行器没有传统意义上的机翼,它只有一些小的稳定面。升力是由气流经过很厚很短的机翼来产生的,而这个很厚很短的机翼同时也是飞机机身。由于这种机翼的上表面曲率比下表面曲率大很多,机翼上表面的气流速度也比下表面要高得多,由于上升力与机翼上表面和下表面的气流速度之差成正比,因此这款飞行器的上升力很大。

以前也曾经尝试使用截面很厚的机翼,但是都不成功,因为高速气流会在机翼上表面的后半部分分裂成许多小涡流并脱离机翼表面(图 1-30a),这大大降低了飞行速度。EKIP 型飞行器的设计师们想到了康达效应,计算出厚机翼与空气绕流的最佳条件,并开发出边界层空气控制系统,能将机翼后半部产生的涡流吸入机身内部。正因为如此,气流可以在整个机翼的上表面形成不间断的绕流(图 1-30b),使得飞行器在高速飞行时也能获得足够的升力。

a) 高速气流在厚截面机翼绕流时与其表面脱离   b) 带边界层气流控制系统的不间断机翼绕流

图 1-30 机翼表面的绕流

物理效应很适合用来解决问题,但几何效应有时也会很有效。

2. 几何效应的应用

1960 年,美国的科学团队乘坐奥古斯特·皮卡尔设计的圆球形深海探测器(几何效应)到达了马里亚纳海沟的底部,这是地球上海洋的最深处。在相同的厚度下,如果换作其他任何形状的深潜器,早就会被巨大的压力压扁了。

像只有一个表面的莫比乌斯带这样的几何形状在工程上也有广泛的应用。比如，把带锯做成莫比乌斯带的形状（图1-31），其寿命会提高一倍。

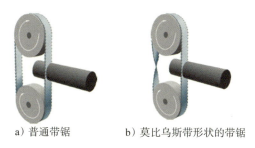

a）普通带锯　　b）莫比乌斯带形状的带锯

图1-31　带锯

近年来，越来越多的创新利用到了微观层级所表现出来的效应。通过使用这些效应，获得了许多"智能材料"，从而避免了复杂结构的使用。在微观层级上解决问题总是要比使用某些机械装置要好些。只要对比下发光聚合物显示器（LEP技术，参见第5.7节）和电子真空管显示器（参见第5.5节）就可以看到，前者的结构要简单得多。

下面列举几个利用微观层级效应的例子。

※ **示例：防弹衣**

液体防弹衣就是利用微观层级上产生的效应而发明出来的。防弹衣在受到强烈撞击时，其内部液体能够瞬间硬化。而在正常情况下，这种材料非常柔软，可用来做衣服、裤子或者手套。

※ **示例：自恢复聚合物**

通常，外壳遭到破坏后会导致严重的事故。为了提高可靠性，需要将外壳壁做得很厚，但这将增加外壳的重量和成本。如何解决这个矛盾？

其中一个思路是使用自再生材料。外壳由特殊塑料制成，其中均匀分布着两种微胶囊，一种含有环氧树脂，另一种含有硬化剂。在外壳受到破坏时，这个部位上的微胶囊也会破碎，从中流出的这两种物质会填满裂缝或划痕。这时，环氧树脂与固化剂发生化学反应，一段时间后就恢复了外壳的密封性。如果俄罗斯"和平号"空间站是用这种材料制成的，那么其外表面的微裂纹就不可怕了，也许它就不会发生致命事故坠入大海。

所有在微观层级上产生的效应都需要很高的可制造性。近些年，随着纳米技术的快速发展，使用这类技术取得了令人瞩目的成果。

※ 示例：纳米催化剂

纳米催化剂能提高许多工艺过程的效率并防止损失。例如在石油产品的生产过程中，由于净化工艺不完善，几乎 20% 的原油不能进行提炼。如果使用特制的带有能保持单分子链的纳米孔的陶瓷过滤催化器，就能够大大地提高净化效率。提炼原油的比例几乎能达到 100%。

※ 示例：金属橡胶

利用微观层级效应还可以制造出性能非常特殊的纳米材料，例如导电橡胶。美国 NanoSonic 公司开发了一种聚合物，它像橡胶一样柔软且有弹性，但又像金属一样能够导电。"金属橡胶"板基本上是在分子层面建造的。将基板（如玻璃）依次放入盛有电解质溶液的罐子内，第一个罐里是带有正电荷的金属离子，第二个罐里是带有负电荷的聚合物分子。它们一层接着一层地相互依附，建立起一个金属和聚合物在分子层级上的混合结构。该公司希望这种金属橡胶能在航天、电子等各个领域得到应用。

3. 生物效应的应用

在技术系统中应用的生物效应也可被看作是一种资源[21]。现在有很多把生物体（如动物、植物、微生物群体，或任何一种活性组织）用于解决发明问题的例子。事实上，出于本能或经过训练，动物的行为具有某些特定的模式，可以研究这些习性并将其用于实现自己的创新目的。

例如，经过训练的狗能够执行一些甚至最灵敏的仪器都无法完成的功能：搜寻毒品和炸药、在地震废墟下搜寻伤员等。导盲犬能够帮助盲人在繁忙的城市街道上穿行。猫能够把导线穿过各种形状复杂的管道，仓鼠和其他动物能够在地震前很长时间就感知到它的来临等。

像植物这种比较简单的生物体也是有预报特性的，因此可以用于解决发明问题。下面这个**气体指示器就是一个很好的例子**。

※ 示例：植物气体指示器

天然气管道距离很长。管道上任何一个地方出现的微小裂缝都会导致天然气的泄漏。怎样来检测几千千米长的天然气管道呢？捷克的研究人员找到了一种简单而且漂亮的解决方案。在天然气管道周围种上苜蓿，这种植物能够在非常微量的天然气的作用下改变生长和颜色。从直升机上就能够清楚地观察到这些变化。

1.2.8 解决发明问题的流程

当前有几种用于解决不同复杂程度发明问题的算法。这些算法都是建立在 G.S. 阿奇舒勒开发的解决发明问题的基本原理之上。

只有从复杂问题情境分析和描述特定问题条件开始，才能找到匹配的发明原理并消除矛盾问题。在一个问题情境下，可以定义出许多发明问题，相应地也有许多条改善问题现状的路径。重要的是从中选出关键问题，这个问题能够从根本上改进问题情境并按照技术系统进化法则转换系统。

接下来，我们转到实际解决问题上。最重要的是要清楚哪个解决方案是我们最需要的，即定义所谓的最终理想结果（IFR）。定义 IFR 之后，要确认在不改变系统的情况下是否能够实现 IFR，以及要多大程度的改变才能解决当前问题。

通常，不改变任何系统成分是不可能实现最终理想结果的，而且系统还总会有一些这样那样的不允许改变的限制。这就出现了我们称之为矛盾的情况：我们想要实现最终理想解，但系统的某些状况阻止它的实现。TRIZ 开发了一些描述问题的模型，如物场模型、技术和物理矛盾模型、小人模型等，可以使用这些模型来匹配并转换我们的问题。每种类型的问题模型都有将其转换为解决方案模型的一些规则。在获得解决方案模型后，利用资源分析的结果将系统按照我们期望的方向转换，由此我们得到了一系列的初步方案。有时，其中的概念会立即被用作最终解决方案，但更多的情况是将这些初步方案当作"建筑材料"，按照某些规则，从中构建出问题的最终解决方案。然后将最终解决方案转化为技术解决方案，这个解决方案已经考虑了实际条件中的所有特性。最后，计算新系统的参数以获得设计方案。

在解题流程的最后，需要检查问题情境是否得到了充分的改善，是否问题得到了解决并可以结束或者是否需要再重复一遍整个流程。

1.3 建立有效的信息结构

至此我们毫不怀疑，以 TRIZ 为基础发展出的创新方法能非常有效地产生解决问题的概念方案。应用这些方法能快速地找到"强效的解决方案域"，并获得若干适合当前问题的解决方案。然而，在实际项目中这还不够，我们还要确保已经彻底研究了所有可能的解决方案，并拥有一张能有效转换当前技术系统的完整地图。

解决问题、预测技术系统发展和专利规避这三类问题中任何一类都会出现这种情况，即我们必须处理大量的各种各样的与当前技术系统（设备、模块、零件等）相关的方案。同时，解决问题的每个阶段都需要使用信息库。

为此，在概念分析阶段需要收集与目标系统相类似的其他装置的信息，以研究它们的优缺点。对于所分析的技术系统，我们必须要确信已找到所有主要的已知方案。所收集数据的完整性帮助我们避免"重复发明轮子"，并专注于寻找真正新的、可申请专利的解决方案。在解决问题的过程中，一旦碰到的都是同一类型信息，那说明我们已经处于概念综合阶段。复杂的问题可能会有几十个甚至上百个初步解决方案，很难从这些信息中筛选出最佳方案。同样，也不能保证我们没有错过最有发展前景的创意。

预测类项目也是从收集那些已知的与所研究系统相关的方案信息开始。这些信息大部分来自专利和科学技术出版物。在这种情况下，如果没有一个简便的可视化的信息组织结构以及便捷的引导形式，是不可能处理如此大量的描述技术系统转换方案的信息的。

在规避专利和建立专利保护伞时，我们再次需要了解所有或几乎所有与我们要保护系统相关的内容。也就是说，有必要进行最全面的检索，并对检索结果进行结构化及详细的分析。只有这样，才能找到所研究系统的还没被申请专利的概念方案，并在确定其可行性后申请专利。

由此可见，上述每一类情况我们都会处于大量的信息集合之中。如果将这些信息当作一个整体，那么在其中寻找新的创意和概念是相当困难且低效的。当系统已知的概念方案以合适的便于分析的顺序排列（组织化的信息结构）时，所有信息都将一目了然，产生新方案的工作将会更容易、更方便。此外，有效的信息结构本身就应该能显示出那些缺失的概念方案，并提示首先需要寻找哪些新方案。那么信息结构就成了一张帮助我们在信息海洋中导航的"地图"。

如何建立最符合我们目标的信息结构？

首先需要找到一个客观的分类标准。最简单的分类方法是字母索引表，但以此方法进行检索分类时，并不会产生新信息。还可以将检索到的专利按申请公司名称或年份分组，在这种情况下，可以根据专利动态获得新的有关生产当前产品的技术领先企业的信息。原始信息的价值略有提高。

类似的分类方法还有很多：按设备的复杂程度、质量和材料消耗、尺寸、成本、工作原理等。几乎所有分类都有一定价值且能达到某些目标。但在预测技术系统发展和专利规避方面，根据主观分类的方法来获取创新问题的解决方案通常是没什么效果的。

是否可以用专利分类原理？这个方向受到越来越多的关注与研究[22]。

在专利分类等级上，按照不同技术系统进行划分的方式非常合乎逻辑。对人造技术物体或者技术系统最主要的分类标准是它们的主要有用功能。划分汽车、圆珠笔、铅笔这类不同用途的系统非常简单。汽车用来"运输货物和乘客"，圆珠笔用来"在表面上留下痕迹"，刷子用来"清洁表面"（图1-32）。

那怎样对那些具有相同功能的技术系统进行分类呢？例如，各种刷子（图1-33）。按照材料？制造商？尺寸？刷头形状？

很遗憾，专利分类具有随机性，总的来说是混乱的。因此，在一个分类下可能会出现同一技术系统的不同方面的技术方案。这些在专利中描述的方案可能是设计特点、操作原理、特征属性，甚至是技术系统的运行特性。所有这些分类方法都相当主观，这极大地增加了在专利库进行信息组织和检索的难度。

第 1 章　31
技术信息结构化的必要性

图 1-32　具有不同有用功能的技术系统

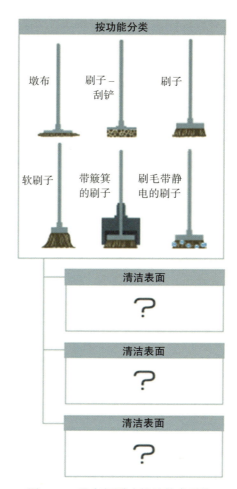

图 1-33　具有相同功能的技术系统

例如，国际专利分类（WIPO）的 B60C 章节（"轮胎"）是按照以下特征对轮胎进行分类的：按照材料和总体构造分类（无凸纹轮胎、充气轮胎、胎圈和轮毂间带密封装置的轮胎、截面分段轮胎等），按照截面形状和尺寸分类（环形闭合轮胎、非对称轮胎、可折叠轮胎等）。用于轮胎充气、拆装的装置也属于轮胎分类，虽然在功能和结构上它们与轮胎完全不同。

事实证明，专利分类法采取的按功能分类的原则无法满足我们在信息库中对同一技术系统的不同解决方案进行定位和导航的需求。按运行原理或者特征属性分类也远非客观。

这里要强调的是，我们希望建立真正有效的信息结构的目的，并不仅仅是寻找一种客观的分类标准，还有其他方面，具体如下：

1）应该在客观评判的基础上建立分类标准（客观性要求）。

2）应考虑到所有已存在的各种系统转换方案（完整性要求）。

3）分类方法应适用于所有技术系统，同时还能描述某个具体的技术系统（通用性和具体性要求）。

4）直观展示信息的方法，并能显示出专利检索结果中的空白（直观性要求）。

5）信息结构中应含有所缺失部分的信息，并足以据此获得实际可行的概念方案（信息性要求）。

在后面的章节中，我们将详细介绍如何构建能满足这些要求的信息结构。

Chapter2 第 2 章

客观对象的进化路线

进化路线是在分析总结大量真实系统发展脉络的基础上建立起来的、以符合逻辑的方式描述所研究系统方案序列的强力工具。

2.1 将信息组织成进化路线

我们在 1.3 节中定义的专利和技术信息分类要求列表中,第一项就是客观性要求。为满足这个要求,需要找到一种方法,它能够将在诸如专利库中检索到的各种技术系统方案按照某种客观标准进行排列。

我们不禁要问,每个这样的序列都是客观的吗?

如果走到户外,观察行驶而过的汽车,可以看到大量的序列。最简单的就是按照汽车驶过的顺序组成一种序列,如货车、轻型汽车、拖车、吉普车,还有自卸货车、油罐车、铲雪车、公共汽车等也可以加入这个序列。我们也可以按汽车颜色排序,如红色汽车、橙色汽车、黄色汽车、绿色汽车等。还可以从交通标志的颜色图案中寻找排列思路,如按标志在道路上的易见性或者"易污性"。但大多数情况下,这种按照随机特性构建的序列,对改进技术系统毫无益处。

发明问题解决理论(TRIZ)对这个问题进行了深入的研究。G.S.阿奇舒勒的思路是建立客观的技术进化路线以作为技术系统进化法则的补充[10]。进化路线展示出技术系统或其组件一系列连续的转换方案,这些方案都是按某种特定的能表现出系统特征的参数来排列的。进化路线作为 TRIZ 的一个工具,其作用是分析所得技术方案的动态发展。另外,用进化路线组织信息是描述技术系统及其组件进化的最具发展前景的方式。接下来我们详细了解一下进化路线。

TRIZ 中使用了以下方法来构建进化路线。首先分析大量不同的技术系统，并根据某种特性建立多条系统组件的进化路线。然后对比得到的进化路线，找出各条路线中共有的步骤，这些步骤对于整个系统及其组件来说就是正确的能概括其发展规律的路线。

比如，大量分析表明，随着技术系统的发展，它们的动态性、活动性都会变得更好。使用几个铰链就能将刚性的梯子变成折叠式的；计算机键盘和移动电话也变成可折叠的；刚性固定的汽车座椅变成铰链式的，而且还可以向后倾斜；自行车也变成折叠式的，等等。换句话说，随着系统的发展，其活动性都在不断提高。

在积累了足够的统计数据后，研究者得出了以下结论：可以把这样的向刚性结构引入铰链装置的步骤归纳到提高系统活动性的概括性进化路线中。可以预见，大多数技术系统都将朝着这个方向发展。

目前，在 TRIZ 中已经有许多条进化路线[6,23]，它们都是在研究真实技术系统的基础上归纳出来的。其中一条路线是由 G.S. 阿奇舒勒和 I.M. 维尔特金提出的增加中空度的进化路线（图 2-1）。这条进化路线显示了一个"空腔"与一个物体结合的一系列转换步骤。"空腔"可以位于物体旁边，或其表面上，可在物体表面形成凹坑，也可在物体内部形成封闭的腔体。之后，腔体内部开始变化：将物体内部分割成多个部分→形成穿透式的腔体→形成毛细管和微毛细管结构。需要指出，术语"空腔"在 TRIZ 中的含义有一定的扩展，它是指向某一区域填充了相对于本区域物质不那么密实的其他物质。

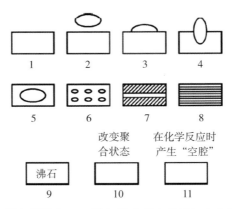

图 2-1　G.S. 阿奇舒勒和 I.M. 维尔特金提出的增加中空度的进化路线

1—密实的物体　2—与物体无直接接触的"空腔"　3—"空腔"和物体接触
4—"空腔"部分地嵌入物体中　5—物体内部的"空腔"　6—分割物体内部的"空腔"
7—穿透式"空腔"（密实物体内的管道）　8—毛细管结构　9—沸石式结构（由分子组成的管道）
10—物体内部由物理效应产生的"空腔"（如液体沸腾时产生的气泡）
11—物质在化学分解过程中产生的"空腔"（如分解反应过程中产生的气体）

我们看一个增加中空度进化路线的例子。齿轮是一个圆周上有齿的圆盘，圆盘中心有孔，孔用来安装齿轮轴。图 2-2 展示了齿轮按照增加中空度进化路线的转换方案。

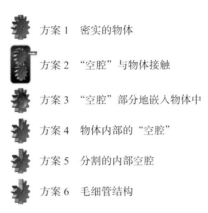

方案 1　密实的物体

方案 2　"空腔"与物体接触

方案 3　"空腔"部分地嵌入物体中

方案 4　物体内部的"空腔"

方案 5　分割的内部空腔

方案 6　毛细管结构

图 2-2　几个按照增加中空度进化路线的齿轮转换方案

方案 1 是一个密实的齿轮，这是个端面为平的且上面没有任何额外孔或者凹口的整体。将相互啮合的一对齿轮密封在壳体内，然后将壳体抽成真空，这是一种向轮齿引入与其接触的空腔的方式（方案 2）。这个方案非常适合高速齿轮箱，因为它避免了轮齿间空气所造成的巨大阻力。

为了减轻齿轮重量，并方便在齿轮箱内放置其他组件，可以将"空腔"部分地嵌入齿轮的侧面（方案 3）。方案 4 中的"空腔"位于齿轮的内部，中空的齿轮具有一个弹性的、自适应的工作表面。在冲击和交变载荷下，这种齿轮能起到很好的减振作用。

方案 5 的齿轮内有径向通道，能把润滑油从轮毂送到轮齿中。这是内部带有分割的"空腔"的齿轮结构的例子。毛细管的构造（方案 6）也经常用于齿轮的结构中。这可能是芯式润滑油供给系统或者内部是降噪填充物的空心齿轮。

还有一条是"分割"路线。G.S. 阿奇舒勒建议该路线进行如下转换（图 2-3）：初始时物体内部出现隔板，之后隔板的数量逐渐增加，由此产生相互完全隔开的封闭隔间。隔间之间出现了铰链或者柔性的连接，在随后的发展过程中它们的活动性和动态性程度越来越高，直至转换到"场"的级别。之后转换到使用程序或者指令的方法进行控制，最后相互连接将完全消失。换句话说，这里分析的是技术系统各组成部分之间连接的转换。

V.M. 彼得罗夫提出了他对"分割"进化路线的解释（图 2-4）。这条路线首先讲的是物体本身的转换，而不是系统组件间的连接。整个物体的柔性变得更高，并分割成许多细小的部分，然后转换成凝胶体、液体和气体，最后转换为场。

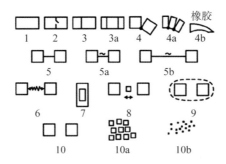

图 2-3　G.S. 阿奇舒勒提出的"分割"进化路线

1—初始物体　2—出现内部隔板　3—形成封闭的隔间　3a—隔间的数量增加
4—形成的隔间部分分离并由铰链连接　4a—连接隔间的铰链数量增加
4b—连接隔间铰链数量增加达到极限,成为弹性连接
5—杠铃形结构:硬性连接各组成部分,其连接长度与组成部分长度相同
5a—连接部分成为动态的,柔性连接　5b—连接的长度和柔性增加至极限,如索缆系统
6—场连接　7—结构化连接(一部分能在另一部分内部自由移动)
8—"梭式连接"(如穿行在两艘轮船间的小艇),由物质或者场连接
9—程序连接(没有任何连接,但是每部分都按照预先设定好的程序运动)
10—无连接　10a—多系统内的无连接　10b—无限多系统内的无连接

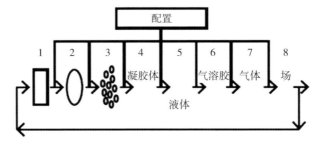

图 2-4　V.M. 彼得罗夫提出的"分割"进化路线

1—硬的单体系统　2—完全柔性的(弹性的)物体　3—粉末状物体
4—凝胶体　5—液体　6—气溶胶　7—气体　8—场

与阿奇舒勒提出的"分割"进化路线相比,彼得罗夫的"分割"进化路线更合乎逻辑。但是,我们认为"柔性物体"有点超出这条路线的范围。柔性物体的主要特性是活动性,即可以呈现出任何形状,同时,物体本身还是完整的,而分割进化路线的逻辑在于按顺序将物体分割成越来越小的部分。

对比阿奇舒勒和彼得罗夫进化路线的结果表明,即使是由不同的研究者揭示出来的相似序列,也会有明显的差异。这说明,他们是在研究了真实技术系统发展的基础上,用主观的方法来选择概括性转换方案的。

将发动机的旋转动力传递到执行装置的不同方案可以作为彼得罗夫"分割"进化路线或部分阿奇舒勒"分割"进化路线的例子。因此,"硬的单体系统"方案对应的是刚性连接的能量传动。通过使用传动带或柔性轴提供的是柔性(弹性)传动。按照这条路线的逻辑,粉末状物体的传递装置应是链条传动,其中柔性传动被分割成基本链环,即"颗粒"。在各种流体离合器和液压变速器的设计中,液体是工作物质。

气体很少被用于传递旋转运动。独创的"气体传递"装置可以算是个例子。这个装置是在风力发电机内将转子的旋转运动传递到泵浦或者发电机。由于风力发电机一般安装在很高的地方,而被驱动的装置则安装在地面上,因此传输的距离很长,也很复杂。为了简化旋转运动的传递,可以将转子的叶片做成空心,每个叶片端头上都有孔洞,支柱和旋转塔也都做成管道式的中空结构(图 2-5)。

图 2-5 有"空气传动装置"的风力发电机

叶片旋转时,由于惯性作用,其内部的空气将从旋转中心向外排出。叶片内部气压降低,空气就会从支柱下面沿着空心的柱体被吸上来,因此在支柱内部产生很强的垂直气流。若在支柱的空气入口处安装叶轮,则叶轮也会转动起来。如果把叶轮和发电机连在一起,那么也将带动其旋转。

类似的原理也可以应用在民用和工业建筑的通风上。在通风管道末端安装球形的带叶片的叶轮,就组成了一个简单有效的通风装置。叶轮通过轻型轴承安装在管道上,使得叶片在很小的风速下都能转动。转动的叶片带动球内空气旋转,并将其排到外面,因此在管道内形成负压,室内的气体就被抽入管道并排出。在韩国,这样的装置应用范围很广,它将通风系统的效率提高了好几倍。

至于"场传动",风力发电机就是一个例子。发电机和转子组合在一起并产生电能,通过电线可将电能输送到很远的地方。

随着对技术系统进化过程研究的深入,建立技术系统进化路线的方法也得到了完善。产生了信息量更大的、能正确反映技术系统转换本质的进化路线。TRIZ 发展的一个重要阶段就是对技术系统进化法则的研究,这对完善建立进化路线的方法起到了很大的作用。将进化路线与相应的进化法则进行检验,使得这些路线更具逻辑性,更加完整。

让我们看一下 TRIZ 中"进化路线""趋势"和"进化法则"这几个概念的从属关系:

- 技术系统进化法则通常描述的是现象之间的关系[4]。由于进化法则具有高度的概括性,很难直接用于解决问题,因此要通过系统发展趋势和进化路线来发挥进化法则的作用。
- 趋势指出了与技术系统进化法则相匹配的系统组件的总体发展方向。趋势可以用矢量表示。
- 进化路线是具体化的趋势,是某个组件或者流程发展的规律。进化路线已经不是简单的总体发展方向了,而是详细地指出了技术系统或者其组件转换方案特性的"路线"。

例如,增加理想度法则有两个具体的趋势:

- 一般来说,随着技术系统的发展,系统将越来越简单、便宜。
- 一般来说,随着技术系统的发展,系统会增加执行有用功能的数量。

与这两个发展趋势对应的是"单-双-多"和"裁剪"这两条路线。进化路线的本质是在技术系统发展趋势上逐步标记出技术系统的具体转换方法(基础或者抽象的进化路线)或者这些转换的具体方案(具体技术系统的进化路线)。

例如,"单-双-多"进化路线[10]正是阿奇舒勒在研究和诠释技术系统向超系统进化法则时得到的。该进化路线的具体内容如图 2-6 所示。

技术系统在进化过程中会消耗自身资源,在其资源耗尽后,就会与其他系统结合,形成更加复杂的系统,即双系统。多个初始系统也可以组合成一个多系统。提升初始系统的运行指标及引入组合系统执行新功能的需求是系统向双系统和多系统转换的主要条件。双系统和多系统可以是单功能或者多功能的。单功能的双系统或多系统是由相同技术系统或者不同的但能够完成同样功能的技术系统组成。多功能技术系统包含几个完成不同功能的技术系统,也可以包含若干具有相反功能的系统。通常系统与其他系统组合后,新系统中的所有组件将开始向更高层次的单系统合并。

我们以"扳手"技术系统的发展为例,看一下"单-双-多"进化路线(图 2-7)。

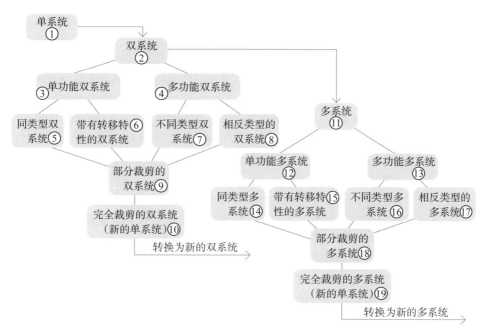

图 2-6 阿奇舒勒提出的"单–双–多"进化路线

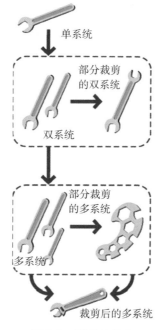

图 2-7 扳手的进化

单头开口扳手只适合一个尺寸的螺母。另外，我们很难用一把扳手拧开一对"螺栓－螺母"，因为这需要在固定螺栓头的同时转动另一端的螺母。这不可能由一把普通的扳手完成，它需要转换成双系统，即两把扳手。如果把不同尺寸的两个开口安装到同一个手柄上，就形成了部分裁剪的双系统。用这样的扳手就可以拧开两种尺寸的螺母了。

　　扳手的下一个方案是组合成一套的多扳手。这套扳手裁剪后可以是一组扳手头和一支手柄，这些扳手头都可以安装在这支手柄上并由它带动旋转。多系统也可以发展成类似自行车用扳手的样式。这个扳手是一块特殊形状的金属板，板上有很多扳手头，甚至是特殊螺母的形状。

　　扳手头的数量增加到某一个限度后就不合理了，因为扳手变得很大且不便使用。因此，正如"单－双－多"路线指出的那样，这种"多扳手"应该以某种方式转换到更高层次的"单扳手"上去。

　　几乎完全裁剪的扳手是活动扳手，它只有一个扳手头。但是扳手头的尺寸可以用螺旋机构来调节。与最初的单头扳手相比，活动扳手是更高层次的系统。它能拧开一定范围内的任何尺寸的螺母。但是为了拧开螺栓上的螺母，还是需要两把扳手来分别夹住螺母和螺栓头。也就是说，下一个发展阶段将会转换到由两把活动扳手组成的双系统。

　　像"单－双－多"这种成熟的、预测性强的路线，对技术系统进化的分析效果非常显著。TRIZ 中已经开发出许多描述系统不同参数变化的进化路线。比如由 B.L. 兹罗京提出的多条进化路线（图 2-8）。

　　还可以举出很多由 U.P. 萨拉马托夫、V.M. 彼得罗夫及其他研究者提出的、有意思的进化路线。但需要注意的是，大多数文献中介绍的进化路线都仅是一组有序的技术系统或者工艺流程方案，而没有任何注释。由此，我们可以得出结论，如果能开发出有效的机制，那么进化路线的实际应用效果将更加显著。此外，为了正确地描述信息场，仅用某个单条路线是不够的，即使这些路线是根据客观规律建立的。原因在于，某个物体或者系统的发展不是由一条路线就能描述的。一般来说，现实系统的发展可以同时遵循多条路线。于是出现一个问题：如何区分这些路线？

　　举一个简单的例子：测量用的尺子。为了能测量较大的尺寸，尺子最好能长一点，但同时为了方便携带，又希望尺子能短一点。怎么解决这个矛盾？

　　可以把笨重的直尺分成几个部分，并通过铰链连接在一起，产生了一把可折叠的木工尺。下一个阶段进一步提高了尺子的活动性：出现了收纳时可以卷成卷的尺子，即卷尺。卷尺能较准确地测量曲面上线段的长度。顺着这一思路，产生了曲线仪，它是一个与计数器连在一起的转轮，将轮子沿着测量线滚动，就可测出任何曲线的距离。这样，测量组件就变得更加动态、更加灵活。之后，尺子将过渡到场的层次（比如激光测距仪）。在这里，我们还是看一下这个测量工具的前四个方案吧（图 2-9）。

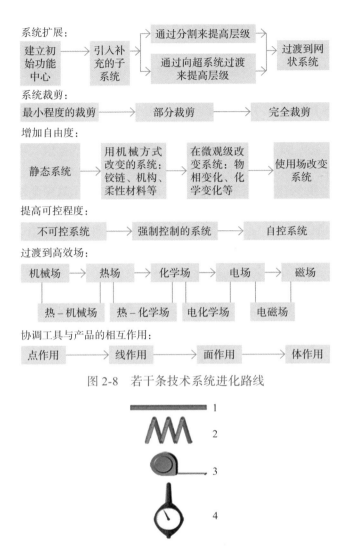

图 2-8 若干条技术系统进化路线

图 2-9 提高测量工具紧凑性的进化路线

1—直尺　2—折叠尺　3—卷尺　4—曲线仪

如果我们要建立一个有逻辑性的进化路线，那么马上就会陷入困境。曾经是一把完整的尺子，然后分成了许多部分，显然这是按"分割"路线发展的。但是，这种分割的尺子又成为可折叠的了，也就是说，按系统组件动态化进化路线（"动态化"）提高了尺子的活动性。同时，尺子的组成部分增多了，显然这应该按"单 – 双 – 多"路线发展。与直尺相比，折叠尺能更好地和木匠口袋的尺寸相协调，卷尺就更加协调了，因此，这符合"提高协调性"的进化路线。

也可以说，"动态化"是将尺子分成几个部分，并用铰链将它连接起来。这样就已经不是简单的转换了，而是一些更复杂的动作，而且，连接物体各部分间的铰链也并不总是能够保证它们的活动性。我们来看一看将尺子分成三个部分，并用铰链将它们连接起来的情况（图2-10）。这样的结构不是动态的，还是硬连接。研究者经常将系统的各种动作混合成一条路线，如将系统分割成几个部分，并将分割后的部分动态化。

图2-10　硬的铰链连接结构

读者可以试着建立任何真实技术系统的进化路线。这个过程很有意思，也能从中获得很多东西。让我们先来尝试为飞行器的机翼建立几条进化路线，以此来寻找构建它们的一般原则。

2.2　真实系统分析案例

最简单的飞行器是将机翼、稳定面和类似机身的结构连接在一起的不可控的滑翔机[24, 25]。由于承重面和机身在尺寸、重量和位置方面的预先协调，使承载飞行员的滑翔机从山顶上飞下来后，能稳定地飞行，慢慢地降落，而不是直接栽到地面。如伊戈·艾垂奇式滑翔机，它有一个与槭树种子⊖形状相似的"飞翼"，使其具有良好的空气动力学特征和飞行稳定性。但是这种滑翔机没有控制系统，飞行员不能根据飞行情况借助改变机翼的位置和形状来调整飞行方向。

下一步是奥托·李林塔尔式滑翔机。这种滑翔机已经具备了操控装置，飞行员能改变机翼的状态。在伊戈·艾垂奇式滑翔机上，飞行员被紧紧地固定在机翼上，而李林塔尔式滑翔机的飞行员与机翼的连接是柔性的，可通过移动其身体重心来调整机翼。假如飞行员弯曲手臂并向前移动，机翼角度变小，滑翔机机头降低，则速度增加。当飞行员向后移动时，机翼相对于迎面的气流变得更加陡峭，滑翔机速度变慢。这样的控制系统对轻型飞行器来说很有效。直到现在，这种控制原理在三角翼飞机上的应用都非常成功。

美国诺斯洛普和波音公司联合麻省理工学院共同研制的B-2隐形轰炸机是重型"飞翼"。它同样拥有一个与槭树种子相似的外形，这能确保其飞行的初始稳定性。飞行时，通过气动舵改变机翼形状，以达到对飞机的实时控制，其具体方式如下：

⊖　槭树种子在飞行中的稳定性是由于它的"翅膀"末端向后伸展并略微向上弯曲。因此，当整个种子向前倾斜时，"翅膀"末端与飞行方向成很大的角度，这能让种子后部向下偏转，使飞行趋向水平。当种子向后倾斜时，"翅膀"的主表面失去升力，但其向后倾斜的末端却处于最佳角度，从而产生使种子向前倾斜的升力。这些空气动力的持续发挥确保了槭树种子稳定的飞行。

1）为使飞机直线飞行，需要将机翼调整得相对平整（图 2-11a）。

2）为使飞机上升，需要将每个机翼的后缘向上偏转。迎面气流的压力使"飞翼"的后面部分向下压，飞机就开始上升（图 2-11b）。

3）为使飞机下降，需要将每个机翼的后缘向下偏转。迎面气流的压力使"飞翼"的后面部分向上抬，飞机就开始下降（图 2-11c）。

4）为使飞机倾斜，比如向左倾，就需要将右侧机翼的后缘向下偏转，左侧机翼的后缘向上偏转。左侧机翼开始降低，而右侧机翼则上升，飞机就向左倾斜（图 2-11d）。

5）怎样使"飞翼"转向呢？对这一问题找到了以下解决方案：在每侧机翼的翼尖上安装有分体式气动舵，以达到空气制动的效果。想向左转向，就使用左侧机翼的气动舵，提高这一侧的空气阻力，飞机就会向左侧转向了（图 2-11e）。

为了改变机翼形状，其后缘用铰链固定有附加平面，即方向舵。通过控制装置，飞行员能够操作方向舵向上或者向下偏转，保证机翼的形状与飞行条件相协调。除此之外，B-2 的机翼靠近翼尖处还安装有可向上下两侧张开的减速板，用于降低飞行速度。

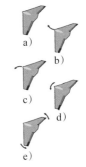

图 2-11 "飞翼"控制图

从 B-2 飞机的例子可以看出，通过在机翼结构中增加额外活动的元件可以实现机翼形状和飞行模式之间的协调。为了在起飞和降落阶段获得较小的速度，机翼的截面应有较大的曲率；而在巡航状态的高速飞行时，机翼截面应该更平。也就是说，机翼的前面部分（缝翼）和后面部分（襟翼）在控制装置的作用下，能够向下移动并恢复到初始位置。因此它们应该是活动的、动态化的。

下一步是机翼形状与飞行条件间的完全协调。事实上，拼接形式的机翼并不能使气流很顺畅地从其表面流过，所以在飞行时会产生很大的阻力。需要从各组件独立调整的方式转换为整体机翼的平滑改变。为确保机翼形状的可控变化，需要提高它的动态化程度，最理想的情况是机翼的任何部分都可以活动。同时，保持机翼较好的流线型是非常重要的。

美国航空航天局（NASA）研制的超音速飞机 F/A-18 的机翼就是一个整体可变形机翼的例子。这种机翼的主体是刚性的翼梁，其他几个部分沿着翼梁按一定的间隔与其连接并构成机翼。翼梁是以柔性的方式与这几个部分连接的，并通过液压机构对它们进行控制。机翼由弹性外壳包裹，可以确保飞机在飞行控制过程中机翼的前部和后部发生的偏转几乎不会影响机翼外形的流线性。

去掉熟悉的辅助翼、前缘缝翼、后缘襟翼之后，机翼的气动特性、飞机的机动能力和对其控制的可靠性得到了明显的提高。对于光滑无缝的机翼，没有辅助性机械面，其能更好地引流空气，传动系统的控制也比普通的机翼简单且容易许多。另外，灵活的机翼适应性更强，能够自动地根据飞行条件改变其形状。

这架变形翼飞机的试验正好在莱特兄弟第一架飞机升空 100 周年纪念之前进行。巧合的是，世界上第一架飞机也是通过改变承重表面的形状来实现飞行控制的，即飞行员通过控制杆拉紧固定在机翼上的绳索，强制性地将其后缘部分向下偏转。当时采用这种方法也是被迫的，因为需要最大限度地简化结构，其机翼更是用强度小、承载能力也很低的麻布拼缝而成。

随着航空业的发展，飞机的速度和载重能力都有了很大提高。由于木制机翼和金属机翼不能弯曲，所以不得不淘汰这种通过表面扭曲进行控制的方案，它逐渐被方向舵和辅助翼的解决方案替代。随着变形翼的研制成功，飞机控制手段的发展又迎来了一个新的阶段。我们看到，许多年以后，设计师们又回到了旧的、几乎被遗忘的技术解决方案上，不过已经是在现代材料、工艺和技术手段的基础上来实现。

收集到足够的有关飞行器机翼装置的信息后（更多这方面的信息并未写入本书），可以建立一系列的进化路线。为此，需要选择机翼的某个组件：机翼本身、几何形状、内部空间或者机翼表面等，并按照所选组件某个参数的变化，建立这个组件进化方案的序列。

（1）按照协调性

所选组件：机翼表面。作用：形状和飞行条件间的协调。

1）形状和位置不变的静态机翼。

2）可改变位置的整体机翼。

3）后面部分可以偏转的机翼。

4）前面和后面部分都可以偏转的机翼。

5）可改变形状的柔性机翼。

（2）按照可控制性

所选组件：控制装置。作用：简化控制。

1）不能实时控制的机翼。

2）通过飞行员移动身体来改变机翼的角度。

3）对绳索传动的气动舵进行手动控制。

4）用刚性控制杆对气动舵进行手动控制。

5）利用气动机构进行半自动控制。

6）利用液压机构进行半自动控制。

7）启用自动驾驶仪。

（3）按照动态化

所选组件：机翼。作用：提高活动性。

1）刚性机翼。

2）带铰链气动舵的机翼。

3）动态机翼：活动缝翼、襟翼和空气制动器。

4）可变后掠翼。

5）弹性的自适应机翼，其前面和后面的活动部分都是柔性连接。

6）起飞和降落时能转换成旋转模式的机翼。

（4）按照表面的数量

所选组件：机翼。作用：增加新的气动面。

1）机翼。

2）机翼和气动舵。

3）机翼和多个气动舵。

4）机翼、气动舵和前缘缝翼。

5）机翼、气动舵和前缘缝翼，空气制动器，配平装置。

6）裁剪所有组件后形成的弹性自适应机翼。

另外，也可以按其他路线来分析机翼的进化。如按照机翼形状的变化：长方形的、椭圆形的、三角形的、后掠式的、前掠式的等。又如按照机翼内部结构的复杂程度：在机翼内装上燃料、武器、弹药、控制系统等。可以按以下顺序展示机翼表面的进化：光滑机翼、波纹形机翼、带有刀状突起的后掠、带微形凹坑的机翼表面（这种结构能在机翼表面上形成涡流，达到"空气润滑"的效果）等。机翼表面的喷漆可按照以下顺序排列：普通油漆、迷彩色、涂覆镜面反射层、黑色可吸收雷达波的涂层、能变化颜色的涂层等。机翼数量可以按照以下顺序排列：单翼、双翼、三翼、五翼、多翼等。

分析到这里读者可能会有一个担心，飞机和滑翔机进化路线的数量开始不可控地增长起来，多到使我们怀疑能否找到以下问题的答案：

1）对一个系统组件来说，总共可以构建多少条进化路线？

2）所有已知的进化路线是否具有同等的重要性？

3）哪些进化路线可以认为是"最主要的"？

分析任何技术系统组件的发展，都可以建立类似的转换序列。而且我们都会很快明白，进化路线本身没有层级结构之分。我们不知道哪些路线是主导的，哪些从属的。这导致TRIZ中使用的进化路线数量开始急剧增多。某些研究者宣称，他们在解决问题时开发和使用了上千条进化路线。显然，路线的建立在很大程度上是主观的，这就将研究者们推向了根基如同松软土壤般不牢靠的"试错法"。

如果仅将进化路线用于提示，通过类比这些路线中描述的已知技术解决方案来寻找实际问题的解决方案，那么这里并没有什么大问题。但如果我们的目标是获得对系统发展高质量预测所必需的精确的信息结构，那么就需要更加严谨地定义每一条进化路线，区分路线之间的含义并从中选择那些完全符合技术系统组件转换的描

述。为此需要以下操作:
- 建立与真实系统相对应的技术系统模型,并列出模型中的主要组件。
- 研究该模型所描述的系统是如何发展的,并确定系统从一个方案过渡到另一个方案时,改变其组件动作的特性和顺序。

2.3 系统的基本构成

2.3.1 执行系统模型

改进系统最有效的方法是系统性方法,其主要思路是将分析对象看作是一个有组织的系统,而且系统组件之间存在特定的相互作用关系。

系统是一些相互关联的组件的集合,同时这些组件作为一个整体与外部环境进行相互作用[23]。系统特性有结构性、各组件之间的相互关联性、为了特定目标的组织从属性。

建立系统的目的是获得某种产品,产品是被实施作用后的作用对象,而这个作用就是系统功能。

一个系统在其工作流程中可能执行许多有用的、有害的和不必要的功能。主要的有用功能是系统特点的体现,也是系统被创建和预期的功能。系统(比如,汽车)通常由成千上万个零件组成。

为了分析系统,首要是建立正确的系统模型。我们应该仔细确定系统是由哪些部分(包括子系统和组件)组成的,并表示出这些组成部分之间的连接和相互作用(或者关系)。建立系统模型最主要的挑战在于如何相对地、有条件地分解系统,而分解的标准或者程度取决于建立模型的目的。这里所说的相对性不仅体现在系统各部分之间的界限上,对于系统本身的界限也是如此。同样,模型分解或细化的程度也是相对的、有选择的。也就是说,在分析过程中首先要确定系统基本的、不可再分的那些部分。

为了完成需要的功能,用哪种系统模型描述现实当中的设备(或装置)最适合呢?
TRIZ 用一种特殊形式的模型来描述有待改进的设备,通常我们称之为技术系统。G.S.阿奇舒勒首先提出了技术系统这一概念[4],并得到了广泛应用。按照这个模型,任何技术系统都包含有动力装置、传输装置、执行装置以及控制装置(图 2-12)。

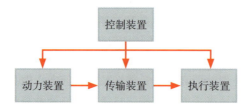

图 2-12 G.S. 阿奇舒勒提出的技术系统模型[4]

这里应该考虑以下情况，即需要把不同的技术系统放在相同的条件下来准确比较。最好是选择那些能最大限度地、完整地、客观地体现系统特性的条件。系统生命周期包括一系列的阶段，如系统设计、组件生产、系统组装，还有系统运行、维护和修理、报废再利用等。可以在上述任何阶段分析并获得系统的某些信息，因此可以有不同的工况条件。对所有参与创建和准备系统运行的人来说，实验室或试验场里的测试阶段才是真正的"关键时刻"。但对我们来说，最重要的是系统处在运行阶段这个条件，即系统在执行其有用功能并生产所需产品的时刻，因为这是该系统被创造出来的根本意义所在。只有在系统运行时，或者根据系统运行结果，才能准确地确定系统组成部分、结构以及其组件间相互作用的特性，获得用于未来改进系统的信息。因此，我们需要构建运行时系统的成分和结构模型。

确切地说，术语"技术系统"表示的是一个有组织性的技术对象的集合。对于研究正在运行的系统，我们需要对这个术语进行一点限定，因此我们引入"执行时技术系统"这个概念。

执行时技术系统当然也是一个系统，它集合了所有在执行其功能时所必需的组件，并用于系统运行过程中的研究和分析。后面我们经常用执行系统来简化表达执行时技术系统。

如正在执行"运输货物"这个功能的技术系统可以包括以下组件：货车、燃料、经过训练并知道目的地和路线的司机、空气、道路、重力以及其他很多东西。当然，作用对象（货物）也要包含在系统成分中，因为不定义作用对象，就不可能精准地定义系统本身。

图 2-13 展示了执行时技术系统的成分和结构。

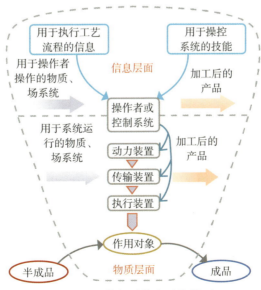

图 2-13　执行时技术系统模型

这个模型描述的执行系统可在信息和物质这两个层面进行研究，其内容是那些通过操作者或者控制装置实现的相互作用。在信息层面，操作者或者控制装置应该拥有执行工艺流程的全部信息，以便实现当前系统功能。操作者需要预先掌握一定的知识和操作技术系统实体部分的技能，他要先根据所掌握的信息进行思考，再根据决策方案完成相应操作动作。而在使用控制装置时，则需要考虑其特定的运行程序，控制装置根据接收到的控制信号或者按照事先在其储存器内预设好的程序执行动作或者进行操作。

在物质层面，执行系统是确保系统运行的物质组合。模型中的执行系统包括构成技术系统的四个部分：动力装置、传输装置、控制装置以及对作用对象施加作用的执行装置（工具）[⊖]。

执行装置和控制装置的相互作用取决于具体的系统构成。技术系统的物质部分经常是机器，也就是一组技术对象的总和，如汽车。这里具备经典技术系统模型的所有四个单元，即动力装置、传输装置、执行装置和控制装置。操作者可作为从外部引入的系统组件。

在许多执行系统中，操作者承担的"角色"更多，比如，"绘画的系统"或者"拧螺丝系统"。这些系统的物质部分是铅笔或螺丝刀，而动力装置、传输装置甚至控制装置全部都是由操作者来完成。在这种情况下，原则上只将技术对象定义为传统意义上的人造系统是不可行的。

在执行系统内，可以使用任何人造技术对象，如钉钉子系统里的锤子；也可以使用天然物体组成执行系统，如钉钉子时可以用石头代替锤子。某些情况下，执行系统可能只有操作者。例如，更换灯泡时的电工，他不仅仅承担了动力装置和传输装置的功能，他的手还是执行装置。

将作用对象纳入执行系统中是合适的，并且要对其进行动态化研究：从半成品，不同加工阶段的操作，一直到成品。

执行系统中还有一个重要的组件，即操作者和机器完成功能所必需的物质、场和附加系统。对汽车来说，这可能是燃料、润滑油、空气、热量等，甚至是道路；对圆珠笔来说，可能是墨水、热量、重力；对复印机来说可能是电能、粉末、需复印的文件；对操作者来说，则需要空气、热量、食品、水、衣服、鞋、防护镜等。

另外，在执行系统的构成中还应该考虑到现有物质、场和系统产生的副产品，并考虑删除或者利用这些产品的可能性，如汽车尾气应远离司机，而发动机运行时产生的热量可以用于加热驾驶室。

如上所述，应该分清执行系统和技术对象自身系统（即机器本身）的区别。执行系统在某一个时刻完成特定的功能，而机器的目的是完成其主要功能，而且这个主

⊖ 在 TRIZ 中，工具或执行装置，指的是系统内直接作用在作用对象上的组件。

要功能的确定还带有一定的主观性。也就是说，完成主要功能的机器可能只是系统的一部分，但也不一定是这样。比如，一般人会想当然地认为，设计和生产汽车是为了运输货物和乘客，那么在描述类似用途的执行系统中，执行装置是汽车的货箱或者驾驶室，而作用对象是货物或者乘客。但如果人们想用汽车来压实花园中的甬道，那么完全是另外一个执行系统。在这种情况下，汽车的功能是压实土壤，执行装置是汽车车轮，而作用对象是花园甬道中的土壤。

汽车还可以用于其他目的。如动作影片中汽车的保险杠（执行装置）经常被用来撞门（作用对象）；没有调校好的发动机在深夜发出巨大的噪声，"作用"在周边居民可怜的耳朵上；司机在火车影子里休息，司机是作用对象，而火车车身是提供影子的工具；停在车库中的汽车，虽没有完成什么功能，但也可以说它是被车库作用的物体或作用对象。

虽然上述例子中只有一个技术对象（机器），但在不同情境下，执行系统是不一样的。由此可以得出以下结论：

1）相同的技术对象、自然物体或者机器可以构成许多不同执行系统。
2）相同的执行系统，可以由不同的技术对象、自然物体或者机器来构成。

2.3.2　符合专利特性的执行系统

由于我们讨论的是处理技术信息和专利信息，因此重要的是执行系统的概念是否与专利里使用的模型匹配。另外，这种匹配性的检验能够使我们得出这样的结论，即我们所提出的模型是正确的。因为，专利系统建立在当今最先进的信息组织方法基础上，所以可以用它来检查任何系统模型的适用性，包括我们之前介绍的执行系统模型。

大量的对比分析表明，上述执行系统模型能够很好地与专利中应用的模型相匹配。例如，专利申请书中，除了对被申请装置本身进行描述以外，还必须对"执行"装置进行描述。这样能够更好地理解所申请装置在成为某个执行系统的一部分后是如何运行的。此外，执行系统的组成部分也与专利中规定的申请条目相吻合（图2-14）。

在专利中，装置被理解为系统，它指的是一些在空间中排布并以某种方式相互作用的元素。这里重要的是结构性元素、元素间的关联、形状和相对位置、材料及其他参数。而在我们提出的执行系统模型中，装置指的是系统的物质部分，它既可能是操作者或控制系统控制的技术对象的集合，也可能是保障机器或操作者所需的资源。

专利法将"方法"这个概念定义为发明对象之一，它仅与我们提出的执行系统的信息部分相对应，指的是操作者记忆中的或者控制装置存储器中的关于系统各物质部分相互作用过程的描述。专利法中特别着重指出了这个发明对象的重要性：按照新用途来应用已知的装置、方法、物质、菌株，就是新的发明专利。

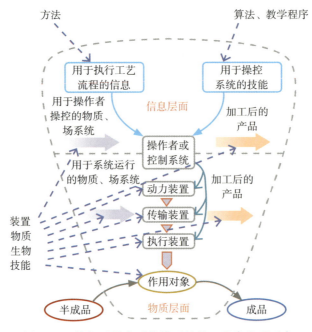

图 2-14　执行时技术系统模型就是一整套发明对象

专利法中规定的相互关联物质的集合，如微生物菌株、植物和动物细胞栽培物（具有相同特性的细胞集）也都可以是执行系统的一部分。它们首先是系统操作者和物质部分（或者产品）运行所需要的物质资源。

对于执行系统模型中的"控制物质部分的技能"来说，对应的专利保护对象包括教学课程、使用手册、教学过程中获得的知识以及主要的或辅助的自动化控制装置内的算法和计算机程序。

由于法律规定的专利保护对象与执行系统模型的构成要素基本一致，因此可以得出以下结论：我们所提出的执行系统模型是正确的。

2.4　执行系统的进化

2.4.1　系统的建立与发展

在 2.3 节中，我们定义了系统的基本组件，转换这些组件就可以将现有系统转变为新的、更完善的系统。就像在 2.2 节中展示的，关于一个组件的连续转换方案可以组合成一条进化路线。可以预见，所有这些组件的转换路线都将构成主要的进化路线。这里，我们需要弄明白在系统方案的转换过程中，基本组件需要执行哪些动作并以什么顺序来完成这些转换。

生物系统和技术系统的发展有很多共同点，但它们之间有一个根本区别。在生物系统中，转化机制已经嵌入到机体本身，为了生长，只需要给予初始动力并保持良好的环境，植物或动物会自己完成所有剩下的事情。而技术系统每一次方案的转换，都是由人这个主体从外部对其进行干预来实现的。在没有人为干预的情况下，系统只能朝着结构逐渐破损、零部件逐渐缺失的方向发展。

现代技术哲学的一个主要原理是，所有的系统都按照客观的规律发展[26,27]。这些规律反映了系统组件之间、系统之间以及系统与外部环境之间基本的、稳定的和具有重复性的相互作用。

TRIZ中使用了阿奇舒勒提出的九条技术系统进化法则（参见1.2.2节）。

许多研究者[10]都认为，系统完备性法则、能量传递法则和系统协调性法则是任何技术系统产生和存在的必要条件。应该说，这个论断对我们研究的执行系统来说再适合不过了。因此，我们将进化法则分为两组，其中第一组是"执行系统产生和存在的准则或条件"，包括第1条～第3条与建立执行系统相关的进化法则，第二组是"执行系统发展的规律"，包括第4条～第9条与执行系统发展相关的进化法则。

根据这个划分，可用图2-15描述系统的整个发展周期。按照此图，任何一个执行系统都处于这两个状态之中：

1）建立或转换阶段（在"工作坊"内）：在这个阶段，第1条～第3条进化法则在发挥作用。

2）执行功能、评估运行参数阶段（在"试验室"内）：在这个阶段，系统将遵循第4条～第9条进化法则发展。

这两个状态有着根本的不同、本质的区别。当系统还在"工作坊"里处于研究和搭建阶段时，所有的工作都是让系统具有最基本的运行能力。在这个阶段，系统中的任何组件、组件之间的位置关系、组件之间的连接都可能发生变化。因此，在建立和转换系统阶段，执行系统只是一些组件集合，而系统本身只有在完成所有为其配套的动作之后才会出现。系统转换的结果是其所有组件参数的协调，其中主要是执行装置和作用对象之间的协调⊖。

只有系统组件相互协调后，才可以说系统准备好进入新的发展阶段。该阶段将对系统进行测试并与旧方案的运行参数进行比较，以判定系统是否已从简单的组件集合转变为执行系统。

如果使用理想性这样的参数对执行系统不同方案进行比较，就能对执行系统的发展做出评价。这个参数来自"提高理想性"进化法则和理想性公式（参见1.2.3节）。

⊖ 协调、协同（来自拉丁语co-joint和ordinatio-ordering），表示使几个不同的过程保持一致，例如，将燃料供应与内燃机气缸中活塞的运动相匹配。

简单地说，它可以定义为：系统生产的高质量产品越多并为此花费越少，它就越理想。

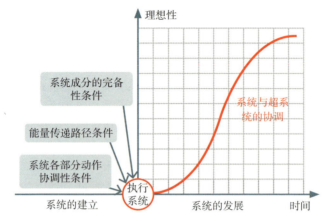

图 2-15　系统的建立与发展

系统发展时，提高理想性是其保持生存能力的主要条件。系统理想性首先体现在改进的系统参数和动作模式与其工作条件之间的协调性上。系统运行过程中会暴露出不足——或者主要功能的完成质量降低，或者系统运行成本提高，因此需要不断地改进系统、创建新方案。可以用 S 曲线（图 2-16）来表示系统运行时间和理想性的关系。在系统发展的初始阶段，其运行参数改进速度很慢，然后出现了飞速发展期，之后又变缓了，逐渐趋近于某个物理极限。达到这个极限后，当前系统将被新系统替代，发展周期又从头开始循环。

只有在测试后才能得出执行系统的新方案是否比旧方案有所改进的结论。开发者和设计师的精力都集中在建立技术系统新方案的过程上，而在 S 曲线中显示的系统发展只是这个过程的结果。因此，系统进化的连续过程是通过对其结构进行一系列离散的转换而逐步实现的。随着系统的发展，系统内部用于改进技术系统的资源会越来越少，这减缓了系统发展速度，而系统将不可避免地发生质的飞跃，达到一个新的能为其发展提供更多资源的水平。

显然，为了转换系统，需要引入一些作用在其组件上的动作（图 2-17）。

在众多的文献中，阿奇舒勒所提出的发明原理和标准解[28]是人们最为熟知的转换技术系统组件的动作。40 个发明原理汇集在一个专门的表格内，这些原理能够根据问题所定义的技术矛盾提示相应的解决思路。另外一种解决发明问题的工具是 76 个标准解，其转换系统组件的动作是通过物场模型的描述来进行的[4]。解决问题时，每个发明原理和标准解都指明了改进技术系统组件的方向。让我们来看一些摘自阿奇舒勒发明原理列表和发明问题标准解列表的具体例子：

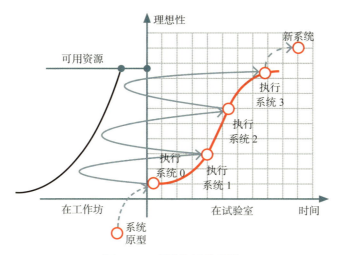

图 2-16 系统发展的阶段

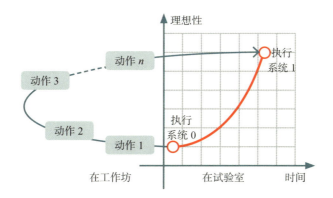

图 2-17 系统转换就是一组具体的动作

发明原理 3：局部质量

a. 将均质结构的物体或外部环境转换为非均质结构的物体或外部环境。

b. 物体的不同部分实现不同的功能。

c. 物体的每一部分应处于最有利于其运行的条件下。

发明原理 37：热膨胀

a. 利用材料的热膨胀（或收缩）。

b. 如果已经利用了材料的热膨胀，则替换成一些具有不同热膨胀系数的材料。

标准解 2.2.1：向更可控的场转换

利用更加容易控制的场替换控制性差的场，或向控制性差的场中引入更加容易控制的场。如用机械场替换重力场，用电场替换机械场，等等。

标准解 2.2.5：场的结构化

将均质场或无序的场永久地（或暂时）转换为非均质场或具有一定空间结构的场，以提高场的有效性。

还有一个转换系统组件动作的信息源是由 A.I. 波罗文金编制的跨行业转换物体的启发式原理库[29]，这个原理库包含了 15 组 250 多种原理：

1 改变数量。
2 形状转换。
3 空间转换。
4 时间转换。
5 动作转换。
6 材料转换。
7 删除。
8 增加。
9 替换。
10 分化。
11 整合。
12 使用预防措施。
13 使用储备。
14 按类比转换。
15 组合与复合合成。

这个原理库收集了各种各样的转换方法，包括技术系统组件参数、实施技术、解决技术问题和发明问题的方法等。

例如，启发式原理的"替换"组

9.2 用滚动摩擦替换滑动摩擦。

9.3 用无须去除碎屑的方法替换机械加工。

……

9.11 将某些物理量转换为其他量。

……

9.17 用简单得多的物体替换物体（元素）。

通过对上述解决技术矛盾的发明原理、转换物场模型的标准解和启发式原理的分析，一共有 150 种完全不同的转换方法，它们都能在一定程度上应用于技术系统组件的改进。但是，这实在太多了。为了将这些原理库用于实践，必须要对它们进行大幅简化，或者将其结构化，具体过程是挑选出几个主要的动作并将其余的作为补充。

让我们来看看哪些转换执行系统组件的动作是必需的、主要的，而哪些可以归为辅助的?

为了回答这个问题,我们要详细研究下系统从一个方案转换到另一个方案的过程。

2.4.2 系统转换的三个阶段

如前所述,在系统每次转换成为新方案时,最佳的方案必须符合三个条件才能是完整的、功能齐全的执行系统。

只有分阶段地满足以下条件,才能产生新的系统方案:

1)确保系统各组成部分都能完成各自的功能[30]。
2)建立系统组件之间的连接。
3)给定各个子系统的运行模式和彼此协调的参数。

上述的每个阶段都在积累和组织实现下一阶段所需要的资源。随着新系统逐渐符合基本的运行条件,其内部组件间相互作用的参数和运行模式的协调性也随之提高,最终使得执行装置与作用对象及系统与外界环境之间更加协调。

可用包含有三个阶段的系统转换算法(图 2-18),即三步法来满足这三个执行系统存在的条件,这个算法说明了转换系统组件和构建系统新方案时所需完成的动作。

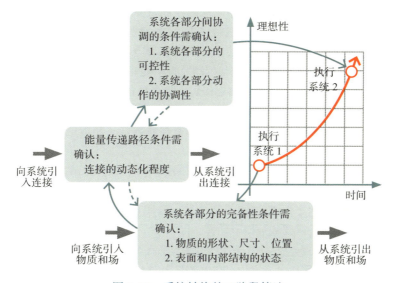

图 2-18 系统转换的三阶段算法

第一阶段

在第一阶段,系统有完整的组成部分并能够完成其相应功能是满足系统存在的主要条件。在设计新系统方案时,我们可以向系统引入几个新元素(物质、场、过程),或者相反,从中去掉某些元素。也可以同时进行这些操作,即用其他的元素替代系统中某个对象。将系统中现有组件分割成或多或少的几个部分是获得新物质的特殊方法。总之，这个阶段的工作就是向系统引入（或引出）基本的物质和场资源。

在完成调整元素的数量和类型后，需要对其形状、尺寸和相对位置进行协调，然后确定系统组件的材料、内部结构和表面特性，以及场的分布、大小和尺寸、扩散区域及其参数的协调。

因此，在第一阶段需要完成以下动作：

1）向系统引入元素。
2）从系统删除元素。
3）分割系统组件。
4）改变组件的形状和尺寸。
5）将组件内部结构复杂化。
6）改变组件的表面特性。

第二阶段

贯通执行系统组件之间的能量是第二阶段需要满足的条件，它是通过建立和管理系统内部组件之间的连接来实现的。建立连接的动作与确保系统完备性动作类似，也是向系统引入或删除一个或多个连接，或者用一个连接来替代另一个连接。

将连接引入到系统内所需位置后，应进一步确认这些连接的特性。连接可以是刚性的，也可以是柔性的且具有不同自由度，如各种铰链的连接。也可用场将物质组件连接在一起。还要确保系统内能量传递的主要方向，即从动力装置经传输装置到执行装置。另外，建立系统各组件与控制装置间的能量联系也是很重要的。

系统各组件间建立了刚性或柔性连接后，就形成了某个逻辑上相互联系的框架，即系统基础。在此基础上可以再通过柔性连接固定那些活动的、动态化的系统组件。系统内可动的组件越多、活动程度越高，动态性就越强、越能适应系统的工作条件和外界环境的要求。

毫无疑问，不仅物质组件是这样，场也是这样。像光场、电磁场、声场，其本质上就是动态的，也很容易改变其参数。但是还有些很难快速改变参数的场，如热场和放射场，它们可称之为惯性场。

因此，在第二阶段需要完成以下动作：

1）向系统引入连接。
2）从系统删除连接。
3）确保连接的活动性。
4）确保场参数的变化。

第三阶段

完成第二阶段后，需要检验执行系统在执行主要功能（即执行装置作用在对象作用上）时是否满足前两个阶段所提出的条件。在这个阶段，系统成分、结构和组件间相互作用的特性已经基本确定，这样的检验提供了一次优化系统运行和进一步确认组件参数的机会。

这里需要检验的是在满足前两个阶段条件的前提下，系统组件的参数是否足够匹配。如果需要，应在系统运行的流程中对其组件间的相互作用做最后的协调。

在此，需建立控制装置，并在系统执行功能时对其进行有效控制。系统组件的大部分协调工作已经在前两个阶段完成了，它们具有能确保其运行的固定参数。但有些系统组件的参数需要通过不断调整才能协调起来，就是说要周期性地消除这个参数的数值与当前系统所需最佳数值的偏差。而对某些系统组件来说，则需要实时控制，即根据工作条件的变化而相应地实时改变其参数。

当系统的初始协调程度很高时，对其的控制就相对简单，几乎不需要控制装置。如过山车的车厢和滑行环境条件就协调得很好，只需在开始阶段加速和在结束阶段制动就可以了。当系统组件间的协调主要由控制装置完成时，操控者就不那么容易了。有一种滑行运动器械叫 Buggy-Rollin，是协调程度最低的例子。这个器械可以载着滑行者沿着光滑的斜坡从高处滑下。器械由很多滚轮组成，滚轮直接固定在人体的各个部位上——膝盖、脚、手、肘部等，而且滚轮之间没有任何连接，全要靠滑行者（即控制装置）来控制。因此，用 Buggy-Rollin 滑行很不容易，不仅要在转弯时协调各个滚轮，还要保持每个滚轮处在正确的位置上。

建立系统新方案最后阶段的内容是检验系统组件的协调程度并对其组件的所有参数和动作进行最终的协调，这个阶段需要完成以下动作：

1）确保系统运行的控制。
2）向系统运行流程引入新的操作。
3）从系统运行流程中删除某项操作。
4）将操作分割成多个操作。
5）将几个操作合并。

系统转换动作序列算法：

A 期望结果的具体化

A.1 协调执行装置和作用对象间的相互作用

了解在什么条件下执行装置参数能够持续地满足作用对象所提出的要求。

A.2 协调系统其他组件的动作

为了确保执行装置和作用对象动作的协调，需要系统所有组件都按照预定程序运行。

B 与系统组件的动作

B.1 引入物体、过程和连接，并协调它们的参数

为了实现动态化，需要具备若干物体或者过程以及它们之间的连接。如果

物体数量不够，可通过向系统引入新物体的方式获取，或者分割系统中已有的组件、过程，抑或转换系统中已有的连接。

在引入新物体时，需要协调它们的形状、位置、尺寸、内部结构和表面特性。

在引入新连接时，需要协调它们的特性与其相互作用物体的要求。

B.2 确保动态化

为了实现充分的可控性，技术系统的组件及其运行流程都应该达到所需要的动态化程度。

B.3 确保可控性

为了协调动作，技术系统组件应该是可控的，也就是说，应该按照操作者或者控制装置的指令保持或改变自己的参数。

B.4 检验协调性

执行装置的参数要与其执行功能的条件相协调，并能够在这些条件发生变化时简单且快速地改变。

因此，随着三阶段算法的执行，系统组件的参数和运行模式与其工艺流程之间的协调程度得到了提高。可将协调程度分为三个层次。

1）初级协调，是在设计和生产阶段系统参数与一些运行条件均值间的协调。这种协调可能是静态的，如汽车停止和行驶时都是稳定的。也可能是动态的，例如自行车只有在骑行时才是稳定的。

2）周期性协调，是在系统运行过程中偶尔对参数进行的补偿调整。

3）完全协调，是系统参数与运行条件变化间的协调，为此控制装置应具有预测能力，即在系统工作条件变化时能对其参数做出快速和相对简单的调整。

实践中，最好从详细阐明系统组件间的特性和需调整的参数开始，特别是执行装置与作用对象之间的协调，这样使用三阶段算法的效果会更好。这项工作能让我们更好地明白，在操控系统时，哪些组件应以怎样的形式改变；哪些组件应该增加其动态性，或者相反，哪些组件应该降低其动态性；应向系统引入哪些附加组件，怎样协调它们的位置、形状和尺寸。

三阶段算法是允许中间返回迭代的。也就是说，三阶段算法的操作顺序，可以是正向的，也可以是反向的。如果发现某一阶段的系统由于资源不足而无法完成所要求的转换时，那么就需要返回到前一阶段。在上一步的范围内重新分析直到找到所需的额外资源。

让我们再总结一下，为了设计系统我们应该：

- 首先了解我们要如何提高执行装置和作用对象间参数的协调性。
- 然后确定如何确保系统其他部分的协调性，即明确系统运行流程。
- 接下来检查系统内是否有需要增加的元素，如需要将其引入系统。

- 之后检查所引入的元素是否足够动态化，以确保对其的有效控制。
- 按要求将这些元素动态化。

在进行一个完整的分析周期后，最好重复执行算法并解决在此过程中产生的矛盾，直到得到设计者满意的结果。

将三个阶段转换系统组件的动作整合在一起，我们会得到一张基本动作列表。表中列出了系统转换时必然要完成的十个主要动作。

1）向系统中引入组件和连接。
2）从系统中删除组件和连接。
3）将一些组件和连接替换为另外一些。
4）将系统组件分割成多个部分。
5）改变系统组件的形状和尺寸。
6）改变系统组件的内部结构。
7）改变系统组件的表面状态。
8）确保系统组件间连接的活动性和改变其另外一些参数的能力。
9）确保并简化操作控制。
10）检验并改进系统组件运行的协调性。

第 3 章 Chapter3

符合进化的路线

在数量众多的进化路线中,只有十条路线完全符合技术对象的转换并可用来建立有效的分类结构。

3.1 技术对象的主要进化路线

进化路线是这样制定出来的。首先在 TRIZ 中收集、整理并建立技术系统组件进化路线库[6, 10, 23, 31-34]。接着制作汇总表(表 3-1),在表的左栏列出系统转换时的主要动作。然后,针对每一个动作选择相应的进化路线。例如,如果对系统某个组件连续几次实施"分割成多个部分"这一动作,那么针对该组件我们就可以得到一组方案,并以此建立"物质分割"进化路线。用这种方法得到的十条主要进化路线,列在表 3-1 的右栏。

表 3-1 系统转换时的动作与对应的进化路线

序号	系统转换时的动作	对应的进化路线
1	向系统中引入组件和连接	单系统向双系统和多系统过渡("单 – 双 – 多"进化)
2	从系统中删除组件和连接	系统成分的裁剪
3	将一些组件和连接替换为另外一些	系统成分的扩展 – 裁剪
4	将系统组件分割成多个部分	物体和物质的分割
5	改变系统组件的表面状态	物体表面特性的进化
6	改变系统组件的内部结构	物体内部结构的进化
7	改变系统组件的形状和尺寸	物体几何形状的进化

(续)

序号	系统转换时的动作	对应的进化路线
8	确保系统组件间连接的活动性和改变其另外一些参数的能力	提高系统组件的动态性("动态化")
9	确保并简化操作控制	提高系统组件的可控性
10	检验并改进系统组件运行的协调性	提高系统组件动作的协调性

每条进化路线都列出了一组系统方案以及方案间转换的本质。

因此，通过建立恰当的系统模型并分析其转换动作的顺序，我们就得到了一组完全符合技术系统及其组件转换的进化路线。如果还记得执行系统模型（见图2-18），就会发现，所得到的进化路线描述的是包括物质、场和力在内的系统物质组件的主要发展方向。

我们可以用表3-1中列出的十条主要进化路线来构建信息结构。在历史文献中，可以找到一系列不同时期开发的技术系统进化路线。这些路线都可用于解决问题，但通常来说，它们是上述十条路线的特殊情况或者更加扩展的方案。

3.1.1 "单–双–多"进化路线

该条进化路线描述的是通过向系统增加组件来实现系统转换，所添加的组件或者与系统现有组件类似，或者是新的，但它们都具备执行额外有用功能的能力。

如果某系统不能很好地执行其功能，则逻辑上应给它增加一个系统以帮助其完成。这样的组合系统称为双系统。相较于单系统，双系统除了能提高生产能力外，还可能具有全新的属性。这些属性赋予新系统完成更多动作的能力，而这是转换前的单系统所不具备的。

"一支笔可以在世界上除它本身之外的任何地方做标记，而两支笔就可以在世界上任何地方做标记。"这个带点玩笑的例子说明，把两个系统合并成一个新的双系统时，会产生新的能力。这里的合并指的不仅仅是两个系统简单的相加，更多是指组织它们共同完成所需的功能。

在数量上并没有限制可以将多少个组件组合成一个系统。例如舰队，它是由多艘服从统一指挥的舰艇组成。这种系统形式（多系统）所表现出来的战斗力将大大高于同等数量但各自为战的舰艇。

一般来说，向系统增加相同组件的动作会一直持续下去，直到组件的数量达到某个极限。在达到极限之后，这个包含有多个相同组件的系统通常会发生部分或完全的裁剪，转换成更高层次的单系统。我们以帆船为例来看一看这样的转换。第一艘船可能只有一至两张船帆，随着船舶结构的发展，船帆的数量增加了。多桅船上已经有大大小小几十张帆，但控制起来非常困难，需要大量训练有素的船员。这种情况一直持续到蒸汽船的出现，拥有大量桅杆和船帆的帆船被更高层次的单系统，即带有蒸汽机的轮船所取代。

将各系统方案按照引入组件的数量排列成一条路线，我们就得到了"单–双–多"进化路线。系统在按这条路线发展时，不仅可以向系统内引入与已有组件相同的物体，还可以引入其他任何需要的物体，即新功能的载体。向系统引入额外组件是为了提高技术系统的生产能力、系统运行的可靠性以及提高系统的运行质量。"单–双–多"进化路线中的各种系统方案在本书2.1节中已有详细的叙述（图2-7）。与此相比，简化的进化路线更适合实际应用。

"单–双–多"进化路线中系统方案转换步骤如图3-1所示。初始方案是一个单物体或单系统。后续的步骤是：
- 向系统引入一个额外物体。
- 向系统引入多个额外物体。
- 向更高层次的单系统转换。

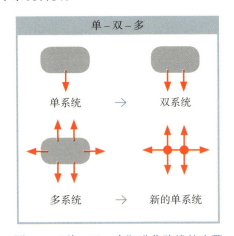

图3-1 "单–双–多"进化路线的步骤

通常向系统引入的是与系统现有组件相似的元素，但也不一定，也可以向系统引入一些能够完成额外功能的新物体、场和力。按这条路线进行系统转换时，主要原则是确保系统功能的扩展，以帮助系统以更高的质量完成其主要功能，或者保证额外有用功能的顺利执行。

路灯的发展就是一个"单–双–多"进化路线的例子（图3-2）。一盏路灯只能够照亮地面上有限的区域，如一条车道或人行道。两盏路灯就能够同时照亮两个同样大小的地方。为了给城市广场上一块比较大的区域提供照明，要用几盏灯围成一个圆形，这足以形成一个大光斑了。但是不管怎样，光照面积还是受到路灯基座尺寸的限制。

有时候需要对一个很大且事先不知道的区域提供照明，例如发生自然灾害或事故时。如果按这条进化路线的逻辑继续发展,我们就会发现,需要将很多盏灯运送到指定地点并将它们安装起来,而且还有接通电源等工作。所有这些工作既费时,又费钱。

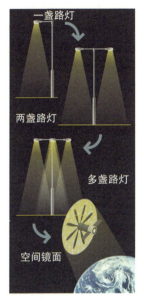

图 3-2　照明系统的进化

如果我们看一看"单－双－多"进化路线的系统转换步骤就会发现,通常在路线末尾的系统会向超系统转换。在这个例子里,就是使用某个更高层次的"灯",它是一个很强的光源,能够很方便地照亮一大片区域。这个系统可能是一面由很薄的镜片组成的空间太阳镜。将镜子发射到太空,需要时调整其姿态,使它能够将太阳光反射到地球上需要照明的地方。

3.1.2　系统成分的裁剪路线

系统成分的裁剪路线,简称"裁剪"路线,描述的系统方案都是通过从系统中删除组件后得到的。

改进系统时,降低成本永远是现实需求。可通过使用更便宜的材料、优化系统组件形状、降低产品质量来实现降低成本的目的。但像这样能用来降低成本的系统资源非常有限。裁剪是降低执行所需功能成本的主要途径之一。在 TRIZ 中裁剪的意思是减少系统组成部分并优化其结构,就是说,裁剪后的系统组件数量虽然变少,但系统仍能高质量地运行。

例如,为了画幅彩色画需要一个复杂的系统,即一整套彩色铅笔。每根铅笔的木质笔杆内都有一种颜色的笔芯。由于铅笔很多,为此需要一个专门的盒子来储存。为了简化系统,需要从系统中删除一些组件,而且缺少这些组件的系统还能顺利运行。比如,用一个铅笔外壳与多种颜色的笔芯配套使用,即一根自动彩色铅笔。外表上,它与普通的铅笔没什么区别,但是其笔芯由四到六根不同色彩的小笔芯组成。在绘画时转动铅笔,就可以得到需要的颜色。这样的铅笔当然会比单根普通铅笔的结构复杂些,但是与一盒铅笔相比,就简单多了。最大程度裁剪系统的方案将是一根多彩笔芯的铅笔。

在有用功能质量不变的前提下,裁剪的过程中一直都看到技术系统简化趋势的影子。裁剪过程的特点在于从系统中删除组件后,要保证剩下的组件能够完成被裁剪组件的功能。有时还会出现删除系统所有组件的情况,这时为了完成系统功能,可由附近的另外一个系统代替执行。在这种情况下,可以认为被裁剪掉的系统转换成了所谓的"理想系统"⊖。

还有一种裁剪方法是用更简单、更便宜的元素替代系统内复杂的、昂贵的组件。裁剪的目的在于降低技术系统的生产和使用成本。

"裁剪"进化路线可以包含以下几个步骤(图 3-3):
- 从系统中删除一个组件。
- 从系统中删除多个组件。
- 过渡到最大限度地裁剪的系统。
- 应用理想系统。

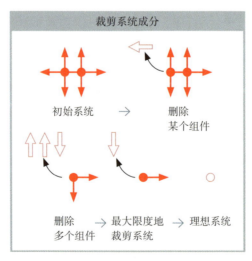

图 3-3 "裁剪"进化路线的步骤

⊖ 理想系统指的是系统本身不存在、但能完成功能的系统。它是 TRIZ 中的模型之一,可以类似地理解为物理学的完全黑体。

亚博罗奇科夫蜡烛是一个关于裁剪的例子（图 3-4）。

在白炽灯出现以前，人们曾经用电弧灯来照明，这个装置是由两个相向放置的、具有一定间距的碳制电极组成，通电后在电极之间会产生电弧。但是，随着电极被电弧烧灼，它们之间的缝隙会增大，最终导致电弧熄灭。为持续提供照明，需要派专人用螺旋装置来调整两个电极端面的距离。这种调整电极间距的系统虽然能够完成其功能，但它很复杂。后来工程师们以钟表机构为原理，设计了新的能够调整电极位置并保持间距的装置。这个方案去掉了调整系统中的操作者。

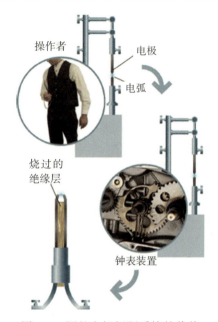

图 3-4　调整电极间距系统的裁剪

俄罗斯物理学家亚博罗奇科夫把调整系统完全裁剪掉了，他不是将电极相对放置，而是把它们平行摆放，然后用可燃烧的绝缘材料将它们分隔开。随着电弧的燃烧，绝缘材料也被烧掉，而电极的间隙却始终保持不变。也就是说，他用"理想系统"替代了调整系统。

3.1.3　系统成分的扩展－裁剪路线

系统成分的扩展－裁剪路线，简称"扩展－裁剪"路线，是由"单－双－多"进化路线和系统"裁剪"路线（参见 3.1.1 节和 3.1.2 节）组合而成。这条路线的前半段是向系统引入新元素，扩展系统成分，而后半段则是从系统中删除那些不影响系统顺利运行的组件。通常，扩展－裁剪路线分析的时间跨度比较大，差不多涵盖了技术系统从产生到被新系统替代的整个生命周期。

任何技术系统最初都会以最简单的形式出现，它看起来就是个功能核心，其中只有完成系统主要功能所必需的组件。这个阶段的技术系统运行能力很差，理想度也低。当最简单的技术系统能够确保其执行最主要的功能后，系统组件就开始扩展，即引入能执行额外功能的元素以帮助系统更好地执行其主要功能。这部分的"扩展–裁剪"路线与"单–双–多"路线相似，区别在于系统扩展不仅可以向系统引入与已有组件相同的物体，还可增加其他任何需要的物体，即新功能的载体。当然，向系统引入额外的元素也会相应地增加系统成本。

系统扩展一直会持续到系统功能完成的质量能够满足人们需要为止。系统最大限度地扩展后，它具有完整的成分且组件数量最多。之后，系统就会沿着裁剪组件的方向发展。设计者希望从系统中删除多余的组件，并将其功能转移到系统剩余的组件上。这部分的"扩展–裁剪"路线与"裁剪"路线完全相同。

"扩展–裁剪"路线从某个单独的物体或系统开始，路线中包含以下步骤（图 3-5）：

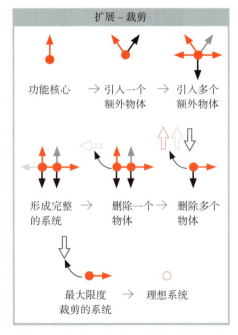

图 3-5 "扩展–裁剪"进化路线的步骤

扩展：
- 形成系统的功能核心，并确保其最低限度的工作能力。
- 向系统内引入一个额外物体。
- 向系统内引入多个额外物体。
- 形成完整的系统，并确保其工作能力能够满足要求。

裁剪：
- 从系统中删除一个物体。
- 从系统中删除多个物体。
- 过渡到最大限度裁剪的系统。
- 过渡到理想系统。

汽车车身的进化就是一个典型的"扩展－裁剪"路线的案例（图3-6）。

最初的汽车就是装备有发动机和控制系统的普通马车。这是技术系统"汽车"的功能核心，能够确保其最低限度的工作能力。卡丁车（运动型赛车）是一个当代汽车功能核心的例子，在这种灵活的微型汽车的结构中只保留了最必要的零组件，当然它们都是用最先进的技术制造出来的。

图3-6　汽车车身的进化

早期汽车基本上没有车厢，车厢的功能分别由车架、带低靠背的座椅等组件独立完成。当时汽车结构的扩展方向是向系统内增加新的元素，即额外功能的载体。于是出现了前大灯，便于汽车在夜间行驶；后来又出现了防雨顶棚、防风玻璃和驾驶室，乘客再也不用担心淋雨了。20世纪30年代，汽车已基本具备了现代汽车的所有组件，这些组件能够满足其完成主要的有用功能。

从那时起，设计者的创新方向就转到了裁剪汽车组件上（当然，这并不代表停止增加新功能，只是这个趋势已经不再占据主导地位）。先是汽车的车架、顶棚和车厢被合并成一个组件，即车身。被裁剪组件的功能也随之转移到了车身。之后，前大灯和转向灯也被移到车身上，这样就去掉了它们的外壳和固定件。裁剪过程一直到持续现在，如无线电天线的功能被转移到了雨刷器上，等等。

关于理想汽车的概念是这样的，它指的是当下这一刻包括汽车在内的什么执行系统更适合完成所要求的有用功能。如果只是为了传递消息而要开车去某个地方，那么普通电话就可以认为是"理想汽车"。

3.1.4　物体和物质的分割路线

物体和物质的分割路线，简称"物体和物质分割"或"分割"路线，描述的系统转换方案都是通过系统分割自身组件而获得的，而且分割后的组件具有完全不同的属性。

与向系统引入新元素或组件的方法一样，分割系统组件为后续系统动态化提供了主要的资源。分割是系统发展的一个方向，它是将整体的、单一体的物体逐步分割成为多个部分。这样的分割基本上可以无限地进行，从物体过渡到真空，然后再到"理想系统"。本质上讲，"分割"路线展示的是系统从宏观层次向微观层次的过渡。

系统组件首先在物质层次上被分割为多个部分，然后是更小的部分，直到分割成粉末和细小粒子。然后过渡到分子层次，物质可以是液体或者气体，也可以是它们的混合物。之后到原子层次，即离子和基本粒子状态。在微观层次上，物质完全消失了，只剩下相互作用的场。这条路线的末端，被分割对象将过渡到真空，从系统中完全消失了。

我们以表面清洗工具的系列方案为例来说明"分割"路线。此路线最初的技术方案是一整块金属刮板。然后刮板被分成多个部分，成为刷子，之后它被分割成粉末，如喷砂装置。按照进化路线，喷砂流又被高压水流替代。我们的"刮板"变得越来越小了，转换为等离子束，下一步的发展可能是使用激光束或磁场。最终的技术方案可能是使用"理想刮板"，即通过零件之间的相互摩擦实现清洗。比如在绕制线圈时，可用这种方法清除导线表面的氧化层，即在某个绕线机的拉伸滚筒上，将导线互绞几圈（图 3-7）。在导线经过滚筒时，它们相互摩擦，其表面氧化层也随即被清除干净，而且所消耗的能量最小，也不需要任何辅助设备。

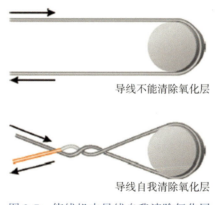

图 3-7　绕线机内导线自我清除氧化层

需要说明的是，每一种新的清洗方法并没有否定之前使用的方法，只是它给出了能够提高物体表面处理质量的另外一些可能性。根据要清洗物体的表面和污染物种类，可从上述方法中选择合适的处理方法或者它们的组合。

"物体和物质分割"路线从单个物体的整体开始，包括以下步骤（图 3-8）：
- **将物体分割成多个部分：**
    ◇ 过渡到分成两个部分的物体。
    ◇ 过渡到分成多个部分的物体。
    ◇ 过渡到颗粒。

◇ 过渡到粉末。
- 将物体分割到分子层次：
    ◇ 过渡到胶状体。
    ◇ 过渡到液体。
    ◇ 过渡到泡沫。
    ◇ 过渡到雾气。
    ◇ 过渡到气体。
- 将物体分割到原子层次：
    ◇ 过渡到等离子体。
- 将物体分割到场层次：
    ◇ 过渡到相互作用的场。
- 将物体分割到真空：
    ◇ 过渡到真空。
- 应用理想系统。

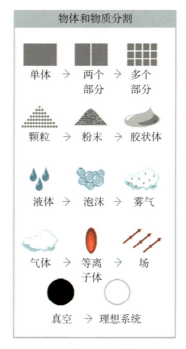

图 3-8　分割进化路线的步骤

在"分割"路线的每个分割层次上我们都能列举出许多物体或者场的状态特性。例如分子层次上，除了上述转换方案，还可以补充以下转换方案：凝胶体、蒸汽、气溶胶、液体在气态内的悬浮物等。此外，不同物质的转换类型还可以混合在一起，产生大量新的组合，如混有不同比例的分子和物质相态的膏状物。

飞行器的推进装置（图 3-9）是"分割"路线的一个典型案例。

飞行器在飞行时，其发动机带动推进装置，如螺旋桨、推进器或者喷射气流等，推动飞行器向前运动，也就是说，推进装置是通过介质的排斥力或者反作用力，直接使飞行器运动的设备。

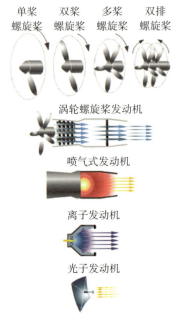

图 3-9　飞行器推进装置的进化

可以把单桨螺旋桨看成飞行器推进装置的初始方案。列奥纳多·达·芬奇在自己所画的直升机中就设想了这样的螺旋桨。单桨螺旋桨是很新奇的结构，现在已经很少见到，只用在小功率的靶机或者航空模型上。下一个方案是使用最广泛的双桨螺旋桨，之后是多桨螺旋桨，最后是双排螺旋桨。双排螺旋桨的前排和后排叶片分别按照不同方向旋转。需要注意的是，如果有两个具有相同推力的螺旋桨式推进装置，那么就可以观察到以下规律：螺旋桨上的叶片数量越多，螺旋桨的直径和叶片尺寸也就越小。

接下来的是涡轮螺旋桨发动机，这是一个混合方案，即把螺旋桨的叶片和喷射气流组合成一个推进装置。在喷气式发动机内，推进装置完全转换到分子层次，即通过气流使飞行器运动。

随着飞行器的发展，推进装置更多地与发动机合并。下一步的分割是在原子层次上进行的，出现了以离子和等离子为工作介质的推进装置。以场作用为原理的推进装置是这样的，可以用激光束将飞行器加速并飞离地球，或者利用太阳风飞向宇宙。按此思路再继续发展就是设想中的光子发动机。

可以把滑翔机看成理想的"推进装置"，它在我们习惯的认知中并不存在，其推进功能是由迎面气流和机翼的相互作用来完成的。

3.1.5 物体表面特性的进化路线

物体表面特性的进化路线，简称"表面特性进化"路线，描述的是系统组件表面形状微起伏变化的转换方案。

我们知道，物体间一般都是通过表面进行相互接触的。所以，对于任何系统组件来说，表面都是其改进方案的重要资源。通过改变表面的微起伏形状和特性，可以控制物体间的摩擦力、吸附力、黏附力及其他相互作用。

通常，物体是从光滑表面开始进化的。随着发展，物体表面的微起伏形状开始复杂起来。以汽车或自行车轮胎为例。早期，由约翰·邓禄普发明的充气轮胎只是一段黏接成环形的橡胶软管。把这种轮胎用在自行车上，胎面与道路的附着力已经足够骑行的了，但是对于汽车来说，这样光滑的表面就不合适了。于是需要在其外面套上一层外胎，并在外胎表面上制造出一些凸起。下一步轮胎表面的进化是凸起形状的复杂化。

现代轮胎的外胎上刻着复杂的凹凸花纹，它是横向和纵向沟槽的组合。宽的纵向沟槽用于防止汽车在潮湿地面上的侧滑，而横向沟槽和小的刻纹能让轮胎具有很好的控制性和有效的制动性。

赛车轮胎上使用的是一种有趣的确保附着力的方法。这种轮胎根本就没有外胎，其表面覆盖了一层专门的黏性橡胶，通过其黏附力使车轮和路面附着在一起。

物体表面特性的进化路线从光滑表面开始，包括以下步骤（图3-10）：

- 形成凹凸。
- 形成微起伏表面。
- 应用具有特殊性质的表面。

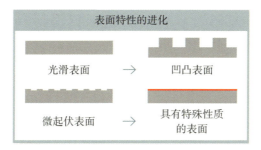

图 3-10　物体表面特性的进化路线的步骤

表面特性进化路线中，首先是在光滑的表面上形成凸起和凹陷，之后缩小其尺寸并增加形状的复杂程度。路线最后将过渡到微观层次，通过引入场和力使其表面具有特殊的性质。这条路线所描述的趋势是确保系统各组件之间的相互作用向更加协调的方向发展。实际使用这条路线时，每个具体的转换方案都有很广阔的应用空间。可以预见，在物体表面上将有大量的，诸如纵向的、横向的、凹坑或突起等凹凸形状。

可通过多种方法得到具有特殊性质的表面，其中一种是使用各种场及其组合。也可以使用弹性的、附着力可控的、具有不同反光性质的以及其他具有特殊性质表面的材料。

汽车方向盘表面进化是该路线的一典型案例（图 3-11）。

最初，汽车方向盘表面是光滑的，司机很不容易握住这种方向盘。因此，随着汽车动力的增加，方向盘上出现了凸起，能帮助司机更好地控制方向盘。但是，这产生了新的问题。司机在打方向时，相对较高的凸起会影响他的手顺着方向盘滑动，特别是在蛇形路或 S 弯道等路段机动行驶时。

为了消除这一缺点，可将方向盘表面做成粗糙的且具有弹性，这样司机不需要很大的力气就能握住并牢靠地控制住具有这样表面的方向盘。而表面光滑的方向盘，如果没有很大凸起的话，哪怕稍微松一下手指，都会很容易在司机手中打滑。

光滑的表面

凸起的表面

粗糙并有弹性的表面

带加热和制冷的表面

图 3-11　汽车方向盘

现代汽车的方向盘表面通常具有其他性质，如冬天加热，夏天制冷。

3.1.6　物体内部结构的进化路线

物体内部结构的进化路线，简称"内部结构进化"路线，描述系统是如何通过内部结构的改变来获得转换的。任何组件的内部空间都是可以用来改进其系统的重要资源。首先是提高系统的紧凑性，就像俄罗斯套娃那样，将一个组件放在另外一个组件的腔体里。

"内部结构进化"路线在很大程度上与 2.1 节介绍的"提高多孔性"路线相呼应。这条路线所描述的系统方案序列，也是通过改变物体内部腔体，将其分成多个部分，并进一步减小其尺寸得到的。再往后就过渡到微腔体，如多孔和毛细结构，最后过渡到微观层次，通过向腔体内部引入场和力还能获得其他特殊性质。

我们以普通的纺织布料为例，分析其内部结构的进化。用这种布料制成的衣服面临的主要问题是如何提高其保温性。用实心丝线紧密织成的布料会很牢固，但是保温性很差。如果把丝线织得疏松一些，则布料可以更好地保温，但它很不结实。怎样得到牢固且轻便又保温的布料呢？对北极熊毛皮结构的研究给这个问题的解答提供了思路。北极熊毛皮上的每一根绒毛都像一根微型管道，有了它白熊才能够度过最严酷的寒冬。用空心丝线织成布料并做成的衣服会很暖和，但是在衣服的褶皱处丝线会变形，其内部的空腔也会消失。

为了消除这个缺点，可向丝线引入多孔结构，这样它就不会变形了。最后是向多孔结构引入场，即电流。这个结构的外侧由绝缘材料制成，给布料通电之后，丝线就开始发热。用这样布料做成的衣服是最暖和的。

该路线是从物体的实心内部结构开始，包括以下步骤（图 3-12）：
- 引入空腔。
- 形成几个腔。
- 形成多孔结构。
- 引入场和力。

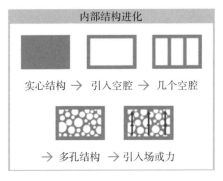

图 3-12　"内部结构进化"路线的步骤

本质上，可以将上述转换方案再进一步具体化，并补充到这条路线上。可以向组件内部引入各种典型的结构，如由单个组件组成的弦状或柱状结构，而单个组件的内部是由多孔或毛细管构成的。另外，还可向物体内部结构中引入不同的场和力，以及它们的载体——物质。物体内部还可以构建组合结构。通常这样的组合结构会形成比较复杂的系统。热管就是这样的系统，它包括空管道、多孔 - 毛细结构、液体和蒸汽。

汽车保险杠可作为这条路线的案例。汽车保险杠主要是依靠其内部结构的改进来进化的（图 3-13）。

整体保险杠　　带腔体的　　带蜂窝状填充物　　带多孔填充物　　带安全气囊的
　　　　　　　保险杠　　　的保险杠　　　　的保险杠　　　　保险杠

图 3-13　汽车保险杠内部结构的进化

最初的保险杠很硬，由密实的、很厚的金属板制成。后来出现了开放式或封闭式腔体的保险杠。这样的保险杠重量轻些，在撞击时会变形并更好地吸收能量。为提高行驶的安全性，保险杠的外壁做得越来越薄，而其内部空间则发展成了蜂窝状。这样的保险杠能够通过变形吸收部分撞击能量。现代汽车保险杠是一个塑料壳，其内部空间填充了能吸收撞击能量的多孔材料。塑料外壳的强度是这样设定的：在相对较弱的撞击下，它会被挤压、变软；而在强烈的撞击下，它会塌陷并有效地吸收撞击能量。

保险杠下一步的发展是为其内部空间赋予主动的特性。这种主动式保险杠类似安全气囊。由传感器系统计算汽车的速度及与障碍物之间的距离。如果速度很大，而距离很近，则车载计算机就会向保险杠发出指令。保险杠的柔性外壳内将瞬间充满压缩气体，以吸收撞击产生的能量[35]。

3.1.7　物体几何形状的进化路线

物体几何形状的进化路线，简称"几何进化"路线，展示的是由物体几何形状改变所引起的连续转换。

随着技术系统的发展，其组件的形状会变得越来越复杂。其中的一个趋势是使系统更加紧凑，能在有限的空间内放置更多的零件。因此，系统组件的几何形状也是重要的资源。例如，圆号有一个很长的管道，从号嘴到喇叭口足有几米长。但圆号不是直的，而是卷成一个形状复杂且结构紧凑的螺旋管。

再以汽车为例。早期汽车的形状很简单，有棱有角的。但是随着汽车速度的提高，空气阻力也增加了，汽车外观开始向流线型发展。这就要求从平板向更加复杂、截面更小的形状过渡。其难度有两个：一是工艺水平的限制，这阻碍了设计师想象力的发挥；二是空间的限制，汽车有发动机、传动装置、驾乘空间和其他必要的组件，这些都要在不增加尺寸的前提下合理地安置在车体内。

所有这些都要求车体外部和内部表面以及所有其他组件的形状变得复杂。的确如此，例如现代汽车油箱的形状非常复杂，因为它需要安装在车体内空闲的地方。汽车车体的形状也同样复杂，这是在流线型与合理布局、易维修、方便乘客进出等因素之间不断妥协的结果。

线、面和体这几种形状都能向复杂化方向发展。线从直线变得更加弯曲和复杂。面从平面到圆筒（还可再展开成平面），然后发展成球面（在没有形变的情况下这种球面是不能展开成平面的），再往后是由几种不同类型表面组成的形状复杂的面。体的形状在进化中也将变得更加复杂：从由平面组成的有棱角的体向复杂表面组成的体发展。

除线或者面结构向复杂的形状过渡之外，几何物体还可以从一种类型过渡到另一种类型。例如，"点 – 线 – 面 – 体"，从本质上说，这是基本几何元素数量的增加（图 3-14）。点是最基本的几何体，大量的按次序排列的点就组成了线。面是由线组成的，而体是大量的按层分布的面的集合。每次这样的转换都能为系统改进提供新的资源。

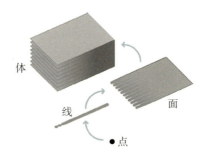

图 3-14　点的集合构成了最基本的几何概念

"几何进化"路线是从基本的几何元素（点）开始，包括以下步骤（图 3-15）：
- 从点过渡到线：
    ◇ 直线。
    ◇ 向一个方向弯曲的线。
    ◇ 向两个方向弯曲的线。
    ◇ 复杂的线。
- 从线过渡到面：
    ◇ 平面。
    ◇ 圆柱面。
    ◇ 球面。
    ◇ 复合表面。
- 从面过渡到体：
    ◇ 棱柱。
    ◇ 圆柱。
    ◇ 球体。
    ◇ 复杂的立体结构。

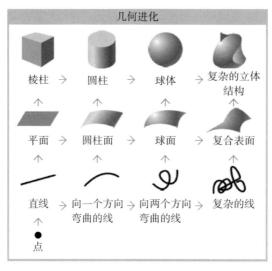

图 3-15 "几何进化"路线的步骤

实际应用这条路线时，最好能够收集各种类型的线、面、体的结构，并整理在一起。对线结构来说，有趣的例子是航海和登山行业中广泛使用着的不同类型的绳结。比较有趣的面结构的例子是莫比乌斯带，而克莱因瓶则是有趣的体结构的例子。这些不可思议的形状都只有一个表面。

轴承的不同进化方案可作为"点–线–面–体"路线的案例。不同类型的轴承都能通过改变组件和支座之间接触点的形状来降低摩擦力（图 3-16）。滚珠轴承中滚珠和沟槽表面之间是点接触。滚柱轴承中圆柱形滚柱和沟槽之间是线接触，这使得轴承具有更大的承载力。滑动轴承中运动的轴和静止的轴瓦间通过很薄的油膜进行接触，这种情况可以看作是表面间的相互作用。

如果轴表面和轴瓦的工作面在空间是分开的，并通过场进行接触，那就是引入了体之间的相互作用。如磁悬浮轴承通过磁场进行作用，而气压式轴承则通过气流进行作用。

滚柱轴承接触线是线几何形状复杂化的例子（图 3-17）。从不同类型的滚柱轴承中可以发现，滚柱与轴承圈间接触线的几何形状越来越复杂。带有圆柱形和锥形滚柱的轴承，其滚柱和轴承圈是直线接触的。桶形滚柱轴承的滚柱与轴承圈之间的接触面是曲线，这样的轴承能够承受更大的轴向负荷，并具有自我稳定的特性。

在需要确保径向弹性支撑的轴承旋转部件中，可使用带螺旋的圆柱形滚柱轴承，其滚柱和轴承圈的工作面是螺旋线。这里的相互作用是沿着复杂的曲线进行的。

计算机鼠标是面几何形状复杂化的例子（图 3-18）。1964 年，美国人道格拉斯·卡尔·恩格尔巴特（Douglas Carl Engelbart）发明了第一只鼠标，它是一个立方体形状的物体,所有侧面都是平的。这种形状并不符合人机工程学,因此人们开始改进鼠标的外形,将其外壳做成像部分圆柱体的形状。当然这个形状也不是最优的,后续又进行了进化。进化后的鼠标外形变得更加复杂,它是由多个双曲面组成,这样的形状更适合人手的握持。

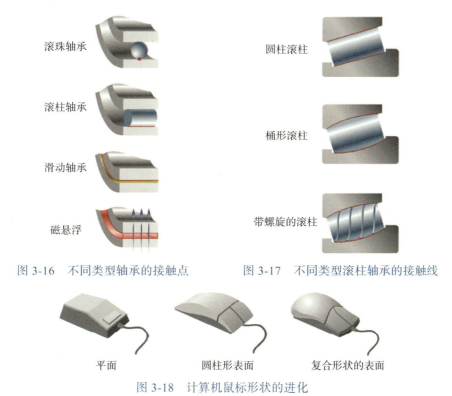

图 3-16　不同类型轴承的接触点　　图 3-17　不同类型滚柱轴承的接触线

图 3-18　计算机鼠标形状的进化

在发展过程中,鼠标改变的只是与人手接触的上部外表面,其下表面还是平面的。这种发展方向是因为其上表面需要与手掌和指头的形状相协调,而下表面需要协调的是桌子的表面。

3.1.8　系统组件动态化进化路线

系统组件动态化("动态化")进化路线所描述的系统转换方案都是通过提高其组件的活动性和动态性而获得的,而这些活动性和动态性又是依靠改变组件间连接性质及获得改变组件自身参数的能力来实现的。

通常,动态化指的是系统某些参数的变化,包括温度、压力、速度、活动性等。最简单的系统动态化是提高系统组件的活动性。系统组件的动态化能够使其变得更加可控,更能适应其运行条件的变化,也能把系统组件调整到最佳工作状态,以提高组件参数与环境中不断变化的要求的协调程度。

在这个系统变换阶段需要检查一下，有没有可能改变其组件的参数。根据系统组件具体运行条件来选取组件参数的动态化程度。必要时，将刚性的连接替换成活动的、柔性的或场连接。如可用电磁铁产生变化的磁场替代恒定不变的磁场。

为确保系统各部分的活动性，必须拥有相关资源。也就是说，假如系统由一个物体组成，则仅仅通过改变这个物体的某个参数就可使其动态化。当系统内有多个物体且可以保证它们相互间的活动性时，就出现了额外的动态化特性。向系统引入的资源应能保证动态化动作的执行，这些资源就是在 3.1.1 ～ 3.1.7 节里所描述的进化路线中的各种系统转换方案。因此，系统动态化除了确保操作控制外，在转换的层级结构中最重要的动作是在系统所有部分之间、系统与外部环境之间直接建立起完全的协调性。

我们以普通房门为例再重复下系统转换的连续动作。为了得到一扇门，我们先从墙上敲出一块与门尺寸相同的墙洞（分割），将门做得更轻、更薄（组件之间形状、尺寸与位置的协调）。如果我们使用刚性连接把门固定在墙洞上，那么门是打不开的。显然，我们需要做的是将其动态化，也就是说，使用铰链来固定这扇门。接下来需要研究轻松地开关门的方法（可控性），并考虑什么时候门应该打开，什么时候应该关闭（系统各组件运行的协调）。

"动态化"进化路线第一步对应的方案是将系统各部分刚性地连接在一起（图 3-19），该路线包括以下步骤：
- 过渡到向同一个方向活动的系统。
- 增加系统组件的自由度。
- 过渡到柔性连接。
- 过渡到用场连接各部分的系统。
- 过渡到各部分都分离的系统。

为了具体完成每个过渡，开发者需要不断地收集各种连接方式。例如，对于"柔性连接"方案来说，这既可以是不同柔性程度的连接，也可以是不同自由度的连接。

在"动态化"进化路线中提高系统组件活动性方面，牙刷是比较合适的例子（图 3-20）。以前，牙刷头和牙刷手柄间都是刚性连接，接下来是铰链连接，这使其能够在更大的范围内弯曲。下一步的连接方式是两个铰链，如此可大大地提高其活动性。再下一步是"波纹式连接"，即波纹形塑料段，它可增加连接的柔性。为了防止在铰链和波纹的凹陷处积聚脏物，连接段由单块的、光滑的、具有弹性的材料制成。

这条进化路线最终的方案是在物理上将牙刷头与手柄分开，但通过磁场来连接和控制。这种牙刷头适应性强，活动性好。第一眼看上去，使用磁场来连接牙刷头好像不太现实，但这样的牙刷已经问世了[36]，它能非常柔和地作用在牙齿上。类似的通过磁场连接并控制组件的装置也应用在高层楼房的窗户清洗上。这种清洗装置的手柄内部放置有磁铁,在房间内侧玻璃上移动,而在其另一侧,同样装有磁铁的用于清洗外侧玻璃的海绵也随之移动。

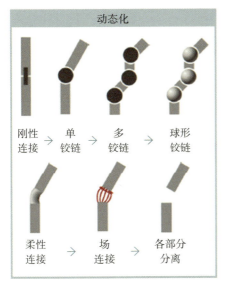

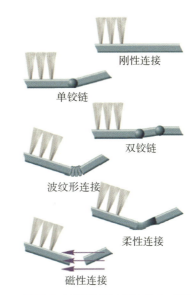

图 3-19 "动态化"进化路线的步骤　　图 3-20 牙刷头和牙刷手柄间连接方式的动态化

3.1.9 提高系统组件可控性的进化路线

提高系统组件可控性的进化路线,简称"提高可控性"路线,展示的系统转换方案是通过简化操作者或者控制装置与系统物质部分的相互作用而获得的。

大多数系统参数的协调性在其制造时就已经设置完毕,在系统运行时并不需要改变。但有些参数必须由操作者或者控制装置进行快速改变。

系统的可控性是在系统运行条件改变的情况下,能保证操作者或者控制装置简单有效地改变系统参数。提高可控性这一进化路线的思路是连续地简化它们与系统各部分之间的相互作用。

如果观察传统的吸尘器,很显然,它是手动控制的。人要握住连接有地刷的手柄并将其沿着地面移动。伊莱克斯公司生产的全自动吸尘器 Trilobite 是新一代吸尘器,它已经不需要人来控制了。这台吸尘器的控制原理属于半自动控制,它按照操作者通过无线电发射器发送的指令运行。

吸尘器也可以在全自动控制模式下运行。通过超声波定位,能轻易地判断出墙、桌子腿、门洞和台阶的位置。运行时,吸尘器内部的计算和控制装置会形成某种"地形图",并对其运动路线进行优化。另外,智能吸尘器还可以自动连接到电源上进行充电。这就是我们现在看到的"扫地机器人"。

从手动控制向半自动控制的过渡,在很大程度上简化了操作者的动作,毫不费力就能控制大功率机械装置。而过渡到全自动化控制后,操作者的功能完全并入到程序控制和检查运行模块中。控制方式的简化,可增加需要快速改变参数物体的数量,这是建立完全协调系统的前提。

"提高可控性"这条路线的初始方案是系统组件间只有预设的协调关系,而且没有操作者或者控制程序。路线包括以下步骤(图 3-21):
- 手动控制。
- 过渡到半自动化控制。
- 过渡到全自动化控制。

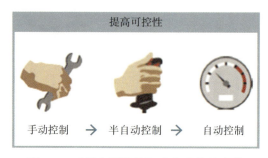

图 3-21 "提高可控性"进化路线的步骤

在将这条路线的各个方案具体化时,应考虑不同类型的控制装置,如机械控制、液压控制、气动控制、电动控制等。总的来说,可以使用任何动作对系统组件进行控制。另外,还有很多保障系统自动控制的方法,同样需要收集和使用相关信息。

提升拖车车轮的装置是个符合提高可控性进化路线的例子(图 3-22)。运载大型货物的重型货车或拖车,最多可有 8 个车轴。这么多车轴上安装的车轮就是要保证货车在载重状态下具有良好的支撑。但是,在货车空载行驶时,就不需要这么多轮子了。因为每个车轮都会产生阻力,导致油耗增加。为了避免这一点,最初使用螺杆装置将部分车轮升高并抬离地面。这立刻降低了空载行驶时的油耗,但是提升车轮的过程本身需要消耗司机的很多力气。

图 3-22 提升拖车车轮装置的进化

下一步是使用液压或者气动装置来提升车轮。这样，司机仅需要按下按钮，就可自动将车轮抬起来。这大大地简化了操作过程。现在，利用反馈原理实现了提升和降低车轮的自动化控制：由传感器确定汽车的载重负荷，并给执行机构发送指令。这完全不需要司机的干预。

捷克塔特拉公司生产的载重货车上使用了一套设计巧妙的车轮升降控制系统。货车后面的车轮是成对的且向内倾斜于地面，因此汽车空载行驶时，仅外侧轮胎与路面接触，从而保证最小的滚动摩擦。当汽车载重行驶时，减震器被压缩，车轮变成垂直于地面，负荷就分配到了货车所有的车轮上。这样的系统既没有传感器，也没有传动机构。另外，车轮与路面的接触面不是突变的，而是根据汽车负荷缓慢变化的。

3.1.10 提高系统组件动作协调性的进化路线

提高系统组件动作协调性的进化路线，简称"提高协调性"路线，所描述的系统转换方案都是通过在执行系统主要功能以及满足某种外部条件时提高其组件参数、特性和动作的协调性而获得的。

设计者所有工作的目的就是让系统在执行主要功能时，即与作用对象相互作用时，其组件的所有参数、特性、动作都是协调的。而且，在系统的每个转换阶段都要检查其协调性。只有当系统已经完成设计并将要投入使用时，才能最清楚地看到系统所有可能的协调方式。这时需要检查系统与其运行条件是否足够协调，为此要查看系统各组件间的相互作用是否协调，以及有无进一步提高其动作协调性的可能。需要用不同的标准合理地检查系统的协调性[6]：

- 系统组件执行的功能与系统主要有用功能间的协调。
- 系统组件与结构的协调，最终只保留执行系统功能的必要组件，并将它们组织成最佳结构。
- 系统各部分间不同参数的协调，包括系统组件之间以及系统与外界环境之间相互作用时诸如形状、尺寸、表面特性和内部结构等参数的协调。
- 系统组件运行节奏、运行顺序上的协调，以保证系统有一个统一的运行节奏。
- 系统组件材料在组件生产过程和复杂度之间的协调，这种协调能选出最优化的制造工艺和系统功能。

正确的协调能提高任何系统的理想度，但开发者往往忽略掉这样的可能性。例如，带有专用风扇的散热器是汽车发动机水冷系统中最主要的组件。早期汽车风扇被直接安装在发动机的传动轴上，并随发动机一直运行。实际上，发动机只在过热时才需要冷却。在发动机正常状态下对它进行冷却没有任何意义，甚至是有害的，因为这会加速发动机的磨损。

下一代风扇是有开关的，它只在发动机需要冷却时运行。很难想象，这种在刚发明汽车的那个年代都算不上什么高深的技术,也没有什么因素能够阻碍这项发明的产生,但直到20世纪50年代这种风扇才被应用到汽车上。有多少燃油就这样白白地浪费掉了!后来散热器也安装有开关了,它能引导冷却液沿着环形管道直接流回发动机。只有在冷却液达到一定温度后,温度调节器才会打开通向散热器的管道,而风扇也只有在需要的时候才被接通。

还有一个有效的协调原理是利用系统动作的间歇来完成辅助操作。例如冬天启动发动机时,要先对它进行预热。可在齿轮箱里安装电加热器,通过它给凝固的润滑油加热。

"提高协调性"路线的初始方案是一个完全不协调或者协调得不好的系统。此时系统组件间的参数主要通过系统制造时的预先设置或者周期性协调来实现,而并不是通过操作来连续改变参数。此进化路线包括以下步骤(图3-23):

- 不协调的动作。
- 过渡到部分协调的动作(如梯度式的参数变化)。
- 过渡到协调动作(如平滑式的参数变化)。
- 过渡到在动作间隙增加新的动作(如能量回收)。

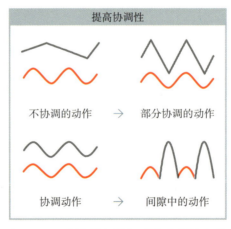

图3-23 "提高协调性"进化路线的步骤

此进化路线的趋势是使技术系统参数与其完成功能的条件协调起来。为了确保这个趋势,所有参与系统运行的人员(包括设计者、生产者和操作者)都应该朝着这个方向努力。

变速箱是一个参数协调的例子(图3-24)。第一代汽车组件间的协调性只能保证汽车可以动起来。当时没有变速箱,驾驶员只能通过增加或者减少进入发动机的燃油量来控制速度。而且车速只能在很小的范围内变化,操作起来也很不方便。

后来发明了变速箱。变速箱内有几个不同直径的齿轮。驾驶员通过操纵杆控制齿轮纵向移动，并使其与箱内其他齿轮咬合，从而改变传递系数。这立刻改善了车轮转动速度和汽车行驶条件间的协调性。变速箱最初只有两到三级，后来变速级数增加到了五级甚至更多，例如专用汽车（如农用拖车）拥有 13~17 级变速。广泛应用于现代汽车的无级变速器的产生也遵循了进化规律。无极变速器能根据行驶条件平滑地改变传递系数。

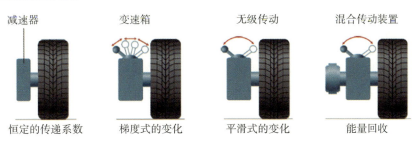

图 3-24　汽车传动装置的进化

从混合动力汽车的传动装置中可以看到协调性的进一步提高。这种传动装置由传统的内燃机发动机和发电机组成，它们共同给装在各轮子上的电动机供电。对每一个轮子来说，电动机的转动速度可单独在很宽的范围内调整，从而能够很好地与行驶条件相协调。此外，当汽车制动或者下坡时，车轮的电动机就转换成发电模式，产生电能并为蓄电池充电。

3.2　进化路线的建立及其在应用中的特点

3.2.1　建立进化路线

我们在 3.1 节中介绍了技术系统的十条主要进化路线，但完全不排除读者自行建立其他路线的可能性。正如我们前面所说，上述十条进化路线是最基本的，已经足够描述系统组件从一个方案向另外一个方案转换时所发生的改变。其余所有描述系统转换的进化路线都是这些路线的特定情况。

毫无疑问，在实际使用进化路线时，重要的是既要按照本章描述的进化路线产生新的转换方案，又要针对不同的具体情况建立新的进化路线。在建立进化路线时，重要的是要遵循一系列规则：

- 统一物体转换属性和转换类型。
- 转换动作和层级的完整性。
- 协调性检查。
- 信息概括性的最佳程度。

根据第一条规则，需要注意的是，在所建立的具体路线中描述的应是连续应用某一个动作的结果,而且这个动作只是为了改变被转换物体的某一个属性。如果我们说的是表面的转换,则一条路线应描述表面特性中的一个特性的连续变化,比如形状。第二条路线可描述表面属性的进化,第三条可以描述表面动态特性的进化,等等。

根据第二条规则,系统转换时所有与系统组件相关的动作都要按照一定的顺序完成。只有完成前一个转换动作,才能为下一个转换动作提供相应的建立条件和资源保证。所以,系统转换时需要有动作的层级性,并且进化路线中应该按以下顺序执行这些动作:

1)引入新物体或者分割现有物体、过程、场和力。
2)协调系统组件的形状、尺寸、表面特性和内部结构,并协调过程参数、场和力。
3)确保物体的集合、过程、场和力的动态性。
4)确保系统组件的可控性。

上述动作集合能引导系统获得具有新功能的概念方案。可以用进化路线将这些动作的结果描述出来,并以相应的顺序排列(图3-25)。

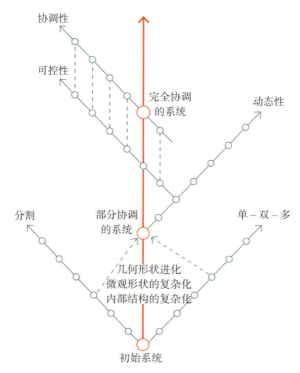

图 3-25　主要进化路线的排列顺序

由此可引申出第三条规则——在每一个系统转换周期后，都要检查系统的协调性。检查协调性的顺序正好与第二条规则中对技术系统实施的动作顺序相反：
- 为了使系统组件的动作相互协调，这些组件应该是可控的。为了使系统组件可控，需要在系统运行时具有改变这些组件参数的能力，也就是说，系统组件应该是动态的。
- 将刚性的整体或者带恒定参数的流程动态化是非常困难的。所以，需要向系统引入某些带有其他参数的物体（或流程），或者将现有物体（或流程）分割成多个部分，并协调它们之间的参数。

例如，为了保证飞机飞行的可控性，需要改变机翼的形状。对飞机机翼形状的控制命令是从驾驶舱发出的。为了确保可控性，需要将机翼做成动态化，也就是说，整个机翼或者其组成部分应该是活动的。如果将机翼的后面部分和机翼主体分开，就能得到进行动态化的资源。也可以通过给机翼后缘增加附加舵面，引入新的连接对它们的形状进行调整，如运用铰链机构。

第四条规则是确定最佳的信息概括性程度。根据相应的分析目的，在每个具体情况中，需要找到区分转换方案的最佳程度，因为太过具体会增加差异性不大的方案数量，并增加分析难度，而高度抽象化又失去了信息应有的启示作用。

重要的是，转换要有质的差异。以"物体和物质分割"路线为例，这样的转换应有以下几种形式（图3-26）：
- 单体。
- 分割成两个部分的物体。
- 分割成多个（数量可数的）部分的物体。
- 分割成许多（数不清楚的）小部分的物体。

一些中间方案并没有什么实质意义，如三个部分、四个部分、物体各部分的体积是 $1cm^3$ 还是 $0.05cm^3$ 等，可以将它们归到某一种转换里。

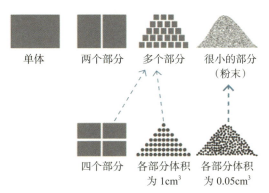

图 3-26　区分转换方案的最佳程度

3.2.2 进化路线在应用中的特点

将某些进化路线或者其中某几个步骤的应用特性具体化，即所谓的增强器或迷你算法，是系统组件转换的特殊情况。让我们看一些例子。

1. 引入补充物体算子

这个算子明确了系统扩展时引入物体、力、场及其他对象的规则，这些规则类似于增加中空度进化路线（参见 2.1 节），其具体内容如下（图 3-27）：

- 引入物体在主要物体的旁边。
- 引入物体与主要物体接触。
- 引入物体环绕主要物体。
- 引入物体的一部分进入到主要物体内部。
- 引入物体位于主要物体内部。
- 引入物体在主要物体内部被分成几个部分。

在解决问题时使用引入补充物体算子将不会漏掉所引入物体的各种位置方案。但这套规则是可以自行扩展的，我们可以分析实际问题中可能出现的特殊情况，并据此增加一些新的引入物体的位置。

2. 引入场算子

引入场算子明确了系统转换时可引入的场的规则[6]。主要的场有机械场、声场、热场、化学场、电场和磁场，将这些场的英文单词首字母连在一起简称为 MATChEM。具体的场如下（图 3-28）：

1）M，机械场：摩擦、撞击、压力、振动等。
2）A，声场：声学振动、超声波、次声波等。
3）T，热场：加热、冷却等。
4）Ch，化学场：原子和分子层次上的相互作用等。
5）E，电场：静电、安培力、洛伦兹力等。
6）M，磁场：磁化、磁场相互作用等。

可通过上述场的组合来扩大引入场的列表，如热机械、电化学或者电磁场。另外，还可向列表中增加其他场的效应，如核辐射场和重力场。

使用引入场算子的方法如下：拟定一份适合解决问题时使用的场的列表，然后从中选取一个场；使用系统转换模型完全改变系统运行原理，或者将所选取的场当作补充的场引入系统；对于列表中所有的场重复上述操作。

3. 选择系统改进方案

在使用进化路线时，经常会遇到以下问题：如果所分析的原型位于进化路线的中间部分，在改进所分析的系统时，应该朝哪个方向发展（图 3-29）？

很显然，第一眼看上去，原型后面的方案是更加完善的。让我们来看一看，是否果真如此。

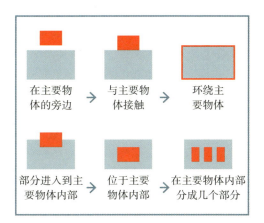

图 3-27　引入补充物体算子

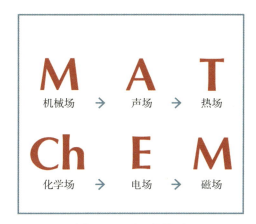

图 3-28　引入场算子

图 3-29　选择系统改进方案

这里我们回想一下，进化路线是系统或者物体按照某个参数的变化排列起来的连续方案。每条进化路线都存在于两个层次，即抽象层次和具体层次。

抽象（或者基础）路线是通过抽象许多具体进化路线后建立的，也就是说在遵循技术系统发展客观规律的基础上描述系统发展的总体趋势。在大多数情况下，与基础路线末端相吻合的系统要比与起始端相吻合的系统更加先进、更加完善。例如：激光切割金属比圆锯切割更先进，喷气式飞机比螺旋桨飞机要完善得多，液压传动比机械传动更有优势，而与液压传动相比，电传动的动态性和可控性要强得多。

如果我们分析的是具体系统的进化路线，并在这种情况下判定哪一个方案最佳，情况就不同了。为了确定我们应该沿着进化路线的哪个方向发展，需要考虑我们想要改进的是原型系统中的哪个参数。如果我们想提高生产效率，按照"单－双－多"路线是需要向前移动的，即向增加系统中执行该动作的组件数量的方向发展。而若按照"裁剪"路线分析，目的还是提高生产效率这一参数，则我们应该对排列在原型系统左侧的方案多加注意，原因是为了保持和提高生产效率，要避免从系统中删除那些用来执行系统主要功能的组件。如果我们想让原型变得更便宜、更简单，则情况正好相反。"裁剪"路线给我们指出的是一条降低系统成本的路线，至于"单－双－多"路线，越靠近起始端的系统方案成本越低。

按照进化路线选择发展方向的另一个规则是，需要分析改进系统的具体工作条件和可用于其改进的资源。

※ 案例：飞机的武器

第一次世界大战初期，飞行员都装备了各种各样的武器。战斗机上最常见的方案是双座机枪，它安装在射手舱内可转动的基座上，使得能够把武器转向敌方。但这种武器的效率很低，几乎打不中敌机。只有在机关枪刚性地固定在机身上以后，飞机才成为一种可怕的武器。此时飞行员知道，机关枪瞄准的方向就是飞机前端对准的方向，所以直接将飞机对准敌方就可以了。法国人罗兰·加洛斯首先安装了可以透过螺旋桨射击的机关枪（螺旋桨上安装了用于子弹穿过的金属控制板），他的战绩震惊了作为敌手的德国飞行员。在同一时间，机关枪从铰链式连接转换成刚性的固定连接，按照"动态化"路线是向后倒退了一步。

※ 案例：宇宙飞船的舱段分离

苏联在建造第一艘多级宇宙飞船"东方"号时，设计师们很久都没能找到飞船与舱段间电路脱离装置的技术解决方案。当时使用的电磁锁在低温下很不稳定。最后找到的解决方案是沿着"分割"路线向后倒退一步，即从场返回到多个部分。用插头这个最简单的机械装置替代了电磁锁。这样，分离的舱段可直接带着插销脱离，就像我们从插座中拔出插头一样简单。

※ 案例：飞机外形

随着发展，飞机的外形越来越接近流线型，这是一个普遍结论。但是我们看一看 F-117 攻击机，就会得出另外一个结论。F-117 是美国最先进的飞机之一，它带有明显的棱角，机身的流线型很差，完全不符合"几何进化"路线的发展趋势，很显然这是一种形状的简化。因为这款攻击机是按照隐身来设计的。为此，从特殊材料、装置和仪器到使用策略，都需要应用许多新的原理级的技术解决方案。其中之一就是将机身设计成有棱角的，这样其表面就能将雷达波向着几个特定的方向散射，照射雷达几乎接收不到反射回波，从而增加了发现它的难度。

需要注意的是，任何改善系统的方案都应该从理想的需求出发，进行详细分析。每个新的系统方案只有在更小花费、更有效地完成自身功能的前提下，才能被认定为改进方案。

在下一章，我们来看一下怎样将本章介绍的进化路线组织成更高层次的结构，即进化树。

第 4 章 Chapter 4

构建进化树

形态分析和树状结构是两种能够描述任何功能发展的基本形式。

4.1 描述基本功能

直到现在，研究者们需要面对的现实问题仍然是如何将关于周围世界各种装置的信息进行系统化。我们总是要通过建立信息结构和模型才能理顺所积累的知识。越完整、越充分地应用模型，就越能理解所研究现象的发展特征。

如果要满足技术和专利信息结构的完整性要求（参见 1.3 节），那么就必须把首先要描述的技术系统组件确定下来。执行所要求功能的系统模型是完整的技术系统功能模型的一部分。功能模型是由工具（执行动作的系统组件）、作用对象（接受动作的组件）以及它们之间的相互作用组成的（图 4-1）。这一对组件是系统运行的最小单元，它们的数量可以扩展到整个技术系统，并进一步扩展至超系统。

一般来说，所有的功能都是由工具和作用对象这两个相互作用的组件完成的，这个组合可称为基本功能。这些功能展示了一个结束动作，其结果是简单地改变了作用对象的一个参数。通常这样的改变在动作上是不可再分的，如锯条锯物体、推杆移动物体、气流冷却物体等。再如，烙铁头焊接时完成两个动作——将物体加热和将焊料涂在物体表面上，为了分析这两个动作，可以将其分解为两个基本功能——烙铁头加热物体和烙铁头将焊料涂在物体表面上。

因此，我们要将基本功能描述为由两个组件组成的结构，即执行装置和作用对象。形态分析表适合描述这样的结构，而早在中世纪人们就开始尝试使用形态分析法了。

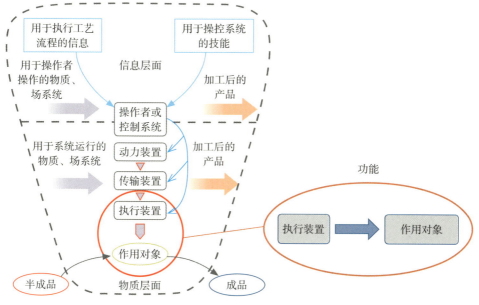

图 4-1　执行系统执行的功能

12 世纪，神秘论哲学家、神学家和传道者拉曼·鲁尔（Raymundus Lullius）制造了一台被他称为"真理机器"的装置，这台机器由多个串在一起的同心圆盘组成，每个盘面上都写了九个概念，如天、神、人、善、真理等。这台"机器"是怎样工作的呢？如果随意转动其中一个圆盘，就可以得到一些不同概念的组合，这些组合就是对后续思考的提示。更多有关形态分析法的内容，可以参考《卓越的大师：拉曼·鲁尔》一书[37]。

瑞士现代天文学家茨维基完善了鲁尔的思想，提出了现代形式的形态分析法[38]。这个方法具有分析复杂物体信息的能力，也包括技术系统信息。20 世纪 30 年代，茨维基使用形态分析法解决了天体物理学方面的问题，并预测了中子星的存在。第二次世界大战期间，美国人吸纳茨维基参与导弹的研制工作，他对导弹发动机进行了形态分析，由此形成的形态分析表帮助美国制定了大量导弹发动机概念方案，其中包括德国秘密飞弹"V-1"和"V-2"装置的原理。虽然过去了很多年，但现在的新型导弹发动机的设计者还可以从半个多世纪以前的形态分析表中找到其开发产品的原型。

如果我们有一些信息需要研究，那就可以应用形态分析表，其思路如下。首先找出被研究信息的主要概念，这些概念应能回答"究竟是什么"的问题；然后分析现有信息，并尽量回答"是怎样构成的"，也就是说，各个主要的、核心的组件是怎样完成不同方案的，并确定这些方案的主要特征；最后将我们确定的主要概念排列在坐标系中的一个轴上，而另一个轴上标出这些组件所完成方案的特征。所得到的信息结构就是形态分析表（表 4-1），它简单、直观，可用于本质分析。

表 4-1　形态分析表格式

组件 1	组件 2	组件 3	……	组件 M
组件 1/1	组件 2/1	组件 3/1	……	组件 M/1
组件 1/2	组件 2/2	组件 3/2	……	组件 M/2
组件 1/3	组件 2/3	组件 3/3	……	组件 M/3
……	……	……	……	……
组件 1/N	组件 2/N	组件 3/N	……	组件 M/N

如果能完整地列出所有可能的形态方案，即便是纯理论的、执行部分系统的方案，通过后续对所选组件的组合，也能获得许多不同的系统方案。

以书写笔为例，表 4-2 展示了一张非常简单的形态分析表。

表 4-2　书写笔的形态分析

笔杆颜色	书写部分	笔杆材料	供墨方式
红色	圆珠	钢制	毛细管式
蓝色	多孔杆	塑料	自流式
黑色	钢笔尖	铝制	泵送
黄色	细管	木质	手动
银白色	鹅毛	橡胶	墨粉

我们对这四个要素进行组合，就能得到百余种形态方案，毫无疑问其中会有新的方案。由于方案数量太多，不可能对每一个都进行分析。但因为是分析阶段，我们的任务是获得用于构建信息结构的数据，方案多反而不是缺点，而是能够满足其完整性要求的优点。

形态分析表简单明了，但它的问题与所有当前流行的简单的创新方法所存在的问题一样，其根源在于简单系统总是比复杂系统更难控制。事实是，需要有效的控制系统才能使用简单的方法。这样的控制系统可以是一种算法，用于选择坐标轴上的特征和它们的形态方案。有许多关于如何客观地选择方案的实用建议。但是，构建形态分析表的主观性还是很高，转换方案的覆盖范围还不够全面。

如何客观和详尽地选择可行的技术系统方案是非常重要的，而且人们也在不断地研究。U. M. 奇亚比亚列为形态分析法的发展做了大量工作。他提出的排列组合法，为形态分析表中主要特征的选择制定了更加准确的规则：①对于执行装置的理解；②对工作环境的理解；③对物体的聚集状态（其组成部分）和环境的考虑；④执行装置几何形状的特征；⑤执行装置的结构（各部分相对位置及其活动性）特征；⑥执行装置各部分在宏观和微观层面上相互关系的特征。这里，在主要概念轴上出现了独特的从属轴，已经能看到一定的层次结构，使得形态分析表中方案的排列更加有序[3]。

G.S. 阿奇舒勒指出，可以将进化路线组成特定的结构，类似描述技术系统的发展示意图。在 U.P. 萨拉马托夫的著作中可以找到类似的、但按照其他方法构建的技术系统发展示意图。B.I. 果尔多夫斯基也提出了类似的观点，他建议使用进化路线描述形态分析表中的技术系统转换方案。其他研究者，如 A.I. 斯库拉多维奇和 V.G. 雷先科持有相似的观点。这些观点是正确的，但是还没有研究出这种信息结构的具体形式。

A.I. 波罗文金提出了一种叫作层级树的方案也可用来分析技术系统结构[39]，树中展示出系统每个组件可能的形态方案。本质上，层级树与形态分析表类似，但是它不是采用我们熟悉的表格形式，而是以树状结构形式的出现。

因此，为了描述基本功能的形式，还是利用了形态分析表的两个轴，其中一个轴表示工具的形态方案，另外一个轴表示作用对象的形态方案（图 4-2）。为了将相互作用组件的所有可能的方案都填充至形态表的单元格中，建议使用这些组件的进化路线。但是这又出现一个新的问题：如何更好地在形态分析表中排列进化路线？

如果所有的组件形态方案都用一条进化路线来描述，那么图 4-2 中的排列示意图就足以解决这个问题了。但是，正如第 3 章所讲，需要用多条进化路线来描述一个物体。因此需要找一个按照主干合理排列这些进化路线的方式。可以将进化路线按照顺序依次排列（图 4-3），也可以将所有进化路线都以一个起始点进行排列（图 4-4）。但这样简单的排列也不是很有效。

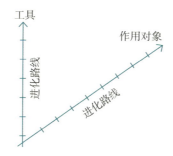

图 4-2　用于分析工具和作用对象的简单形态分析表

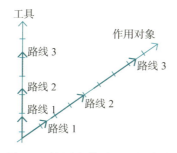

图 4-3　按顺序排列的进化路线

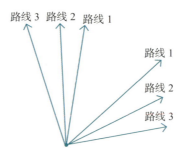

图 4-4 所有进化路线都从一个起点开始发展

进化路线说明的是系统转换动作的结果,这些结果都是按照特定顺序产生的,即每一个后续动作都在前一个动作结果的基础上发生。这就是图 3-29 所展示的按照特定顺序排列的进化路线,新路线可以从任何点、任何转换方案开始发展。基于这个条件,以树状结构排列的进化路线能更充分地展示系统及其组件转换动作的本质。

由多条技术对象进化路线组成的一个树状结构,并且在其中任何一条路线上,系统都是按照某个特定参数的变化而发展,这个树状结构我们称之为技术进化树。与按时间顺序描述某个机器发展历史的模型不同,我们得到的是一个虚拟模型,在这个模型中系统是按照改变某个特性的方向发展的。本质上,进化树是一组有序的系统替代方案。

进化树的结构如图 4-5 所示。

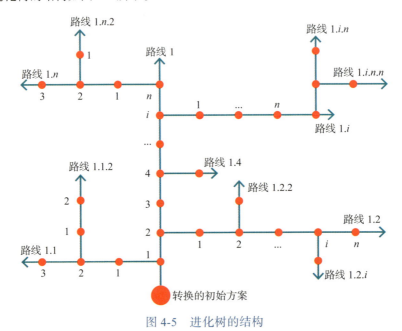

图 4-5 进化树的结构

进化树中总是有一条直接以技术对象初始方案为起点的主干路线，而树上的每个分支都是一条所研究系统组件（或者相互作用的组件）的符合一定客观发展趋势的进化路线。从主干路线的每一个能代表物体方案的点开始，都可以发展出第二层级的分支路线，每一个后续层级都是建立在前一个层级路线的基础上。以这种排列方式构建的路线集合就组成了最简单的进化树结构。在建立实际进化树时，应遵循特定的动作顺序及一系列的规则。

因此，为了描述所执行的功能，我们需要一张带有工具（执行装置）和作用对象这两个轴的形态分析表。这张表的特点在于，其中的每个轴（工具轴和作用对象轴）包含的都是一棵进化树，因此，它包含的不是一组为数不多的随机排列的组件转换方案，而是所有按逻辑顺序排列的能够执行功能的主要方案（图 4-6）。

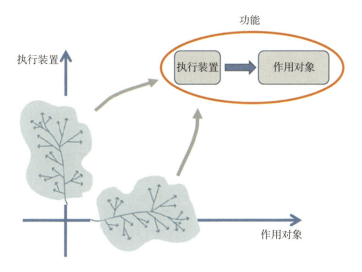

图 4-6　带树状结构的执行装置和作用对象的形态分析表

如果我们将"工具和作用对象"这对组件的各种方案依次进行组合，并在进化树中呈现出来，就可以找到所有能执行这个功能的基本方法。这使得通过定性分析信息来获得技术预测方案成为可能。

应用树状结构能更加直观地看到系统组件各种可能的转换方案，并大大简化了在这些形形色色方案中的搜索动作。

原则上，在建立进化树时没有任何限制。在广度上，任何技术系统进化树在同一层级上的进化路线数量是不限的；在深度上，进化树的层级数量也是无限的。可以说，进化树具有无限分形结构的特性（图 4-7）。分形是一个自我相似集合，它在大比例和小比例的尺度上具有相同的结构。分形理论已经发展得很成熟，它为进化树的数字化实现提供了先决条件[40]。

图 4-7 分形结构的例子

4.2 基础进化树和具体进化树

如果回顾一下本书第 3 章对进化路线的论述内容，很容易就可以注意到每条路线都可以在两个层面进行研究。第一个是抽象层面，描述一般情况下技术系统过渡和转换的本质。这个层面，对于大多数技术对象进化的转换都是相同的。第二个是具体层面，展示的是通过使用通用转换方法获得的具体技术方案。

根据抽象层面和具体层面进化路线的划分，我们可以分别在这两个层面上建立不同的进化树。由抽象进化路线构建的是基础进化树，而由具体进化路线构成的则是具体进化树。

应该注意，在建立技术系统进化树时，必须将其基本功能完全抽象。这个功能是该系统在制造时或建立时就被赋予的，并且是它被使用的主要目的。这里需要指出，任何一个功能都可由多个不同的技术系统来完成。同样，任何一个技术系统都能以工具或作用对象的角色实现多个不同的功能。在建立进化树时，经常会把技术系统的"用途"错误理解为技术系统的主要"功能"，那就失去了建立进化树的意义。

在收集建立技术系统进化树所需信息时，关键是要把技术对象在执行基本功能时所扮演的角色弄清楚。

4.2.1 基础进化树

基础进化树是一个结构化的抽象进化路线的集合，这些路线中包含了一系列按一定顺序排列的技术对象的抽象化特征（图 4-8）。本质上这是个树状结构，它考虑到了抽象对象技术转换时所有可能的方案，这个抽象对象具备其他技术对象相同的特征。技术对象的特征可以是有无辅助组件、几何形状、微观形状、表面状态、内部构造、复杂物体各组件间的联系、反映物体整体状态或其单个组件状态的参数等。但对于工艺操作和流程来说，可能是另外一组特征。

总的来说，可以从最简单的转换方案开始建立基础进化树。这个最简单的方案通常是一个单体的、形状简单的刚性物体，仅限于表面且不具备内部结构，就像是一块建筑用的砖头。按照特定的进化路线对这样的物体进行转换,能够得到本质上完全不同的方案。

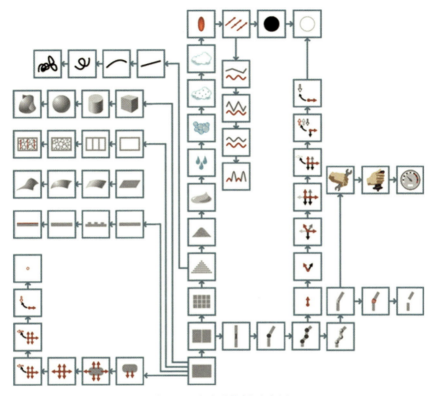

图 4-8 基础进化树示意图

原则上讲,任何一条进化路线都可以作为进化树的"树干",即进化树的主干,但最方便的还是用"物体和物质分割"进化路线作为树干,因为它能展示出物体本质性的转换。按照这条进化路线(参见 3.1.4 节),抽象物体首先被分成两个部分,之后是多个部分,直到粉末状。然后在分子层次上进行分割,直到气体、液体以及它们的组合。最后是等离子体、场、真空。按照这条路线所得到的各个方案之间有着本质性区别,这为物体按照其他路线进行转换时提供了最有效的资源,因此通常选择"分割"路线作为构建多条进化路线的起点。

从树干发展出来的是进化树的"分支",它可以按以下思路进行选择。理想情况下,从进化树上的任何一点都可以建立起多条按顺序排列的进化线路(图 4-8)。为此,每个在垂直树干上的物体方案都要从是否能够为建立新的进化路线提供资源的角度来分析。如被分割成两部分的物体具有以下资源:物体两个部分的表面和内部空间。根据系统动作的层级,可依次建立以下路线:几何进化、内部结构进化和表面特性进化路线。

接下来依次向物体引入有限活动的连接（铰链），向更加活动的、动态的连接过渡，以此来判断建立"动态化"路线的可能性。因此，每一组转换的目的都是使系统更加动态化，更加适应工作条件和外界环境。这就为确保所获得的系统具有更好的可控性以及与外界条件间有更好的协调性打下了基础。

在基础进化树中，提高可控性和提高协调性这两条进化路线只能以最一般的形式出现，因为只有在操作者或者控制机构与所有组件的联系全部确定的实际系统中，才能研究如何提高执行装置的可控性。同样，只有在认清系统与周围环境的所有特性后，才能考虑系统参数与其运行条件是否协调的问题。在基础进化树中，可控性和协调性这两个参数直接取决于系统的动态性。

在进化树树干上的每一步，都要检查是否能使用"动态化"进化路线。如对于物体的初始方案来说，只能通过改变整个物体的参数来进行动态化。为了进一步提高物体的动态性，需要引入新资源。按照"单－双－多"路线转换物体，并得到一个由多个部分或组件组成的系统。这些系统组件的空间位置参数可以相互独立进行改变，因此这样的系统比单个的整体物体其动态性要高得多。

这种方法适用于进化树基本路线的所有层级。假如我们有某个物体，为了建立进化路线就需要检查该物体是否拥有继续转换的资源，没有的话应尝试获得这些资源。首先可以引入或者删除组件、过程和连接。适合这种转换的路线有："单－双－多""裁剪""扩展－裁剪""物体和物质分割"路线。之后，协调所引入系统组件的参数。这里可使用"几何进化""内部结构进化""表面特性进化"路线。最后，系统具备了动态化的能力，即能够保证活动性和系统组件参数的动态变化，换句话说，系统可以按照"动态化"路线发展了。

沿着进化树的树干向上，被变换物体也随之变得更加动态、更加协调。比如，液体由大量的相互间连接不紧密的分子组成。这是一个动态化程度很高的结构，它能最大限度地与容纳它的容器形状相协调。但是如果改变其分子成分，用高流动性的液体代替黏稠的液体（如用柴油代替甘油），或者通过添加具有其他属性的液体或物质（如化学反应物或铁磁颗粒），可进一步提高液体的动态性。这时，出现了可整体循环的转换链——"引入元素—参数协调—动态化"，在这个循环的末端将得到多组分的更加动态化的液体介质。

可以这样说，在进化树的任何一个点，甚至在没有被立刻察觉到可能发生转换的地方，都能引入某些新的物体、场、物质或过程，从而能够用这一整套进化路线来转换物体，并对进化树进行无限制的扩展。这也是基础进化树不能以完整的形式展现的原因之一。尽管路线中的转换都是具体且明确的，但基础进化树的方案却是多种多样的。进化树能够适应每种具体情况并按照一定规则来建立，这时它更像一个进化路线的集合，不过对于实际需求来说这已经足够了。

4.2.2 具体进化树

具体进化树是经过组织结构化的所研究对象的转换方案的总和。

每一棵进化树都有自己独特的形状，这个形状与所要解决问题的特点、可获取的信息、研究目的的明确性等有关。但是在任何情况下，建立具体进化树的原则和建立基础进化树的原则是一样的[24]。

我们以执行"清洁物体表面"这个功能载体的进化树片段为例，来看一看建立具体进化树的特点。在很多场合中，高质量地完成这个功能很重要，比如在微电子行业中为了生产芯片需要在硅片上反复多次地涂镀并去除不同的材料。

在开始收集各种表面清洁工具方案之前，先确定一下我们要为哪一个技术对象建立进化树。

清洁工具的功能是"从物体表面去除物质"。因此在搜索信息时，我们将收集那些能够以某种方式完成这个功能的系统或物体。这可能是坚硬的刮板或刷子、水流或凝胶、等离子体或电荷，也就是说，所有能够把物质从表面上去除的东西都在收集范围内。从技术系统发展趋势来看，进化树的起始点应是最简单的方案，即单个的、整体的、实心的、刚性的、具有平整表面的物体，也就是刮板（图4-9）。

我们选择"物体和物质分割"路线作为主干，这是未来我们要构建的进化树的树干。按照这条路线，单体的刮板被分割成几个更窄的刮板，转换为刷子、沙粒流、凝胶、液体、泡沫、气体和等离子体。然后继续分割到场并一直到真空。吸尘器就是真空清洁器的例子。

从主干上的每一个步骤都引出几条水平"分支"，即第二层进化路线，它们描述的是当前树干各步骤方案的后续发展情况。对主干上不同的步骤来说，能够引出的进化路线数量及其构成是不一样的，因为这取决于方案所拥有的资源。对刮板来说，重要的资源是其刮板刃、前表面和内部空间。

应该检查一下，是否有对第一层路线上的方案进行动态化的可能。对单块刮板来说，有动态化的可能，但是限制很多（图4-10）。

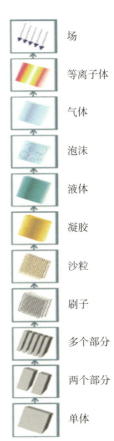

图4-9 表面清洁器进化树的主干

动态化的动作可能有：提高刮板移动的速度和下压力，以及改变其温度、锋利度、倾斜角和其他合适的参数。另外，可以通过引入诸如振动、超声波等额外动作来进行动态化。这样的刮板可按照"提高可控性"路线的顺序用手动、半自动和自动等方式来控制。

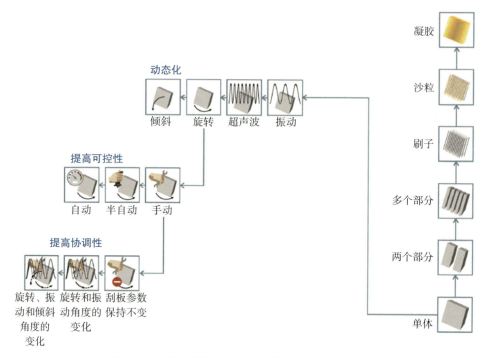

图 4-10　硬刮板进化树片段（单块刮板的动态化）

动态化后的刮板更容易控制，这让刮板参数与运行条件更完美地协调成为可能。如对坚硬表面上顽固的污物，可以提高刮板的压力、选择最佳的倾斜角度、使用振动和超声波分解污物。对于没那么坚硬表面上的普通污物，可将刮板的运行模式设置为其他参数，使其以更温和的模式作用在物体表面上。

向单块刮板增加一块或者多块刮板后，能够为刮板的动态性及其参数与运行条件之间的协调性提供更多的可能性（图 4-11）。如在振动模式下，可让所有刮板一起振动、分组振动或单个振动。还可以改变每一块刮板的振动频率和力量，设置不同的倾斜角，或单独提升或者降低某块刮板的高度。在良好的控制下，这样的清洁器具有更强的协调性。另外，可以将分割成几部分的刮板安装在一个基座上并使其旋转，这也是一种动态化的方式。接下来可以将刮板本身及其固定部分都转换成柔性的，这种弹性刮板条能够很好地与不平整的表面相协调。如果将刮板条围成环形并使其运动，就可以得到一个类似皮带清洁器的清洁装置，它的生产效率和清洁质量都有质的提升。

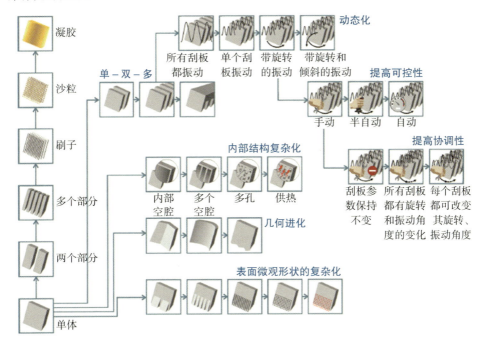

图 4-11　硬刮板进化树片段（引入多块刮板）

可以注意到，描述刮板几何形状、表面特性和内部结构的进化路线都是单独排列的。这是因为，这些路线描述的转换方案对所有样式的刮板都是一样的，既包括单系统刮板，也包括双系统和多系统刮板。也就是说，"几何进化""表面特性进化""内部结构进化"这些路线是概念分析时的增强器，它们预先为系统组件的形状、尺寸、表面状态和内部构造的协调提供了条件。使用这种"增强器"，可得到以下转换方案：

- 刮板做成凹形的以方便收集污物，或者做成凸形的以便将污物集中到一侧。
- 将刮板刃转换成波浪形，以便集中对污物的作用。
- 形成带导向的凸起和粗糙表面。
- 将内部结构复杂化，如引入空腔并装液体或者空气，再供给到刮板边缘。

建立实际物体进化树时，对于相同类型的物体方案来说，这些路线展示一次就足够了，因为在"增强器"的各条路线内描述的转换方案，适用于所有物体。

还有一个为了协调而获得新资源的方式是以补充的形式向刮板系统引入新的清洁器（图 4-12），这就是水流、刷子和热气流。其中，刷子和水流帮助刮板去除污物，而热气流用来干燥表面。由此得到的一组资源给复合清洗器组件的动态化提供了最广泛的可能性。

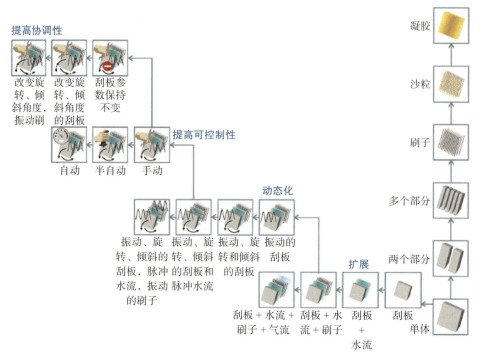

图 4-12　硬刮板的进化树片段（引入新的清洁器）

例如可以用水流脉冲来补充刮板本身的振动、翻转和倾斜。带有喷水的刷子本身就是一个足够动态的结构，如果再实施额外的振动，它的活动性还能进一步提高。

在良好的控制下，这种动态化结构能够从各种表面上去除各种各样的污物。因为，这里既可以同时使用所获得的新系统内的全部组件，也可以使用其中几个最适合某种表面的部分组件。

可以用类似方法，按照进化树树干上其他物体的方案建立片段。比如水流，这是分割到液体状态的刮板（图 4-13）。

首先，水流不是一个整体物体，而是被分割的组件（分子）的总和，这使得它本身就具有很高程度的动态性。活动的水流能够很容易地改变形状：可以是平面的、凸起的、凹陷的，还可以是空心圆柱形。很容易将水流设置成不同频率的脉动，直至形成超声波并与被清洁表面共振，这极大地提高了分离污物的效果。

向水流中引入新的元素，也能提高清洁效果。这可能是研磨颗粒、冰粒，也可能是气泡、蒸汽或者化学活性物质等。为了给初始液体及其改进方案提供进一步增加动态性的前提条件，可以按照"单－双－多"路线，转换成两股液体流、几股液体流和多股液体流结构。这时，除了每股水流的动态化之外，还可以将所有水流看作是一个整体，在新的系统层次上进行动态化。这里还可以单独改变每股水流的轨迹和速度。

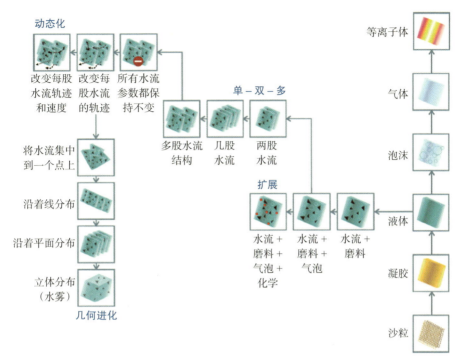

图 4-13　水流清洁器的进化树片段（扩展和动态化）

不仅可以通过水流的参数来描述水流清洁器的进化，其他的如表面接触的形状也可以用来发展其进化路线。几股水流可以集中在一个点上或者形成一条线。按照"几何进化"路线的建议，还可以将水流排列成平面或立体形状。最后的方案可能是产生水雾来进行精细清洗或吸收有害化学物质。

这样我们就以水流这个转换方案建立了液体的进化树片段。当然，还可以增加各种新方案。如果继续建立进化树，并将基础进化树中的转换方案全部进行研究并找到对应的具体方案，那么我们就能列出所有能够完成清洁功能的执行装置的主要概念方案。但实际上更重要的是，将注意力集中在进化树的某一个片段上，并更加详细地研究它。

4.3　满足分类结构的要求

用进化树的形式展示技术系统转换方案的分类方法，在很大程度上满足了我们在第 1.3 节提出的要求。

1）为了组织信息，我们选择了树状结构，它能清楚地表现出被研究物体当前所有主要的已知方案。

2）进化树是一个结构化的客观进化路线的集合，它建立在对很多技术系统发展规律的统计分析基础之上。因此，建议使用客观的分类标准来建立进化树。

3）每条进化路线都包括一组转换方案和它们之间过渡的概括性描述，每条进化路线还可以用配图说明的方式将技术系统的具体转换实例表现出来。因此，满足了通用性和具体性的要求。

4）以树状结构的方式展示信息，让开发者在看到主要转换方案的同时，还能仔细地研究它们的结构。

5）在系统方案信息不足或不完整时，基础进化树能够帮助我们找到所有本质性的转换方案。

4.4 构建进化树的建议

可以用手工建立进化树，其方法是将许多带有系统转换方案的卡片按顺序贴到一张大挂图上，也可以使用计算机来建立进化树。这两种方法没有本质区别，只是手工方法有利于展示被研究物体的所有方案及进化树的整体样式，这比在面积较小的计算机屏幕上显示要方便些。构建进化树时需要遵循以下动作：

1）首先确定物体的主要功能，以及弄清楚它完成这个功能时的角色。

2）收集相似物体的信息，这些物体要么在实施主要功能时明显地扮演着执行者的角色，要么能够促进该功能的完成。简短描述所分析物体的每个方案，特别要指出能够获得这个方案转换的本质。从技术进化角度找到被研究物体的最简单方案，即初始方案。

3）选择主要进化路线，它将成为进化树的主干。这可以是任何一条进化路线，但是最方便的是选择那些转换方案特别明显的进化路线，比如，"物体与物质分割"或者"单－双－多"（"扩展"）进化路线。通过将卡片排列在路线中来建立主要进化路线，卡片上标明所分析物体的相应方案。

4）建立第二层进化路线。尽可能地建立物体转换方案的动态化路线，如果没有可能，则先建立能够获得动态化所需资源的路线，即"单－双－多""分割""扩展"路线。

5）检查建立描述物体形状变化、表面特性和内部结构转换的第二层进化路线的可能，即"几何进化""内部结构进化"和"表面特性进化"路线。为了优化进化树结构，最好只在这些路线展示出对后续分析很重要的转换方案时，才将它们添加到进化树中。

6）在建立第二层进化路线以后，检查建立第三层的"动态化"路线的可能性，并将这些路线安排在进化树中有特点的地方。在"动态化"路线后面，建立"提高可控性"路线。只在具有特点的、重要的情况下建立"提高可控性"路线。对于其他情况，物体的可控性可通过类比的方式表示。然后在进化树中有特点的、重要的位置上建立"提高协调性"路线。

7）再次检索信息，补充和确认进化树结构。

Chapter5 | 第 5 章

构建显示器进化树

现实物体的技术进化树就像一棵真实的、有生命的树一样不断地生长和发展，改变着自己的外形并以新的预测性技术解决方案的形式结出果实。

5.1 定义显示器

我们用前面介绍过的算法来构建具体的技术系统进化树，即显示器进化树。需要注意的是，不可能一下子就建立起进化树的最终形式。如果按照算法继续检索信息并将其结构化，那么进化树就像一棵真实的、有生命的树一样不断地生长和发展。外形的改变，也就意味着它又结出了新的预测性技术解决方案的果实。本书所附挂图是一张显示器进化树的"照片"，它记录的是显示器进化树某个构建阶段的状态。

根据设计者的目的，可以在进化树相应的区域放上"放大镜"，更加仔细地研究它。为了增加"树冠的密度"，需要添加新的转换方案，并据此建立新的进化路线。

显示器进化树是为后续研究而进行信息组织的范例。建立显示器进化树时，我们并没有选定需要改进的原型，而是将其目的聚焦在研究较长历史时期内显示器的发展过程上。

从人类学会创建图像起，造型艺术就有两个发展方向——艺术和技术。艺术除了反映技术家的思想情感，还反映艺术家技艺的完善程度；技术则反映的是创建图像的工艺与技术能力的发展。欣赏艺术品时，我们只能对艺术家所达到的高度表示惊叹，这是艺术史研究的内容。在后续的研究中，我们将分析技术方法的发展方向，以及通过这些技术方法将平面的、不动的图像发展成在空间和时间上活动的画面。

按照算法，在信息收集之前，需要弄清楚显示器参与的是什么基本功能，在实现这个功能时,它扮演的是什么角色。可以将显示器参与实现的功能定义为将信息可视化,实现这个功能可引起人意识中的某些想象。因此,显示器的初始定义是:可视化信息的装置。

请注意,如果把"可视化"定义成将人眼睛不能分辨的信息转换成能够看见的信息,那就是一个很宽泛的概念。将人眼不能分辨的信息可视化的装置有很多。如此广泛的定义将会把印着字母的纸、天文望远镜、普通望远镜、显微镜以及其他所有能够扩展人视觉能力、使人能看到肉眼不可见东西的仪器,都称为显示器。

仔细分析一下参与完成显示功能的元素,我们就可以再进一步准确地定义显示器。任何功能的完成,都需要工具和作用对象这两个元素。在实现可视化信息功能时,什么是工具和作用对象呢?

为了使图像可视,需要在人的眼睛(肉眼或者佩戴了专门仪器的眼睛,如眼镜、望远镜、显微镜等)和装置间建立起相互作用关系,这个装置能够把信息转换为人眼能接收的形式。这里,人的眼睛是作用对象,它是用来接收信息的感受器,而把信息表现成人眼能接收的形式的装置则是工具(图 5-1)。

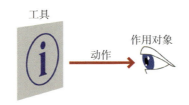

图 5-1　实现"可视化信息"功能

应注意,不只是通过眼睛能够获取信息,使用触觉也可以对物体的形状产生一定的感觉。供盲人和视觉障碍人士使用的显示器就是根据这一原理实现的。

综上所述,关于显示器更准确的定义是:显示器是提供人体感觉器官可以接收的视觉信息的装置。

以这个定义,我们就可以将加强视觉的设备和直接给人提供信息的设备区分开来。但是,根据定义,完全可以将带有图像的纸、泥板和记载数字的绳结看成显示器。甚至可以说,我们周围的整个可见世界也是一个巨大的显示器。从哲学角度讲,这样的显示器定义是很有意思的,但并不适合本项研究的目的。

因此我们将"显示器"这个名称专用于实现"可视化信息"功能时充当工具的人造物体。

分析显示器时,应该考虑其组件在完成功能时的差异。显示器是一个复杂的系统,它至少包括图像生成装置、控制装置和屏幕。另外,还可能包括其他组件,如显示器外壳。我们首要关注的是它的执行装置。

显示器的执行装置是什么呢?执行装置指的是直接实现系统主要功能、行使系统用途、不能从系统中删除的组件。显示器的执行装置就是在表面上产生图像的屏幕。分析时，我们将注意力集中在屏幕的进化上，当然也不放过显示器上其他的重要组件。

是什么让庞大的科学家、设计师和工程师团队致力于显示器的开发？最重要的需求之一是提高显示器的功能性，即用它获得高质量的清晰图像，并尽可能地接近真实景象。但也不能不惜一切代价地实现，因此，第二个需求是降低显示器的生产及使用成本。这是一个关于希望提高图像质量，但同时又想降低产品制造成本的矛盾，它是全球许多公司不断努力希望解决的关键问题。

一旦确定了显示器的定义以及驱动技术系统进化的矛盾，就可以开始收集相关显示装置的信息。这些装置应该符合显示器的定义，即那些用于或可能用于以人体感官能够感知的形式向人们提供视觉信息的装置。

5.2 在表面上获得图像

收集到各类显示器的信息后，应该确定显示器系统的初始方案，也就是最简单的方案。在这里，需要弄清楚如何在表面上获得最简单的图像。

其中一种广泛使用的方法是按照"网格"描绘图像。一般来说，这需要两个操作：首先将表面分成多个部分；然后将每一个部分赋予能够以不同方式被眼睛接受的特性。

这样，就在表面上出现了一个由具有不同光学特性的点组成的集合，这些点就形成了图像。点的数量越多、尺寸越小，图像就越清晰（图5-2）。

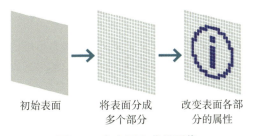

初始表面　　将表面分成　　改变表面各部
　　　　　　多个部分　　　分的属性

图5-2　在表面上获得图像

怎样改变单个点的光学特性？

可以改变这些点所在表面的颜色，如用颜料涂上颜色或者用专门的化学发光物质进行处理。也可以改变表面的形状，将它做成凸起的或者凹陷的。表面的光滑程度也能影响其光学特性，如人眼能区分粗糙表面和光滑表面间的差异。另外，可以不改变表面形状，而改变某些部分表面相对于基础表面的位置，将其做得高一点或低一点，甚至是倾斜的。表面各部分形状、位置和特性的改变，使其在一定的照明条件下能够获得高质量的图像，但只有在一些特定的位置上才能看到这样的图像（图 5-3）。

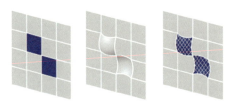

图 5-3　表面光学特性的变化

可以将这些方法结合起来增强效果，例如，在透明表面上涂上半透明涂料并从内部照亮表面。从这些基本点出发，就可以形成图像，就像在照片和电影中那样。如果我们在显微镜下观察照片或胶片，会看到大量的用于成像的微小感光材料颗粒。胶片上的颗粒越小，图像质量越好。

电视机屏幕或者计算机显示器上的图像也是由很小的颗粒（像素㊀）组成。电视机的结构必须保证每个像素颜色和亮度的可控变化。减小像素尺寸、提高图像清晰度是电子显示器发展的最重要趋势之一。

还有一种获得图像的方法来自物体进化的"几何进化"路线。从这个观点看，可以按照"点 – 线 – 面 – 体"的转换方式来扩展光学元素数量并获得图像（图 5-4）。

图 5-4　通过增加基本点的数量来获得图像

的确，只用一个点这样的基本几何元素获得图像是不够的。为了绘制简单的外形图，需要使用线，即大量按顺序排列的点的集合。如果把大量的线并排排列，就得到了图画，即多彩的、连续的图像。

下一步就是立体图像，即雕塑，它可以看成许多相互重叠的表面。

因此，无论使用第一种方法，还是第二种方法，都可以得出结论：光学显示器最简单的方案是一个光学基本元素，它是一个在表面上具有视觉突出效果并传输一定信息的点。

5.3　显示器进化树的结构

在选择显示器的初始方案以后，就进入建立进化树的下一个阶段。这里，最重

㊀　像素指的是数字图像的最小单位，通常是长方形或者正方形且具有一定颜色的不可分割的物体。

要的是分清楚哪条是主要的进化路线，即进化树的"主干"，以及确定这条路线上的关键点。

经过初步搜索，找到了几种显示器方案。通过分析，可以选择以下显示器方案作为关键点上的方案：

1）基本光学元素。
2）表面上的图像。
3）电影。
4）电子显像管电视机。
5）平板显示器。
6）针状显示器。
7）雾状显示器。
8）空气显示器。
9）直接在人的意识中唤起图像的显示器（理想的显示器）。

通常，我们会用"扩展－裁剪"路线来描述技术系统在一个较长时间段内的变化过程。因此，可以预期在显示器进化树的整体结构中也能展示出这样的趋势（图5-5）。

确实，如果我们按顺序研究图5-5的前三种方案，就很容易发现这是显示器组成部分的逐步扩展，因为表面上的图像是由大量基本光学元素组成的集合，而电影是许多不断变化的图像。因为电影的图像只能在黑暗中观看，由此产生了电影院，它由放映厅、观众座椅、放映机和银幕组成。

电影在引入新的元素（如声音）后完成了进一步的扩展。随着有声电影的出现，电影主要有用功能的完成质量令人满意，基本上满足了观众的需求。至此产生图像的系统扩展完整了。

系统下一步的发展主要是通过裁剪其各部分组件来实现的。从系统中去掉带有座椅的电影厅。剩下的放映机和银幕被组合到了一个壳体中，于是产生了带有阴极射线管的电视机。进一步裁剪系统的愿望导致了平板显示器的产生，这时放映机和银幕被裁剪成一个基本点，即像素。平板显示器的各种结构都得到了很好的优化，进一步裁剪的资源已经基本耗尽。

为了获得进一步完善显示器所需的资源，应该过渡到微观层次。这种转换可以

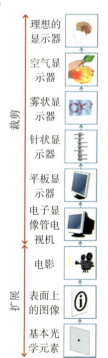

图5-5　显示器在进化过程中的扩展与裁剪

按照"物体和物质分割"路线进行。事实上，最后的"分割的单体""雾和蒸汽""气体"和"理想物体"这四个转换方案很好地完结了这条路线。

因此，显示器进化树的主干是先按"扩展 – 裁剪"路线发展之后再转换到"物体和物质分割"路线继续发展。

在建立起进化树主干之后，还要再次进行信息检索，结果是找到了一些新的转换方案。为此，作为图5-5的补充，图5-6展示了按照"物体和物质分割"路线形成的进化树主干的上半部分。

首先根据"分割的单体"产生了分割后的针状屏幕和电子纸。粉末状的显示器对应于"分割到粉末"这一步骤，而液晶显示器则对应于"分割到液体"这一步骤。泡沫显示器和雾状显示器分别对应于"分割到泡沫"和"分割到雾"这些转换方案的例子。直接把图像在空气中投影出来的显示器展示了"分割到气体"这一转换。

接下来是等离子显示器，对应于"分割到等离子体"这一步骤。然后是一系列的显示器，这些显示器中的图像都是通过场的最小变换得到的。比如，根据特殊聚合物的发光原理运行的显示器，这对应于"分割到场"的转换。

在进化树顶端的是最接近或匹配"理想物体"的显示器，这些是可穿戴式显示器和把图像投影到眼睛视网膜上的显示器。想象中最理想的显示方案是直接在使用者的意识中产生视觉信息的设备。

分布在进化树"主干"上的每一个转换方案都能水平伸出侧向"分支"。这是主干上显示器方案的进一步发展。资源决定了这些路线的数量和构成。比如，对显示器来说，重要的资源是屏幕、发光系统以及对像素进行控制的系统。

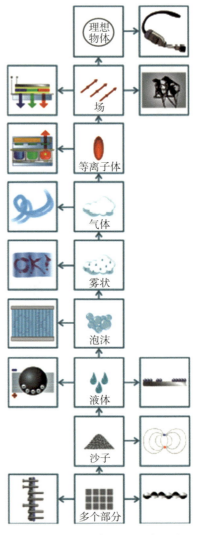

图 5-6　显示器向微观层次过渡

根据第4章所给出的进化树建立规则，显示器各组件的进化可通过以下进化路线来描述：屏幕表面几何形状进化路线、屏幕表面微观形状进化路线、像素颜色的单 – 双 – 多进化路线、显示器的动态化路线等。现在我们详细地看一看那些构成显示器进化树的进化路线及其转换方案。

5.4 从静态图像到动态图像

1. "单－双－多图像"进化路线（图 5-7）

图 5-7 "单－双－多图像"进化路线

自从人类在岩壁上画出第一幅岩画算起，已经过去漫长的时间了。人类一直在为提高作品的造型艺术水平而努力，不仅发明了新颜料，而且每个艺术家都在用独特的方法进行着自己的艺术创作。

把两幅图像放在一起，可赋予平面图像立体感，这是技术进化初期的一大进步。将两幅图像替代单幅图像，就得到了虚拟的立体图像。如果用一块不透明的遮板将双眼隔开，并用左眼和右眼分别看两幅图像，经过几次尝试，你就会发现，两幅图画融合在一起并构成了一幅立体图像。若使用偏光或专业眼镜，则更容易获得立体图像。不管怎样，表面上的单幅图像转换成了两幅图像，即双系统。

下一步是由多个组件组成的多系统。一般来说，将一系列图画按顺序排列，可展示出某件事情按时间的发展过程。最简单的例子是连环画中的一系列图画。

那么，按照"单－双－多"进化路线，下一个方案是将静态图像转换为一个更高层次的单系统，即可动的、动态化的图像。20 世纪初流行的手动"动画片"就是这种可动图像的例子。在普通笔记本的每一页靠近开页的那一侧画出按顺序改变位置的人物，然后快速翻动笔记本，这样就产生了动态画面的效果。

笔记本动画只是一个好玩的玩具，电影则是更高层次上的单系统，即"单－双－多"进化路线的最终方案。电影的发明解决了以下矛盾：图片是静止的、静态的；而周围的世界是动态的。观众希望看到的是充分传递现实的动态画面。

2. 电影

将移动的透明胶片上的大量图像投影到银幕上，且以不被肉眼察觉的速度替换图画，就形成了电影中的动态图像。电影是人类的伟大发明之一，它极大地提高了人们描绘周围世界的能力[41]。

1895 年 12 月 27 日，法国卢米埃尔兄弟在巴黎的卡普辛大街举办了第一次公开的付费电影放映活动。很多人参加了放映机的研制工作，其中包括美国著名的发明家爱迪生，他的"活动电影放映机"于 1894 年在百老汇出售。马克斯·斯柯拉丹诺夫斯基也在德国进行了电影试验，1895 年 11 月他在柏林的一个杂耍剧场上放映了几部他拍摄的短片。

在参与电影设备开发的发明家中，应该特别指出以下几位：纤维胶片的发明者汉尼巴·古德温；发明了穿孔技术的路易斯·普林斯，他发明的底片边上的四孔结构迄今仍是标准；摄影机的发明者威廉·弗里斯·格林；投影仪的发明者伯特·艾克斯和罗伯特·保罗；俄罗斯发明家约瑟夫·季姆琴科发明了间歇式皮带传动机构，它是放映机中最重要的组成部分之一，使放映机在工作时发出有趣的嗒嗒声。

很多人参与了电影事业的发展，正是他们的共同努力，使得电影成为20世纪的梦想之地。

电影放映厅就是一个巨大的显示器（图5-8）。通常，显示动态图像的系统包括放映机、放映厅、银幕、座椅和"外壳"，即电影院的墙壁和屋顶。观众就在这个显示器的内部。

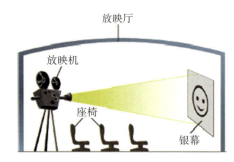

图5-8　电影放映厅

3. "图像的扩展"进化路线（图5-9）

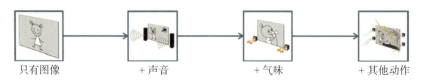

图5-9　"图像的扩展"进化路线

最初电影只能放映图像，因此，演员都尽量通过表情、手势和其他完全是造型艺术的手段来展示情节。若仍需语言表达，则使用字幕。为了增强表现力还使用了音乐，但那时候相对于图像来说这只是外部元素，它由专业乐团在放映厅现场为电影伴奏。

第一个向图像添加的重要补充元素是声音。由爱迪生发明的录音法和斯托列托夫发明的使用光电管从胶片中读取声音的方法，保证了声音伴奏能够完全与银幕中的图像同步。由于我们在视觉和听觉的帮助下获得了大部分感知信息，而有声电影又创造了几乎完全的现实错觉，因此，在很长一段时间内它满足了观众的需求。

发明家们曾想过刺激观众的其他感觉器官：嗅觉、触觉感受器、前庭器官。完善现实错觉的尝试之一是引入气味。但遗憾的是，很难将屏幕中可能出现的所有气味都展现出来。最初发明者尝试展现背景气味，如森林与大海的气味。20 世纪 50 年代，瑞典教授汉斯·劳伯开发了 Smell-O-Vision（嗅觉 – 视觉）系统，并在 1960 年放映的电影《神秘气味》的过程中进行了尝试。专门的管道从控制台伸出来通向放映厅，管道里充满了和屏幕上情节相对应的气味。试验并没有取得成功，因为为了去掉之前释放的气味，还需要一个高效的通风系统。

针对个人的个性化气味方案要比上述方法更具发展前景，比如，给每一位观众发一个叫作 Odorama 的卡片。随着电影情节的发展，观众依次把指定的圆圈刮下来并闻一闻。还有一种方法是将一个小盒子挂在每位观众的脖子上，通过无线电信号激活小盒子内部的气味样品。

由于计算机技术的发展，目前利用气味传递信息的想法正在一个新的层次上复活。例如，Tsuji Wellness 和 France Telecom 公司就曾经宣称联合进行了所谓"清香计算机"的项目开发工作。气味装置是一个通过 USB 连接到计算机的小装置，其内部储存有六种不同气味的易挥发性凝胶物质，根据使用者的指令该装置先混合成特定气味并通过内置风扇散发出来。

在这条进化路线上还有一种为图像添加特殊效果的方案。如果银幕上正在放映海战，就给观众喷水；如果是可怕的飓风，放映厅内就开始刮风。银幕边上也可以布置用激光效应做成的火焰柱。在这个方向上，我们可以期待更多的发明。

4."伴音系统的单 – 双 – 多"进化路线（图 5-10）

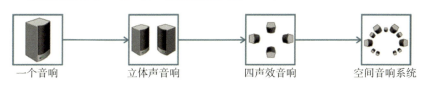

图 5-10 "伴音系统的单 – 双 – 多"进化路线

可以使用技术系统进化路线分析引入到系统内的补充元素。以图像伴音为例，这是默片之后电影技术的一次真正的突破。

最早的声音系统是一个放置在银幕后面的音箱。单音响系统充分地利用人的听觉能力，让人有身临其境的感觉，所以这个发声系统得到了进一步的发展。

立体声系统由两个安装在观众两侧的音箱组成。滤波器将传入音箱的信号分成了高频和低频两部分。将音箱安装在相对于墙壁或其他声音反射元素的正确位置时，就可以得到立体声。

四声道音响系统使用了四个音箱，它们分布在观众的前后左右各个方向上。有多种方法可以建立声音的环绕效果，如延迟某一通道内的声音，或者改变每个通道的声音频率和音量以得到有趣的效果等。

空间音响系统可能由十个或更多的音箱组成。其中大部分都安装在银幕附近，其余的安装在观众区的两侧和后面。这样不仅能够得到具有各种特殊效果的环绕自然声，还可以使声音动态化，即声源随着银幕上显示图像移动。

5. "银幕表面微观形状"进化路线（图5-11）

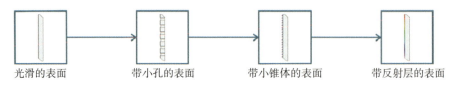

图5-11 "银幕表面微观形状"进化路线

早期银幕的表面是光滑的。但是，有声电影的出现带来了新的问题：当音箱安装在银幕后面，而且声音开得很大时，银幕就开始振动，图像的质量也随之变差。为了消除这个有害现象，在光滑的银幕表面上出现了一些穿透式孔洞，这些孔起到减振器的作用。

下一步是需要让更多的观众同时在电影院观影。使用光滑的银幕时，只有坐在距离放映厅中轴不远的观众才能够看到高质量的图像。对于坐在两侧的观众来说，图像的效果要差得多。为消除这个缺点，人们用微型锥体覆盖银幕表面。这些小锥体的侧面能够反射一部分入射光线，使得坐在两侧的观众也能观赏到高质量的图像。

沿着这条路线进化的最后一个方案可能是表面覆盖有专用反射层的银幕。这可能是一层特殊的塑料，而在电影银幕发展初期，只是简单地往银幕上浇些水，就可以获得质量更好的图像。

6. "银幕几何形状"进化路线（图5-12）

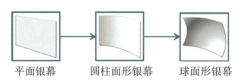

图5-12 "银幕几何形状"进化路线

在大多数情况下银幕都是平的。但是平面银幕不可能获得高质量的宽银幕图像。这是因为放映机内的胶片是平面的，而从放映机镜头到银幕中心和边缘的距离却是不一样的。当投影到银幕的图像尺寸小而且到放映机的距离远时，图像质量并没受什么影响。但当图像的尺寸很大且银幕与放映机距离较近时，图像就会失真。在平坦的宽银幕上几乎是不可能调整清晰度的，如果图像在屏幕中央清晰，则边缘模糊，反之亦然（图5-13）。过渡到凹陷的圆柱面形后，就消除了银幕的这个缺点。对于具体的电影院场地，可选择适当的银幕弯曲率，使得从放映机镜头到银幕上所有点的距离都相等（图5-14）。这样银幕边缘上图像的失真度就会小一些。对观众来说，圆柱面形的银幕方案是很成功的，因为在宽阔且凹陷的表面上观赏电影，就好像银幕把观众包围起来一样。

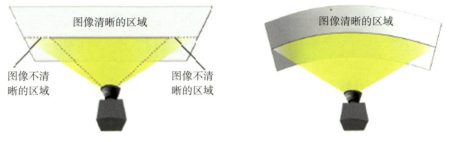

图 5-13　平面银幕　　　　　　　　图 5-14　圆柱面形银幕

"几何进化"路线中的下一个方案是球面形银幕。用球形银幕显示图像为观看者提供了一种全新的质感。比如，天文馆球面形的银幕能够展示出整个星空。另外，球面形银幕还可以用来放映特殊电影，它能让电影情节就发生在观众的周围，使人有身临其境的感觉。

7. "银幕的动态化"进化路线（图 5-15）

图 5-15　"银幕的动态化"进化路线

银幕的动态化给电影赋予了新的可能性。用活动的银幕来代替静止的银幕，而且这并不一定要通过移动银幕本身来实现。可以通过改变观众座椅的位置，来引起移动的虚拟效果。或者让观众座椅与电影情节同步倾斜、振动甚至弹跳，使得观众能够感受到自己是银幕中所播放的电影情节的参与者。在法国普瓦捷市的未来影视城，就能欣赏到这种有动态特征的电影。

日本的 NTT 公司开发了一种电刺激前庭（GVS）的控制系统。观影时，观众需要佩戴一幅用来传递直流脉冲信号的耳罩。其中一只耳朵连上阳极，另外一只耳朵连上阴极。如果给位于耳后的所谓乳头状突起传送脉冲信号，人就会失去平衡。用电信号"扭扭"左耳，就向左摆，"扭扭"右耳，就向右摆。GVS 耳罩为赛车手提供了几乎与实际场景感觉相同的模拟训练，车手甚至会在虚拟转弯时被抛到一边。

沿着"动态化"进化路线，可以想到这样的银幕，它能够根据导演的想法，随着电影情节而改变银幕的形状和位置。

可以根据图像的特征，将银幕曲率改变成凹陷的、平面的和凸起的（如远视镜是凸起的，近视镜是凹陷的，以及其他形式的）。也可以局部改变银幕形状，例如，一半是平面的，另外一半是凸起的，或者一半凸起一半凹陷。银幕也可以是波浪形的。

沿着这条进化路线最终会产生的想法是：通过与图像同步改变银幕表面形状来提高图像的表现力。在这种情况下，观众可以欣赏到活动的浮雕状的彩色图像。

5.5 电视的出现和发展

如果从技术进化的角度看电视机的产生，很显然，它就是电影院系统的裁剪。确实，电影院包括建筑、观众座椅、放映机和银幕。在对这个系统裁剪时，建筑就完全从其成分中删除了，而观众座椅也被移到了显示器的外面。以前在空间上是分开的、相互之间没有联系的放映机和银幕，被组合在了一起，成为一个紧凑的装置，它扫描图像并将其投影在屏幕上（图 5-16）。

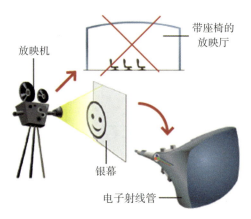

图 5-16　将电影院裁剪成电视机

只有在电子射线管、离子显像管、电子显像管以及其他能够保证图像的传递、接收和显示的装置研制成功以后，电视机才有可能出现并发展。

早期电视机使用的是机械式的尼普科夫盘显示图像。就是在旋转盘上有一系列按照螺旋线分布的孔，通过这些孔就可在屏幕上投影出一个由许多点组成的原始图像。机械扫描式电视机的图像质量很差，因此开发者将注意力集中在了电子扫描方式上。

1897 年，德国科学家卡尔·费迪南德·布劳恩发明了阴极射线管。第一代阴极射线管用在了示波器上。阴极射线管内已经没有任何机械部分了，通过对电子枪发出的电子束进行磁偏就可实现图像扫描。1932 年，由电子工程师弗拉基米尔·兹沃尔金领导的美国 RCA 科学研究实验室，开发出了第一台电子式电视机。在一段时间内，机械式电视机和电子式电视机是共存的。但到了20世纪30年代中期，电子式电视机将只能显示颗粒状和模糊图像的机械式电视挤出了市场[42]。

不管是图像尺寸还是质量，那时的电视机还无法替代电影。但是电视机可以让人们足不出户就能看见实时的视觉信息、观赏电影，这使得它在与电影的竞争中存活下来，并在技术和市场上占有一席之地。

1."屏幕表面分割"进化路线（图5-17）

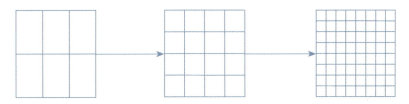

图 5-17 "屏幕表面分割"进化路线

照片或胶片上的图像是由小颗粒的感光材料形成的。摄影师一直在努力使摄影图像更清晰，让人们看到更精细的细节，而这只能通过缩小颗粒尺寸来实现。电视屏幕上的图像也以类似的方式创建，它被分成许多小区域，每个区域的光学特性都可以单独控制。这些区域被称为像素。减小单个像素的尺寸，即将屏幕表面分割得越来越小，是电视显示器主要的发展趋势之一。

第一台机械式尼普科夫盘电视机的屏幕仅有30行，大约800个像素。从这样的电视屏幕上，人们可以识别出人脸或风景，甚至可以区分男性和女性的面孔。但以这样的画质根本看不清图片上的细节。

下一步出现了可以扫描170～400行的电子式电视机。这样的画质是可以接受的，但图像的细节部分还是比较模糊。随着技术发展，逐渐确立了525行的阴极射线管显示标准，直到现在，这仍然是普通电视的主要标准。

随着HDTV（高清电视）的出现，图像清晰度得到了进一步的提高。今天，有HD720（720×1280像素）和HD1080（1080×1920像素）两种分辨率标准。这种格式已经能绘制出最精细的细节，并且图像质量有了显著的提高。

HD1080显示器使用了一种有趣的方法来提高显示图像的清晰度，并且通常在接收到较低分辨率（例如525行）的信号时使用。按照传统技术，每个接收到的信号要均匀地分布在显示器的4个像素上，屏幕上的图像只会变得更粗糙。GHDV技术能用普通接收器显示高清图像。该技术能将收到的信号仅在显示器的一个像素上突出显示，其余三个像素的颜色和亮度由显示计算机根据相邻像素颜色和饱和度而形成。

增加显示器行数的工作是永远不会停止的，即使它已经超过了人眼感知的极限。毕竟，有许多显示器需要放大很多倍来显示图像中最微小的细节。

为了获得彩色图像，必须将像素分成三个部分，但这会使显示器的清晰度降低至原本的 1/3。只有向其他显示原理（例如液晶显示器）过渡之后才会出现解决问题的资源。在众多有发展前景的显示技术中，有一种被称为 UFS 的"超高画质显示器"，它不用将像素分成三个部分就可显示彩色图像。其原理是在液晶滤光片后面安装三个背光灯，并为像素提供所需的亮度和颜色，即红色、绿色和蓝色。背光灯在显示一帧图像期间交替闪烁多次，活动的液晶滤光片在像素之前并通过开口来控制形成像素所需的颜色。对于大小相同的像素，它能将显示清晰度提高至少三倍。

如果分析提高显示器清晰度的发展，那么有可能过渡到分子层次，进而到场层次。例如，应用彩虹效应可能是有前景的，因为肥皂泡的颜色是如此的奇妙。

2. "屏幕颜色的单 – 双 – 多"进化路线（图 5-18）

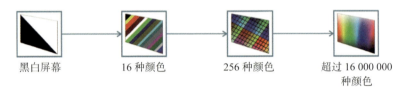

图 5-18　"屏幕颜色的单 – 双 – 多"进化路线

摆在显示器开发者面前的另一个不断出现的矛盾是，创造屏幕色域的技术能力与用户需求之间的差异。

随着显示器的发展，屏幕能够显示出的颜色数量也有规律地增加。最初是黑白两种颜色的图像，这样的图像甚至可以称为单种颜色图像。在电影中，图像是通过将各种密度的黑色投影到白色背景上来显示的。在黑白电视屏幕上，图像是由深色背景和亮点组合而成的。

然后产生了彩色屏幕，这时需要的颜色是通过混合红、绿、蓝三种主色来得到的。而且，计算机的显卡能力决定了显示器能够给观众提供色彩的数量。最初计算机显示器的屏幕上只能提供 16 种颜色。

随着计算机显示器结构和软件程序的发展，显示颜色的数量增加到了 256 种。而现代的显示器能够显示出 16 000 000 种甚至更多的颜色，以保证更精确地表现图像的色彩。

3. "像素的单 – 双 – 多"进化路线（图 5-19）

图 5-19　"像素的单 – 双 – 多"进化路线

随着显示器的发展，一个像素中活跃颜色的数量也在有规律地增加。

在黑白电视中，只有白色是活跃的，而黑色是作为屏幕的深色背景色得到的。然后向彩色图像转换。有意思的是，在最初的彩色电视机内采用的是机械扫描原理，它与最初的黑白电视机类似。这样的彩色电视机实际上是由普通的黑白电子射线管组成，只在显像管前面安装了一个旋转的三色滤光片。

彩色电视机的下一步发展与黑白电视机一样，即采用电子扫描来替代机械扫描。与黑白电视机相比，彩色电视机的像素中活跃颜色的数量有所增加。这里每个像素都被分成三个不同颜色的子像素，即红色、绿色和蓝色。当这三种颜色的子像素都被加电时，像素就呈现白色；而当它们被断电时，就呈现出作为屏幕背景的黑色。

为了得到白色的像素，需要把所有三个单元都保持在加电状态，这会导致能耗增加。而且，图像中还经常使用白色。三星公司为此开发了新的液晶显示器生产技术，作为对红色、绿色和蓝色三种主要子像素的补充，该公司的工程师们建议使用白色作为第四种子像素。

在像素中引入额外的白色子像素能够降低至少 50% 的耗电量，这对使用电池供电的笔记本计算机来说尤其重要，因为独立供电工作时间是移动设备最重要的特征之一。同时开发者还声称，新型显示器的亮度将与普通显示器的亮度水平一样。

下一个方案是含有六个子像素的像素。以色列 Genoa Color Technologies 公司开发了一种显示技术，除红色、绿色和蓝色三种主要子像素之外，还增加了三种补充颜色：淡蓝色、紫色和黄色。这些子像素的组合色域覆盖了人眼可感知色域的 95%。

这条路线合乎逻辑的终点是能够显示出任何所需颜色的像素，但还不清楚应该怎样按照上述趋势继续分割像素单元。这样出现了一对矛盾：为了更加精确地表现颜色，需要有很多子像素；但是像素的尺寸是有限的，子像素应该越来越小。显然，用这种方法增加像素内颜色的数量是有其极限的。

一种解决这对矛盾的可行方案是：每个像素都能够产生任何颜色。

这种转换的例子是已经提到的 UFS 显示像素或者应用 OLED（有机物发光装置）技术开发的显示器方案（图 5-20）。美国普林斯顿大学和南加州大学的科学家联合研制的新型显示器被称为 SOLED。这种显示器的每个像素都由三层透明的发光膜相叠加而成，就像个"三明治"。在电信号的作用下，按比例激活这三层膜，这种活跃像素就可以产生任何颜色。

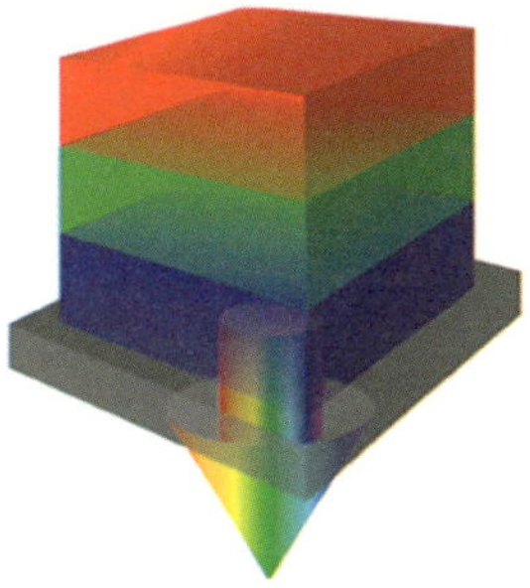

图 5-20 SOLED 显示器中层叠摆放的发光层

4. "图像与周围背景的协调"进化路线（图 5-21）

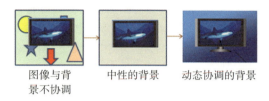

图 5-21　"图像与周围背景的协调"进化路线

电视屏幕画面的清晰度和色彩饱和度固然非常重要，但它还必须在不降低质量的情况下传递至观看者并让其感知。这并不总是那么容易。比如，电视的安装位置就很有讲究，它要使图像与其背景相协调。如果将电视安装在阳光照得到的地方，并且周围物体与屏幕图像形成鲜明对比，那么这是最不协调的方案（图 5-22）。

图 5-22　屏幕图像与周围环境不协调

最好将电视安装在灰色、昏暗的墙上。这样，观众的注意力不会从屏幕上移开。另外，一些电视还带有根据环境光线条件自动调节屏幕亮度的装置。

飞利浦公司在匹配图像和周围背景的方向上更进一步，推出了带有 Ambilight 背景光装置的电视，并立即在市场上流行开来。这个想法利用到了人的视觉特性。当我们看某物时，我们只能清楚地看到视线所指向的地方，而其余的空间则是用余光接收。据此原理，屏幕显示清晰的图像，其周围的墙壁被专用灯照亮，灯光的颜色与图像色彩的平均值保持一致（图 5-23）。

图 5-23　屏幕图像与周围环境协调

第一台带有 Ambilight 装置的电视照亮了屏幕两侧的墙壁，而且左右颜色相同。在后续的型号中，电视上下两侧的背景墙也被照亮了，而且，每一侧照射光线的颜色和亮度都有所不同。

按照进化路线的发展，Ambilight Spectra 系统是下一代协调电视屏幕与侧背光的技术。该系统位于屏幕周边，由 150 个 LED 灯组成，每个 LED 灯泡都能发出三种强度不同的基本颜色，组合在一起可完全按照图像变化，营造出令人惊叹的临场观感。

需要注意的是，这里的矛盾在逐渐激化：
- 一方面，背景光和屏幕的图像之间具有动态的特性。为了更加突出图像，它们必须融合成一个和谐的整体。
- 另一方面，屏幕边框是静态的框架，它的存在与限制，将图像和背景光"切割"开来了。

正是如此，图像和背景光之间的边界区域有望变得更加动态，从而使屏幕图像更接近于我们在现实世界中看到的自然景象。

5. "屏幕几何形状"进化路线（图 5-24）

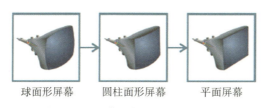

图 5-24　"屏幕几何形状"进化路线

最初电视机屏幕的形状基本上是球面的，而且是半径相对较小的球体的一部分。原因是当时的屏幕玻璃强度不够且生产工艺落后，导致不能承受外部对屏幕表面的压力。在球面形屏幕上显示的图像是变形的，对观众来说不是很方便（图 5-25）。

图 5-25　球面形屏幕

随着显像管生产工艺的完善，研制出了更加坚硬的玻璃，发明了加固用的金属框架，因此，屏幕变得越来越平了。相对而言，垂直方向上的曲率更小，而水平方向的曲率仍然很大。这样的屏幕表面，在水平截面上是弯曲的，在垂直截面上基本是平整的，在某种程度上可以称为圆柱面形表面（图 5-26）。

随着制造技术的发展，屏幕的曲率变得越来越小。最后，市场上出现了完全平面的屏幕，比如日本索尼公司开

图 5-26　圆柱面形屏幕

发的 Trinitron 显示器。用这样屏幕显示出的图形质量最好，它的出现很快就将其他形状屏幕的计算机显示器挤出了市场（图 5-27）。

图 5-27　平面屏幕

6."电子射线管的分割"进化路线（图 5-28）

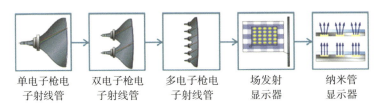

图 5-28　"电子射线管的分割"进化路线

在改进电视机的设计时，开发者不断地在增加屏幕尺寸并减小机体的厚度。然而，要在电子射线管显示器上达到这个目的很不容易。电子管的一个先天性缺点就是它很长，因为，在屏幕上绘制图像的电子束具有相对较小的偏转角。

为了减少电子射线管的长度，开发者将精力集中在了增大电子束极限偏转角度上。由于屏幕对角线与电子射线管长度的比值有一定限制，导致电子束偏转角度也是有限的。也就是说，如果生产一个大屏幕电视机，那么它的整体尺寸，包括它的厚度，也都会相应地增大。一个有意思的办法是通过将电子射线管分割成两个小尺寸的电子管。屏幕的大小保持不变，但是其图像由两个电子射线管组合而成，电子射线管的长度会变小些，每个电子枪只"负责"一半屏幕。

这个解决办法立刻减小了显示器的尺寸并增加了其紧凑性。显然，在一个屏幕上使用几个小型电子枪，可以减小其厚度，使显示器形状趋向于平面。但是，在当时这个方向并没有得到进一步的发展，因为没有解决两个电子枪共同显示图像时的拼接问题。

有意思的是，现在电子射线管的分割趋势得到了延续。Candescent Technologies Corporation 开发出了平板显示器技术，其成像原理与传统电子射线管一样。该公司称其为场发射显示器，它在每一个像素上都有几个微型的电子枪，电子枪发出的电子束会撞击到磷层并产生图像（图 5-29）。事实证明，将电子枪分割成大量小电子枪的趋势是对的，只不过还没有将初始方案分割到最佳水平。电子射线管分割的数量应该至少等于屏幕像素的数量，像是场发射显示器那样。

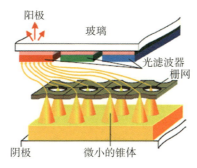

图 5-29　场发射显示器

下一步是使用硅纳米管。这些直径约半纳米、长度可达数微米的特殊圆柱形大分子，一般安装在阴极上，并指向带有荧光粉的阳极（图 5-30）。当向阴极施加电压时，每个纳米管都强烈地发射出电子，激发荧光粉发亮。在这种情况下，显示器的每个像素中都有大量的微型电子枪。

Applied Nanotech 公司联合六家日本电子公司利用硅纳米管技术共同开发出 25 英寸纳米管屏幕原型，其图像的亮度和清晰度要超过当时已有的全部类型。

这种显示器功耗低，但成本高，因为制造时使用了昂贵的硅纳米管。随着在这个方向上研究的增加，可以预见纳米管的价格将会下降。例如，纽约的 Natural Nano 公司利用多水高岭土的管道状构造，开发了一种制取纳米管的方法。这种方法可以被认为是替代人工制造纳米管的一种方案。天然纳米管的直径为 40 ～ 200 纳米，长度为 1 微米。

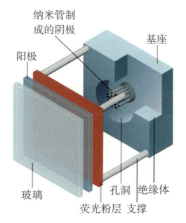

图 5-30　纳米管显示器

5.6 平板显示器

根据理想性的概念，理想化的显示器是本身不存在，但其功能却能够被执行。接近理想化的显示器是一个完全平面的物体，它几乎不占据任何空间，基本上就是一个屏幕。例如，墙上画占用的空间最小。图画是通向另外一个世界的窗口，这个世界被称为艺术世界。显示器也是一个窗口，是通向虚拟世界的窗口。但是与图画不同，它展示的不是一个静止的瞬间，而是能够看到动态发展的事件。

按照理想化要求，显示器应向着减少其相对厚度的方向发展。通过增加电子束的偏转角度，电子射线管本身将变得越来越短。但这并没有明显减少显示器的厚度（图 5-31）。只有在液晶显示器以及其他类型的平板显示器出现之后，电视机的厚度才急剧地缩小了。在这样的显示器中，整个图像产生系统被裁剪成一个像素。事实上，每一个像素中内同时含有执行电子枪功能的装置、控制光信号形成的装置和屏幕。通过去除电子束扫描系统并将光信号发生装置小型化，电子射线管显示器被裁剪成平板显示器（图 5-32）。

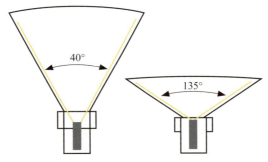

图 5-31　通过增加电子束的偏转角来减小显示器的厚度

1967 年美国无线电公司（RCA）的工程师乔治·哈里·海尔迈耶开发出第一个液晶显示器原型，这可以称为是平板显示器时代的起点。夏普公司简化平板生产工艺后，向市场推出了液晶显示器，以替代计算器上的 LED 显示器。1973 年，世界上第一台带有液晶显示屏的计算机 EL-705 进入市场。十年以后，夏普公司生产出第一台配有 3 英寸彩色液晶屏幕的电视机 Crystaltron。

与液晶显示屏并行发展的还有其他类型的平板显示器。这些是等离子平板显示器、使用发光聚合物（LEP）和有机发光物（OLED）的显示器，以及使用场发射原理的显示器等。平板显示器的尺寸也在快速增大。韩国三星公司在这方面占据主导地位。该公司首先宣称研制出了创纪录的 57 英寸液晶显示器。2005 年年初，又将纪录提升到了 72 英寸。而三星公司在 2004 年底推出的等离子电视达到了 102 英寸。该公司开发的 OLED 显示器也有很广阔的前景，2006 年时已经可以制造出 21 英寸的 OLED 显示器。

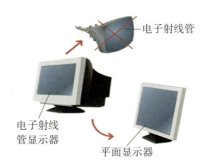

图 5-32　电子射线管显示器的裁剪

平板显示器的出现催生了一系列电子设备。如果对电视机和台式计算机来说，用平板显示器替代电子射线管显示器只是给用户带来了一些好处，那么，对于笔记本计算机、掌上电脑和手机这样的设备来说，没有平板显示器就很难有发展了。

1．"平板显示器的扩展－裁剪"进化路线（图 5-33）

图 5-33　"平板显示器的扩展－裁剪"进化路线

向显示器系统内引入新的、具有其他功能的系统，能够为显示器的转换提供许多可用资源。如果在引入新的系统以后能够对组合后的系统进行裁剪，则可以获得最有效的概念方案。

广告公司 Alaris Media Network 将显示器和频率扫描仪结合在一起，生产出一种巨大的广告牌，它能够检测出大部分驶过其旁边的汽车里正在收听的电台频道。事实上，美国的每个广播电台都有自己特定的听众。置于广告牌内的装置接收频道消息并播放相应的广告图像。比如，听众多是男士的电台，就会在显示器上播放钓鱼工具或者汽车广告。如果是大多数女性司机收听的电台，则切换为化妆品或女士服装的广告。

美国杜克大学的研究者员将显示器和网络摄像机组合在一起，制造出叫作 Face-Off 的装置，它能够确定用户是否在看显示器。只有在用户坐在计算机前时，显示器才会保持在打开状态。如果显示屏附近没有人，显示器就会自动断电，以节省电能。

在 CeBIT 展览会上，KEYTEC 公司曾推出了一款名为 Magic Touch（神奇触摸）的装置。这种产品的外形很像固定在计算机显示屏前的保护屏，但与普通保护屏不同的是，这种平板不仅可以降低辐射，还能为用户提供新的操控计算机的方式。安装这个装置后，任何液晶显示器或者普通的电子射线管显示器都将具备触屏功能。只需简单地触碰屏幕上相应的位置就可以打开文件夹或者进行其他操作。

在显示屏和触摸屏结合以后，就可以对新系统进行裁剪。为此只需将触摸屏的功能直接转移到显示屏上即可。这带来了降低显示图像亮度的问题，因为当时大多数屏幕触摸膜的透光率不超过 76%。不过，这个方向也有突破。富士通公司开发出透光率达 97% 的触摸屏，它几乎不会降低显示屏的亮度。这样高的透明度是通过舍弃大多数同类产品都采用的电阻膜技术来实现的。其原理是在屏幕表面上形成声波，根据声波特性的变化来确定触屏的位置。换句话说，贴在显示器上的电阻膜和屏幕本身几乎完全裁剪掉了，只保留薄膜的有用功能，即捕捉用户手指与屏幕表面的接触位置。

当显示器组合了计算机或者电视机其他组件的功能时，也可以对它进行裁剪。比如，对于紧凑型平板显示器来说，存在放置扬声器的问题。夏普公司和 Hosiden Electronic 公司展示了一种液晶面板原型，这个显示器本身就是扬声器。

在这种装置中，振动元件直接内置在液晶面板中。其他公司也有类似产品的设计，他们的技术是在面板前面安装一个额外的振动膜；而在"动态显示器"中，声音直接由玻璃本身发出。值得注意的是，开发者已经解决了在发出声音时图像变形的难题。

Toshiba Matsushita Display Technology 联合公司推出了显示器与扫描仪的组合体，即 Input Display 装置。在这个装置中，屏幕表面的每一个像素上都安装了一个微型光学传感器，也就是说，扫描仪和显示器被裁剪成为一个系统，即带光学传感器的屏幕。如果将一张有图像的纸靠近屏幕表面，那么光学传感器就能读出纸上每一个点上的亮度信息，并将这些信息传送给计算机。只需将图片贴在屏幕上，就可在显示器上看其扫描出来的图像。目前，这种扫描仪只能在显示器输出黑白图像，但可以期待会出现彩色扫描仪。

在便携式计算机的发展过程中可以观察到计算机组件被进一步裁剪的趋势，如 Hagaki PC（日语 Hagaki 的意思是"明信片"）是一台安装在世界上最小个人计算机上的显示器，这台计算机能够运行完整版的 Windows 操作系统。Hagaki PC 填补了笔记本计算机和掌上电脑之间的利基市场，并成为一个新的产品类别。

夏普公司开发了一种将微处理器直接嵌入透明基板的屏幕，因此它被称为显示卡片。这种卡片的尺寸不大于手机卡，可以起到移动式存储器的作用。与普通的闪存相比，"显示卡片"就像一台小型计算机，它不仅可以储存数据，还可以查看数据。

这种微型显示器可用于从手机到汽车导航系统的不同设备，比如它就非常适合英国圣马丁艺术与设计学院的学生们设计的"未来红酒瓶"。这种"带动画的自我冷却酒瓶"能在一个很小的屏幕上显示出有关瓶内葡萄酒的所有信息，即用一部短片来展示葡萄的生长地点、葡萄酒的装瓶方式、味道等详尽信息。

2. "平板显示器的单－双－多"进化路线（图 5-34）

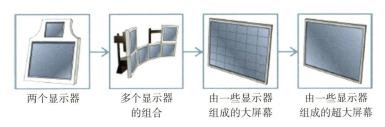

两个显示器　　多个显示器　　由一些显示器　　由一些显示器
　　　　　　　的组合　　　　组成的大屏幕　　组成的超大屏幕

图 5-34　"平板显示器的单－双－多"进化路线

使用计算机时，有时会出现一个屏幕不够用的情况。如果在同一个基座上安装两个显示器，就可以解决这个问题。

TopHead 公司推出了一款独特的液晶显示器，它有两个独立的显示器，型号为 TM150。双显示器的主屏为 15 英寸，能显示分辨率很高、色彩很好的图像。第二个是辅助性的显示器，其配置稍微差些，有 6.4 英寸大，最大分辨率为低色彩的 640×470 像素。

证券交易师可能同时使用九台显示器，以便同时查看多笔交易。还可以继续增加组合显示器的数量。这种方式解决了生产超大高清屏的难题，因为要生产这样大尺寸的显示器非常困难，存在一系列的工艺问题。因此，一个显而易见的方案就是用几个尺寸较小的显示器拼成一个大显示器。图像由控制器分配到各个屏幕上，但是屏幕之间的分隔条会降低图像显示的质量。原则上可以将这些屏幕安装得紧密些，但是这种情况又会产生新的问题，即相邻屏幕的图像会出现不一致的问题。

按照"单－双－多"进化路线，应该将这些屏幕合并成更高层次上的单系统。以 Seamless Display 公司开发的显示器为例。这种显示器由多个屏幕组成，但是由于使用了所谓的无缝显示器技术，能够显示出一个完整的图像。这项技术由牛津大学的研究人员开发的，具体是将屏幕边框附近的视频信息进行数字化压缩，然后在特殊透镜的帮助下，越过边框传输到相邻的屏幕。同时协调所有构成"无缝"显示器的屏幕的亮度。这样在大屏幕上显示的图像肉眼不会看到屏幕间的分隔带。

3. "移动电话显示屏的单－双－多"进化路线（图 5-35）

带显示屏的移动电话，用起来会方便许多。最初，是一块安装在手机前面的显示屏。它能列出已拨电话号码，并收取其他信息。另外，当有电话打进来时，显示屏就会闪烁，这增加了提醒方式。作为显示屏的补充，手机上部设置了额外的一个指示灯。当手机放在护套内而看不见屏幕时，这个指示灯就会很有用。

图 5-35 "移动电话显示屏的单－双－多"进化路线

下一步的改进是针对折叠式手机的。在折叠状态下，看不见主屏幕，所以就在其背面设置了一个小的附加显示屏。主屏用于上网漫游、看图片、使用菜单等，副屏则显示一些时间、日期或者来电号码等服务信息。如果算上发光指示器，这样的手机已经有三块显示屏了。

将手机的多屏幕裁剪成双面屏幕。这种屏幕有几种方案，例如，三菱公司开发的一款新型液晶显示屏，它能够同时在正反两面的屏幕上显示信息。双面屏幕的价格要比单面显示屏的价格低得多，因为这种双面显示屏有很多公用零件。能够预见到，这种屏幕不仅用于翻盖手机，还可用于摄像机。

4. "平板显示器的点－线－面－体"进化路线（图 5-36）

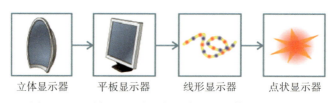

图 5-36 "平板显示器的点－线－面－体"进化路线

根据显示器的发展可以整理出一条进化路线，这条路线符合从点到线、再到面和体的过渡趋势。这是组件几何形状特有的扩展方式。如果我们按照这条路线反向追踪显示器的发展过程，就能反映出基本光学元素数量的裁剪过程。

最初的方案是三维显示器，例如图 5-36 中的球形显示器。下一步是平板显示器，再往后过渡到线形显示器。这可能是一个透明管，管内有串联排列的受计算机控制的单个光源。这种发光管被广泛用于广告业。

最后是点状显示器，它是一个单光源。这样的显示器可以通过交替闪烁和暂停的持续时间以及信号颜色和亮度的变化来传送某种信息。海上的灯塔就是这类显示器的典型例子。

5. "点状显示器的单－双－多"进化路线（图 5-37）

图 5-36 所示的进化路线（按"点－线－面－体"路线的反向过渡）以点这个基本光学元素结束。从这条路线的最后一个点开始有可能切换到另外一条路线上去，

即从点状显示器开始进化出更加复杂的结构。现实中，人行道的红绿灯就可以看成两个点的显示器。由多个点组成的显示器，则有飞机或者火车的时间显示牌、能显示并快速移动文字的点阵广告牌等。

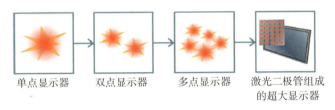

图 5-37 "点状显示器的单 – 双 – 多"进化路线

有意思的是，古人就曾用这样的系统来传递信息，例如，古代朝鲜的带有信号塔的堡垒系统。在这种堡垒中有若干个信号塔，按照一定的顺序点亮信号塔，就可以传递事先商定的信息。

如果将像素作为被观察的点，那么可将屏幕分割成大量独立的点。这样可以摆脱生产超大屏幕时的技术限制。其中一个例子是安装在同一块板上的发光二极管（LED）屏幕。用基本的 LED 可以组成任何大小的显示器，而不会有任何原理上的问题。比如，位于美国亚特兰大的大型的户外高分辨率显示器。它是由三菱电器公司开发的 Diamond Vision 系列中的一个，其高度为 21.64 米，宽度为 24.08 米，总重量为 50 吨。这个尺寸打破了当时的世界纪录，并被收录在《吉尼斯世界纪录》中。该显示器共有 500 万个 LED，可以显示出多达 10 亿种不同的颜色；显示器采用模块化设计，总共由 266 块面板组装在一起。

6. "平板显示器的几何形状"进化路线（图 5-38）

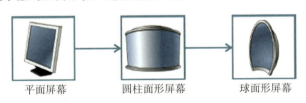

图 5-38 "平板显示器的几何形状"进化路线

这条路线以平面屏幕作为初始方案。

出于提高性能的愿望，平板显示器的屏幕将沿着形状复杂化的路线发展。按照这条路线，下一步是圆柱面形屏幕的显示器。圆柱面形屏幕可以从各个角度观看图像。通常，图像会沿着圆周运动，这增强了信息呈现的可见性。

屏幕形状发展的下一步是球面形屏幕。其中一个例子是由日本奈良先端科学技术大学院大学（Nara Institute of Science and Technology，NAIST）开发的 170 Computer Monitor 半球形显示器。与普通平板显示器不同，这种屏幕实际上是把它前面的人包围起来。用户不再感觉自己是以旁观者的身份通过显示器来观看正在发生的事情，而是有种身临其境的感觉。这个显示器的另一个特点是具有很高的图像分辨率。

7. "显示器的动态化"进化路线（图5-39）

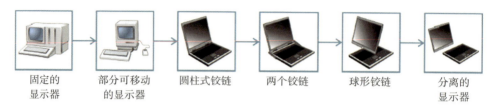

| 固定的显示器 | 部分可移动的显示器 | 圆柱式铰链 | 两个铰链 | 球形铰链 | 分离的显示器 |

图5-39 "显示器的动态化"进化路线

动态化是任何一个显示器和与之相连计算机的重要特性，它赋予了显示器简单的活动能力。计算机中的很多装置，如机身、控制机构、显示器等都被牢牢地固定在一个巨大的基座上。计算机终端、诊断医疗设备、工艺生产线的控制单元、机场内计算机咨询台等都是这样的结构。也就是说，只要符合一个静止的外壳将带有显示器的计算机等控制设备固定在其内部的结构就属于此类方案。接入因特网的冰箱显示器也属于此类静态显示器方案。因为只有移动冰箱时，才能移动冰箱上的显示器，因此它完全不具备动态性。

传统的台式计算机，分为机箱、显示器、控制装置等几个独立模块，它比永久固定安装的显示器有很高的动态性。计算机的各个组成部分能够很容易地相互转动和移动。虽然模块式结构能够分成多个部分对其进行搬运，但是要将整套系统搬到另外一个地方还是比较困难的。这种情况下，只能说动态性存在于子系统层级，而系统本身还是相对固定的。

笔记本计算机是动态性更好的个人计算机。它没有台式机那样的模块化设计，而是将所有部分组成一个完整的整体。笔记本计算机很轻，尺寸也不大。它主要是通过增加显示器与带有键盘的机身的相对活动来进一步提高动态性。比如，普通笔记本计算机的显示器是通过圆柱形铰链固定在机身上，可以打开或者合上，还能固定在任一需要的角度上。

阿尔特米·列别杰夫设计室开发的显示器是通过两个圆柱形铰链和一个辅助的框架与笔记本计算机的机身相连的（图5-40）。此类显示器的自由度要更大些，它甚至可以将显示器的背面贴在笔记本计算机的键盘上，其下端朝向用户，对于绘图来说，这是非常方便的。

富士通公司的Life Book型笔记本计算机的显示器是固定在球形铰链上的，因此具有更大的动

图5-40 两个铰链连接的显示器

态性（图 5-41）。其显示器在水平面的旋转角超过 170°，并且可以翻转过来合在机身上。

如果可以将显示器分开，那么就可实现显示器相对于笔记本计算机的最大限度的动态性。这种设计非常方便，例如给其他人演示文稿时。这类计算机与显示器之间可以通过无线方式或使用细电缆进行通信（图 5-42）。

图 5-41　球形铰链连接的显示器　　　　图 5-42　完全和计算机分离的显示器

8."带两块屏幕显示器的动态化"进化路线（图 5-43）

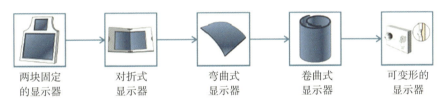

图 5-43　"带两块屏幕显示器的动态化"进化路线

双屏幕显示器的进化可通过提高屏幕的活动性来实现。

例如，TopHead 公司生产的显示器就是将两块屏幕刚性地安装在同一个基座上，但对使用者而言，这种设计并不方便。如果把这两块屏幕做成相互间移动的，就可以提高显示器的便利性。例如，三星公司开发了一款 6.6 英寸的电子书专用液晶显示器。这个显示器有两个屏幕，并通过柔性铰链相互连接，因此可以像图书一样开合，这大大提高了显示器的紧凑性。

沿着动态化路线，双屏幕显示器下一步是提高其屏幕的活动程度。Matsushita 公司推出了一款双屏幕显示器（图 5-44）。两个单独的显示器通过球形铰链固定在一个共同的支架上。每台显示器都可以水平旋转 170°，并在较大范围内前后倾斜。由于很高的活动性，这种显示器可以调整到最有利于用户使用的角度。

按照"动态化"路线，下一步将过渡到柔性结构。实际上，如果把一个屏幕或多个屏幕做成柔性的，那么就可以将其弯曲成任何需要的样子（图 5-45）。开发新显示技术的研究工作很久以前就已经开始了。近年来，很多公司（夏普、东芝、SEL、柯达、三洋、精工等）都向市场上推出了使用不同技术生产的柔性显示器，其中还包括了有机电致发光技术。

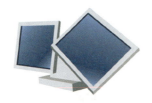
图 5-44　动态化的双屏幕显示器

图 5-45　柔性屏幕

2002 年，东芝公司宣称，成功开发出了世界上第一款大型柔性液晶显示器。这为动态可折叠屏幕以及未来的可折叠显示器铺平了道路。新型全彩显示器采用超薄低温多晶硅有源矩阵。柔性显示器为产品设计师们提供了全新的可能性。除了柔性特点之外，柔性屏幕还能提高冲击载荷的抵抗力，并且可以向任何方向弯曲。

显示器在这个方向上的进化，为解决计算机发展过程中的一个关键矛盾创造了条件，具体如下：

1）微电路芯片越来越小，就可以制造出紧凑的微型计算机。

2）由于人机学方面的限制，显示器和控制机构只能够减小到一定程度。

对控制机构来说，可以使用柔性的、充气的或虚拟键盘来解决这一矛盾。但屏幕尺寸就成了计算机微型化的主要限制因素。

Universal Display Corporation 的专家解决了这个矛盾，他们创造出一种基于薄膜（不超过千分之一英寸厚）有机发光器件的超柔性显示器。该公司成功地用柔韧耐用的塑料替代了传统的玻璃基板。这样的显示器，就像一张纸，可以很容易地卷成一个圆筒。闲置时，可将显示器卷起来，就像一支钢笔，而在工作时，再展开成传统屏幕的大小。该公司认为，这项新技术有广阔的发展前景，因为它能够解决掌上电脑和第三代手机中的主要问题，即屏幕过小的问题。

将这种柔性显示器与聚合物人工肌肉做成的驱动装置组合使用，就能够根据电影银幕和线形显示器"动态化"进化路线的分析结果在新的层次实现想法。如在驱动装置的作用下，带有可动骨架的柔性屏幕可以形成与图像对应的形状。与柔性电影银幕相比，其优势在于不需要将图像投影到屏幕上，以及解决由此带来的清晰度问题。与之相反，这里的图像是由屏幕本身产生的，它需要解决的只是其表面形状变化的协调性问题。

利用这个想法，就可以获得原理级的新型显示器。例如，建立一个用于沟通谈判的可远程控制的计算机替身，或者将您的替身作为礼物发送给朋友，这个替身长得和您一模一样，声音也和您一样。

9. "线形显示器的几何形状"进化路线（图 5-46）

线形显示器的结构是在一定硬度且透明的材料制成的管道内分布着点状或者线

状光源,通过控制单元按照一定顺序点亮或者熄灭这些光源。

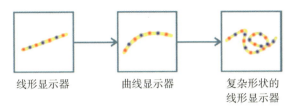

图 5-46 "线形显示器的几何形状"进化路线

绝对笔直的线形显示器比较少见。一般来说,即使是字母或其他简单图像的显示,也需要稍微复杂的形状。这种显示器将沿其形状复杂化的方向进化。首先是将直线型显示器顺着一个方向弯曲成为曲线形状。这样的显示器能够很好地放在一个平面上,可用于广告的制作。线形显示器的下一个方案是向两个方向弯曲。这能保证线形显示器的形状更好地与某个立体基座相匹配。

10. "线形显示器的动态化"进化路线(图 5-47)

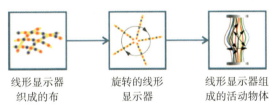

图 5-47 "线形显示器的动态化"进化路线

为保证线形显示器的高度动态化,最好使用柔性材料。在柔性线形显示器的基础上可以建立多种动态式的信号装置。在荷兰进行的管理系统试验中,线形光纤式显示器替代了白色的车道分隔线。这是一种可以根据路况来变换车道的"智能"分隔线。这样的系统能根据车流量的大小改变同向车道的数量,从而减少道路堵塞。

可以将线形显示器织成独特的能够发光的布料。法国电信公司的研究者开发出一个由许多细光纤编织而成的柔性屏幕,可以直接在衣服上显示静止或者动态的图像。贴在布料上的柔性屏可能改变时尚观念,催生一个新的服务领域。在每次出门之前,大家都可以根据自己喜欢的图案或铭文来装饰衣服,还可以根据自己的喜好挑选更加合适的花纹。Luminex 公司还开发出生产类似布料的技术,该技术可以在任何(从莱卡到羊毛的)织物中织入微细的塑料光纤。当电流通过这种发光纤维时,布料就开始发亮,形成美丽的图案。

原则上,用新技术制作的服装可以作为计算机显示器随时为用户显示所需信息。它可以从计算机、手机以及其他数字设备中接收信号。除了时尚和娱乐行业之外,这种衣服还能应用于救生服务、广告、家具生产等其他领域。

Hokey Spokes 公司开发出的柔性显示器是进一步动态化的例子，它用于提高自行车骑行者的安全性。将很细的管状显示器固定在自行车的辐条上，就形成了一个旋转的发光结构。安装在车架上的小型计算机用来控制图像。当自行车轮转动时，计算机按照预先设计的程序点亮光源，旋转的车轮侧面就会形成某些文字或图案。Hokey Spokes 的研究者设计了 20 余种文字和图案。这种照明方式有助于减少夜间骑行人的受伤概率。而且也是一种很好的自我表现方式，每个人都可以设计自己的图案，踩下踏板，向其他人展示自己的创意。

通过动态化来发展线形显示器看起来是很有前景的。将不同功能的系统组合在一起，就能形成更多的概念：现在我们有一个由丝线织成的柔性屏幕，它可以做成任何形状；为了得到一些具有颜色变化的动态的三维结构，需要为柔性屏幕配置一个驱动器，以确保每条丝线的动作，就像人造肌肉那样。

美国国家航空航天局（NASA）开发出两种人造肌肉。第一种是由碳、氟和氧分子链组成的聚合物带，当有电流通过这条带时，聚合物分子就会根据电流的方向进行收缩或者拉伸。另外一种肌肉是由卷成圆柱状的薄片组成，就像卷雪茄烟叶。在圆柱体的两端施加正、负电荷，使薄片收缩。当切断电源时，圆柱体就"放松"下来了。

对我们来说，第一种聚合物带式的人造肌肉比较适合。可以将这样的聚合物带固定在组成柔性屏幕的每一根丝线上，并根据设定的形状来控制布料的承重骨架。这样就得到了各种动态的三维图像。

11. "屏幕表面微观形状"进化路线（图 5-48）

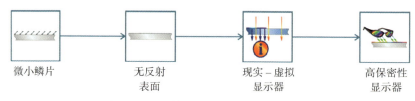

图 5-48 "屏幕表面微观形状"进化路线

分析各种屏幕时，就会发现屏幕表面微观形状复杂化的进化趋势。

比如，3M 英国分公司开发出一种表面带有垂直平行凸起的液晶显示器。这些凸起起到过滤器的作用，能保证私人和机密信息的安全。这种"私人化"过滤器的秘密在于独特的受专利保护的微型百叶窗技术。使用带有这种过滤器的显示器时，用户可以从正面看到清晰的、未变形的图像。但是，哪怕从稍微偏一点的角度，看到的就是一个漆黑的屏幕。

下一步是微粗糙度表面的屏幕，它的反光性很弱，不会产生影响视觉的眩光。

表面微观形状进化的下一步是向提高屏幕活性的方向发展。以哥伦比亚大学实验室开发的技术为例，这是一个将真实图像和虚拟图像相结合的主动可视化系统。这个系统可以为用户提供有关现实世界中物体结构的全面信息。这种装置被称为移动增强现实系统（Mobile Augmented Reality System，MARS），是当今世界"增强现实"（Augmented Reality，AR）领域最先进的技术之一。通过使用带有定位系统的特殊眼镜，计算机能监测用户头部的位置及其视线方向，并在显示器中显示用户所看到物体的相关信息。

使用 AR 眼镜，汽车修理工在维修汽车时可以收到有关汽车发动机型号特点的参考资料；刑侦人员观察路人时，可以对其做出鉴别，以跟踪犯罪分子；建筑设计师在"虚拟场景"下可以从各个视角查看新建筑的剖面。

屏幕的下一步转换是将显示器活性表面的属性转移到辅助装置上。日本的 Lizuka Denki Kogyo（LDK）公司开发了一种液晶显示器，它可以显示保密信息而不必担心窥探。只有佩戴特殊眼镜才能看见这种显示器上的信息。对那些没有眼镜的人来说，屏幕上显示的只是一个发光的白色矩形。LDK 是通过去掉显示器中偏光滤光片来实现这种效果的，正因为这种滤光片图像才变得清晰可见。因此，为了得到高保密性的显示器，偏光滤光片从屏幕表面转移到了眼镜的镜片上，只有那些有权限的用户，才能佩戴这种眼镜并看到其中的保密信息。

12."立体显示器屏幕层的单 – 双 – 多"进化路线（图 5-49）

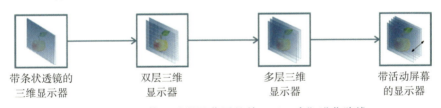

图 5-49 "立体显示器屏幕层的单 – 双 – 多"进化路线

三维显示器的出现解决了艺术家和电影制作人经常面临的矛盾。我们周围的世界本质上是立体的，但直到最近也没有技术手段将其传递到图像中。为了增强图像的真实感，应该把它做成三维。应用一些特殊效应（例如立体效果）可以获得伪三维图像。

艺术家 James Clar 用非常简单的方法建立三维图像。他提出的三维显示器是由几千个红色 LED 组成的正方体。立方体以多层晶格的形式制成，LED 位于其中的每个晶格中。可以对 LED 进行单独控制，这样正方体就是一个低分辨率的三维显示器，可以用它来显示比较简单的模型或图像。如果需要，还可以将音响系统连接到这个正方体显示器上，将这个组合当作音乐声光设备使用。

但对于计算机或电视显示器来说，还需要更高的分辨率和速度。因此，研究者还是希望以传统的显示器为基础开发新产品。比如，夏普英国分公司开发了一款液晶显示器，在它屏幕表面有许多垂直且平行的凸起。凸起的截面呈三角形，使得屏幕影像在用户左眼和右眼中建立的图像略有不同。这些图像在大脑中进行组合后就会产生立体效果。当然，只有在一定角度、一定距离上观看显示器才能达到这样的效果。可以根据位于显示器下角的长方形来判断是否处于观看的最佳范围，当用户在这个范围内，长方形就出现立体感。

在深度视频成像（Deep Video Imaging，DVI）的技术中，使用了两层相互独立的像素层，它们组合在一起能够建立出深浅的感觉。与传统的需要佩戴特殊眼镜的三维显示器不同，DVI技术不需要使用额外设备就能够获得三维立体效果。

下一步就是使用多个屏幕。Dynamic Digital Depth（DDD）公司就使用了这种技术。该公司的三维系统由一个标准的平面LCD显示器、多个等离子显示器和一个由D-Vision公司研制的长波滤光片组成。滤光片将光线分成红色、蓝色和绿色，这些颜色在不同方向上偏转，并形成立体图像，这项技术称为Optic BOOM 3D。

不难看出，三维显示器的发展呈"单-双-多"的进化趋势。屏幕层数增加到一定程度后，就应该过渡到新的、层次更高的单系统。比如，多层屏幕可以裁剪成一层但以其他原理工作的屏幕。

在设计多层三维显示器时，会产生以下矛盾：
- 如果屏幕层数多，那么将得到足够的景深和立体效果，但是由于前后屏幕重叠，图像会变得模糊不清，产生所谓的"彩虹效应"。
- 如果屏幕层数少，那么图像质量会很高，但是立体效果不足。

可以通过显示器的动态化来消除这个矛盾。如果快速移动屏幕（比如，前后移动），那么对于眼睛来说就会有一种屏幕始终在三维空间中的某一个点的感觉。之后，按照设定程序在显示器上显示一个或几个点，就可以得到立体图像了。

13. "三维显示器的动态化"进化路线（图5-50）

图5-50 "三维显示器的动态化"进化路线

屏幕往复运动的方式并不适合显示三维图像，因为在往复运动过程中会产生巨大的惯性载荷。旋转屏幕显然更合适。

基于半透明屏幕的旋转运动原理，Actuality Systems成功打造出第一个真正意义上的3D显示器。它是一个直径约50厘米的透明球，球内有一个平面二维显示屏，屏幕以每秒约10转的速度旋转。屏幕上显示出三维图像的连续"切片"，它们对于用户来说是合并在一起的图画，这样就得到了真正的立体图像。从不同侧面观察这个图像，它就像现实空间里的任何真实物体一样。这样的显示器对空中交通管制员、建造者和设计师来说都很有用，对需要直观呈现实验结果等的情况也很有用。

按这个想法继续发展，可能会产生一个在行波作用下运动的柔性屏幕。在这种情况下，不仅可以得到一个限制在球体内的三维图像，还可以得到更加符合习惯的，以平行六面体为界限的三维图像。

有意思的是，三维显示器的发展过程完全重复了二维显示器的发展过程。在二维显示器的发展中，利用带孔的旋转圆盘的扫描获得了第一幅电视图像（参见 5.5 节）；第一台彩色电视机的彩色扫描装置也是机械式的，它使用了一个旋转的透明三色滤光片。在三维显示器中，这个想法也被用于新的进化中，使用旋转的半透明屏幕在空间中扫描出图像。

按照进化的逻辑，扫描方式应该从宏观层面过渡到微观层面，即场这个层面。据此，动态化的下一步将会使用场，比如使用光场。例如，使用红外激光器的立体显示器工作方式如下：两束不可见的激光束在图像形成区域内交叉。这两束光中的任何一束能量都不足以电离空气或另一种气体，只有在两束光的作用下气体才会被电离，形成发光点。将单束激光聚焦在图像形成区域的某个点上，也可以得到类似的效果。有关应用这个原理开发显示器的报道越来越多，希望在不久将来可以看到实际的结果。

加州大学洛杉矶分校（UCLA）的研究团队在开发三维成像方面迈出了重要一步。科学家们发明了一种装置，可以控制透明晶体材料分子的相互作用。在电磁场的作用下，晶体区域几乎立即变亮、变暗或变色。据科学家称，由于这种材料的厚度特性，可以重建几乎任何形状的三维图像，包括动态图像。另外，该材料还可用于生产高速光开关和数据存储系统。因为这种晶体可以在十亿分之一秒内改变亮度、颜色和对比度，所以基于这种新材料制造的三维显示器将具有很高的性能。

从技术系统的发展规律角度来看，这种立体显示器的转换方案是最有效的。

5.7 显示器的分割

随着平板显示器的发展，用于进一步改进的资源已经被耗尽，此时应该过渡到能提供新资源的领域。要有质的飞跃才能有获得新资源的机会，就是说要转换到与传统显示器有本质区别的方案上。

沿着"分割"这条进化树主干的进化路线转换会获得大量的新资源。按照这条路线，显示器屏幕将分割成大大小小的相互独立的部分，直到分割成颗粒，然后到更小的粉末。如果按这种趋势继续分割下去，就转换到分子层面，即液体和气体层面。接下来转变到场，这里物质的相互作用被场的作用替代了。如果按照需要的节奏可以将物体继续分割下去，直到转换为真空，最后，被研究物体转换成一个特殊方案，即所谓的理想物体。

进行分割时，我们得到的不是一个显示器屏幕这样的执行装置，而是分割成很多部分的屏幕，而且数量还在不断增加。这就为应用所有进化路线创造了条件，特别是"动态化"路线，它确保分割后显示器的各部分之间的活动性，为提高最终系统的可控性创造了先决条件。

按照"物体和物质分割"路线转换的系统，在结构和原理上都与路线之前的方案有很大区别。有时会是一些很另类的方案，但是确定它们在进化树中的位置，对理解显示器发展的整体趋势至关重要。乍一看，得到的显示器好像没什么用，但是它们的某些性质可以转移到其他一些更为现实的方案设计中，使其更加完善。

1. "活动元素组成的图像"进化路线（图 5-51）

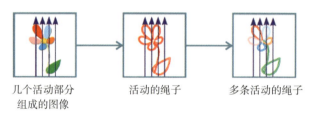

图 5-51 "活动元素组成的图像"进化路线

如果把图像分成几部分，并按照一定的方式使其移动，就可以得到一幅运动的图像。传统的木偶就是这样的，它是现代动画片的雏形。可以用不同的方式移动图像中的元素。在木偶剧中，通过丝线、手指和其他的控制机构来完成。另一种方法是用磁场来控制各活动部分的动作（图 5-52）。部分图形可以由铁磁材料（例如，填充铁屑的塑料或纸板）制成，并且用电磁铁进行控制。

通过磁铁使图形的各个部分活动是建立动态图像的原理，可以将其用在动态化程度更高的设计中。例如，用内部填充有铁屑的柔软绳子制作手办。通过熟练的操作，这样的手办就比单个刚性组件制成的手办要生动有趣得多。当然，对导演和艺术家而言，就获得了新的表现形式。

图 5-52 由受磁铁控制的多个部分组成的图像

如果用多条不同颜色、不同柔软程度的软绳组成一个完整的系统（图 5-53），那么可以使图像更加动态化。在这种"多绳"显示器上显示的图像，将变得更加动态和生动。

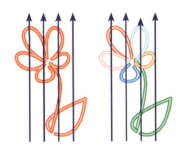

图 5-53 由多条铁磁性绳子组成的图像

2. "销钉组成的图像"进化路线（图 5-54）

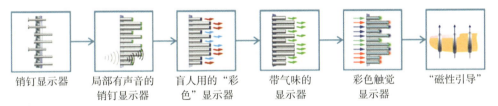

图 5-54 "销钉组成的图像"进化路线

如果屏幕分割后的每个部分都能在屏幕表面的垂直方向上来回移动，那么就得到了一个有趣的产生图像的原理。想象一下有一块带孔的板，相同长度的销钉可以在孔内自由移动。如果把手压在板子的反面，那么板子的正面就会立刻显示出手的图像。

这个有意思的玩具是电子射线管出现之前电视机屏幕的原型之一。它是这样显示的，每个销钉末端都是一个电磁铁的铁芯，电磁铁通电后，金属杆就被推向前，并从销钉阵列中突出来。如果改变电流方向，它就会被吸回到原来的位置。通过控制电压就可以获得动态图像（图 5-55）。

这样的电视确实很奇怪。来回运动的毫无生机的金属钉子，几百个继电器切换时发出令人烦躁的声音等。当发明了光学电视显示器后，这种销钉式屏幕立即就被人们遗忘了，但其实不该完全忘记。毕竟，世

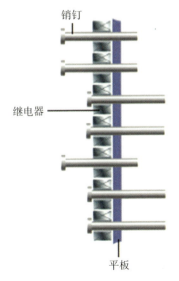

图 5-55 销钉式显示器

界上还有盲人和弱视人群，他们能够通过触觉，即通过指尖和皮肤表面来接受视觉信息。这些人被剥夺了看电视或在普通计算机上工作的机会。对他们而言，能够通过触觉来感受到的显示器是很有用的。视力受损的人比正常人接收的信息要少很多，每一个获得信息的机会都是非常重要的。

由继电器驱动销钉运动的触摸式显示器的缺点之一是销钉之间的距离太大，因为要安装继电器，销钉就不能够排列得很紧密。并且，由于使用了大量的继电器，导致显示器的可靠性差、结构复杂且价格昂贵。

如果销钉能够自动伸长或者收缩，则显示器的工作性能将会变得更好，如使用压电效应。可以用压电陶瓷做成销钉或者销钉末端，并用电信号进行控制。更现代的解决方案是使用一种电活性聚合物来驱动，这种聚合物是 NASA 开发的用于人造肌肉的材料。这种显示器的运行速度很快，能够与现代计算机和电视机系统一起运行。销钉排列紧密后，能获得高分辨率的浮雕图像，以及高质量的信息传输。结构简单和静音运行是其额外的优点。

以美国国家标准与技术研究院（NIST）开发的盲人计算机显示器为例。

这台显示器表面上安装有大量的小柱子。每根柱子都能从阵列中凸出或者凹进几毫米，从而形成可供触摸的文字和图像。事实上，这种新产品就是一个"触摸式显示器"，借助它，盲人可以从突起的文字上感受到信息，还包括图形信息。

怎样改善这种触摸式显示器呢？让我们尝试提出一些新想法。

这里可以使用 TRIZ 工具来完成，例如 MATChEM（机械场－声场－热场－化学场－电场－磁场）算子，它建议按顺序应用这些基本场来建立设备改进模型。

按照 MATChEM 算子，可以将声场和触摸显示器结合在一起（图 5-56）。一般来说，普通电视机和计算机显示器都配有音箱，声音总是从这里发出来的。一般人可以根据剧情的发展通过屏幕画面判断声音属于哪个具体角色。但是弱视者就没有这个能力。

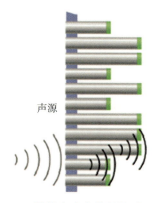

图 5-56 局部有声音的销钉式显示器

因此，最好是随着剧情的发展，在屏幕出现新角色或者其他重要信息的那个部分配上合适的声音。这样弱视者将更加容易地进行定位，并快速理解屏幕上发生的事情。

如果分析使用热场的可行性，那么以此原理可能开发出类似彩色的触摸式显示器（图 5-57）。因为人在感知每种颜色时都能够感觉到它的温度，有红色和黄色等暖色，蓝色和紫色等冷色。

既然盲人看不见颜色，我们就尝试通过使屏幕不同部分的温度"画"出一张伪彩色图像来传递信息。为此，可以在每一个销钉的末端上安装一个珀耳帖元件[⊖]，并根据屏幕上发生的剧情给它施加不同极性的电压。销钉末端会变热或变冷，根据其冷热程度以及屏幕上的起伏变化，弱视者就能感知"彩色"屏幕内发生的情节。

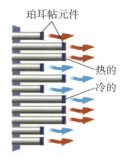

图 5-57　盲人用的"彩色"显示器

下一个可以应用在触摸式显示器的场是化学场。

使用各种化学物质气味的组合是传递信息的方式之一。在普通的电影中，给图像增加气味是相当奇特的，而对于弱视者，每一个信息感知的渠道都很重要。所以，向触摸式显示器引入气味，将使其具有特别的效果（图 5-58）。

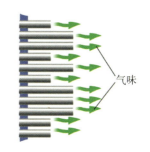

图 5-58　带气味的显示器

电场也可用于改进触摸式显示器。销钉式触摸屏呈现的是起伏的立体图像。只要给每个销钉末端输出一个与颜色对应的光学信号，就可以得到一个为视力正常的人显示的浮雕式图像（图 5-59）。乍一看，这样的显示器对于弱视者来说没什么用处，但这开启了一个广阔的研究领域，即通过一定强度和频率的电信号作用在皮肤上而为弱视者提供额外的信息。

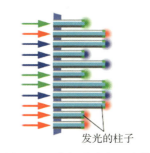

图 5-59　彩色浮雕式显示器

根据 MATChEM 算子，下一个可以使用的场是磁场。在这里，我们研究一下解决以下矛盾的可能性。

- 为了弱视者能够及时捕捉到屏幕上发生的事情，屏幕的尺寸应该小，弱视者可以用手指一下子触摸到整个屏幕。

⊖　珀耳帖元件是由两个半导体组成的板。当一定极性的电流通过该板时，它的一侧会产生热量，而另一侧则会冷却。

- 为了显示更多的信息,屏幕的尺寸应该大,但弱势者就很难确定屏幕哪个部分出现信息,需要将手指放在哪里。

解决这个矛盾的思路之一是将受控电磁体嵌入到触摸屏的基板中,并在用户的手指上套上一个铁磁性指环(图 5-60)。这样,当屏幕上某一部分出现信息时,接通这部分的电磁铁,用户的手指就会被"吸"到那里,他就可以实时跟踪屏幕上的变化。

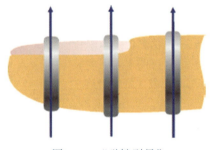

图 5-60 "磁性引导"

3. "电子纸张颜色的单 – 双 – 多"进化路线(图 5-61)

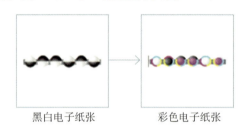

图 5-61 "电子纸张颜色的单 – 双 – 多"进化路线

由 Xerox 公司 Gyricon Media 分部(美国帕洛阿尔托市)开发的电子纸张就是一个将屏幕分割成多个部分的例子,这样的电子纸张是一种薄薄的、类似于橡胶的材料,内部含有数百万个半白半黑的塑料小球。

这种材料的纸张有一层微孔垫,其内部含有润滑剂,每个小球周围都涂有一层这样的润滑剂,使得小球能够在电荷的作用下旋转(图 5-62a)。通过无线发射机,可以给每个小球发送信号,"通知"小球应该把黑色或者白色朝向用户。这样就在电子纸张的表面上出现了黑白图像。

实现电子纸张的原理,具有广阔的发展前景。可以预想,下一步应该把小球可旋转定位的位置数量至少增加到五个,即除了黑白两种颜色以外,还可以使用印刷业用的其他三种颜色:紫色、黄色和淡蓝色(图 5-62b)。这样就可以在电子纸上得到高质量的彩色图像。

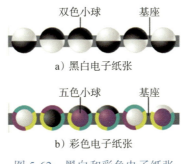

图 5-62 黑白和彩色电子纸张

4. 粉末式显示器

按照"分割"进化路线,下一个系统转换方案是分割成小颗粒以及粉末。可以借助磁场使粉末产生图像(可以回想一下学生时代用铁粉显示磁力线分布的实验)。可以预想,通过静电场和分布在平面上的大量电极,我们可以强制这些小颗粒形成一幅设定的图像,但是要重新改变为新的图像却是很困难的事。

按照分割进化路线对这个转换方案进行填充时,出现了一个有趣的情况。除了上面描述的可以使用粉末的非常原始的"显示器"之外,我们还找不到其他的方案。在这种情况下,按照基础进化树,以"分析对象名称+转换名称"这个模型,建立一组检索关键词,本例中是"显示器+粉末"。

在搜索引擎里输入这个关键词组合后,就可以从互联网上看到有关普利司通公司开发的具有发展前景的"粉末显示器"的信息。这款粉末显示器的设计思路如下:有两块平板,一块是白色的底板,另外一块是透明的面板,在这两块板之间漂浮有很多微细的电液粉末颗粒(Electro Liquid Powder)。粉末颗粒尺寸很小,是采用纳米技术生产出来的,散开的粉末能让人看见白色的底板(图 5-63)。给面板上的电极通电后,粉末颗粒就会"跑向"透明板,并形成清晰可见的黑色或者彩色的点。在电子纸张中也使用了类似的原理(参见上一条路线),但是与电子纸张相比,纳米粉末显示器的优点是结构简单、响应速度快。

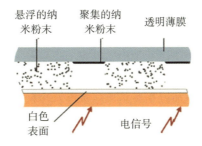

图 5-63 普利司通公司的纳米粉末状显示器

普利司通公司声称,与传统的液晶技术相比,新技术具有很大的优势。首先,由于电流通过速度很快,其延迟惯性只有液晶的百分之一;其次,新型显示器并不需要传统液晶显示器内必不可少的贴片三极管;最后,新材料能够将照射其表面45%的光线反射出去,从而提供高清晰度的图像。根据普利司通公司发布的数据,新型显示器的能耗只有原来的1/5,生产成本也更低。该公司已经开始批量生产纳米粉末显示器,并计划应用于超市中的电子价签。

这个互联网搜索实验说明了进化树的另一个好处。进化树的某些步骤能够提供一些平时很难组合在一起的关键词。如果不是用看似毫无关联的"显示器"和"粉末"这两个词,就很难找到相关信息。因为普利司通公司的主营业务是生产汽车轮胎,而不是开发显示器,所以按企业名称寻找有关粉末显示器的信息也很困难的。

5. "液体显示器的动态化"进化路线(图5-64)

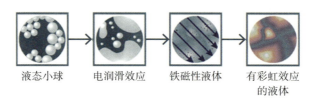

液态小球　　电润滑效应　　铁磁性液体　　有彩虹效应的液体

图5-64 "液体显示器的动态化"进化路线

沿着"物体和物质分割"进化路线继续发展,在"颗粒""粉末"之后的步骤是"液体"。在显示器内有两种使用液体的方法:第一种是通过改变局部液体性质来直接得到图像;第二种是将液体作为系统中一个辅助组件使用。

如果在一块平面基板上铺上一层特殊液体,并控制这种液体的光学特性,就可以得到一个液体显示器。最简单的提高屏幕表面动态性和活动性的方法是应用具有高表面张力的液体(水银就有类似的特性),这种液体很容易汇集成不同大小的球,如果能够确保对这些小球的控制,就可以在平面基板上获得由它们组成的图像。

飞利浦公司通过研究找到了实现这种原理的方法。科学家们创造了一种全新的电子纸张,这种电子纸张具有很高的响应速度:可以在0.01秒内改变纸面上按行列排列的微小点的颜色。这样的响应速度已经足够用来展示影像了。这项技术的基础是电润滑效应(图5-65)。这种电子纸的每个像素都由位于白色背景上的彩色油性墨水滴组成。基板的背面有一个透明电极,电极上面是一层透明的防水塑料。在正常状态下,墨水点散布在整个像素表面,这时看不见白色背景,整张纸看起来是均匀的黑色。在电极上施加电压后,墨水就像在特富龙不粘锅上的水滴那样汇集成为大液滴,这时大部分背景表面的白色变得可见,电子纸的颜色从黑色变成白色。通过改变电极上的电压可以得到所有不同黑度的灰色。这种显示器的主要优点在于,只需较小的电压就可以"切换"像素的颜色,因此该装置的总能耗较低。

使用液体的下一个方案可以是使用磁场和铁磁性液体来获得浮雕状图像。通过磁场控制液体表面的形状，就可以得到各种各样的图像。如果将这种液体做成半透明的，液体后面再放置一个用作背景的平面光源，就可以获得额外的照明效果，因为在浮雕的低凹处，液体层更薄，光线也就更亮（图 5-66）。

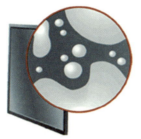
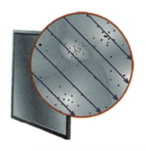

图 5-65　有电润滑效应的电子纸张　　　图 5-66　用铁磁性液体制成的屏幕

类似的效果可用在大屏幕投影式电视机上，以产生高质量彩色图像。俄罗斯宇宙飞行控制中心就安装有这样的电视机。在光源和屏幕之间放置一层很薄的油膜，给油膜通电，就可以得到一个薄膜光调制器。在电子束的作用下，薄膜上产生电荷，使其表面变形，投影图像呈现浮雕状。强光投射到投影图像上，光从不规则的油膜表面反射出来，带有浮雕的图像由镜头聚焦并投射到屏幕上，从而获得了高质量的图像[43]。

在液体和虚拟液体薄膜上获得图像的最有前景的方法是使用彩虹效应。中学物理课本中为了讲解彩虹效应，通常会用汽油在水面上的现象举例。当街道上小水洼的水面上有一层汽油或者其他油料薄膜时，就会出现彩虹状色彩。这层很薄的油膜就像滤光片，光线在很窄的范围内被反射回去。这种光的波长，也就是说，这种光线的颜色和油膜的厚度有关。而汽油油膜的厚度不是恒定的，因此反射光线的颜色也会发生变化。有一些蝴蝶翅膀的颜色很纯、很亮，也是这个道理。同样的道理也可以用来理解肥皂泡，当肥皂泡壁变得很薄时，其表面就会出现彩虹的所有颜色。

如果我们能在屏幕表面做出一层很薄很结实的液体薄膜，并根据所需图像以像素为单位改变其厚度，那么这就是一种新的显示图像的原理了。使用液体获得可控彩虹效应的工作可能已经在进行，应该在不久的将来会听到一些进展。不管怎样，使用彩虹效应的机械式显示器已经出现了，我们将在后面讨论。

6. "液体显示器形成图像组件的分割" 进化路线（图 5-67）

E-Ink 公司开发了一种使用液体得到图像的有趣的显示器，这种液体被称为电子墨水。电子墨水就是大量的透明微小胶囊，它们位于两张塑料片中间，上面的一张是透明的，下面的一张被涂成了灰色。胶囊内填充有透明液体，液体内白色和黑色的颗粒（子像素）处在悬浮状态。白色颗粒带正电荷，黑色颗粒带负电荷。如果给胶囊背面施加正电荷,则白色颗粒将会集中在胶囊的上部,在屏幕上就会出现白色的点。如果施加负电荷,则颗粒的颜色将会改变,在屏幕上就会出现黑色的可见斑点。图 5-68 显示了黑白显示器的工作原理。彩色显示器的工作原理也类似,只是在这种情况下使用的是三种或者更多颜色的颗粒。

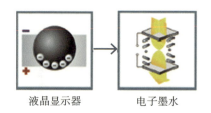

图 5-67 "液体显示器形成图像组件的分割"进化路线

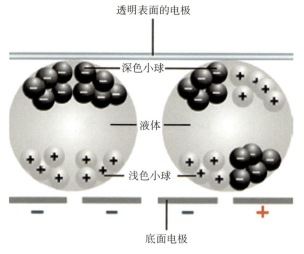

图 5-68 电子墨水

按照"分割"路线转换的下一步就是现在很流行的液晶显示器。液晶显示器的工作原理如图 5-69 所示。液晶显示器的屏幕是由大量很小的区块或者像素组成,其中像素主要分红色、蓝色和绿色(子像素)。每个子像素都对应于所谓的光学单元,每一个光学单元都由一个单独的晶体管来控制。

光学单元内的主要器件是两层透明板之间的液晶层,在透明板上刻有相互交叉的沟槽。液晶分子以螺旋状分布在两层透明板沟槽所围成的单元内。透明板的上面和下面还增加了两个偏振滤光片,滤光片上带有与透明板上划痕相平行的缝隙。这种滤光片仅能透射某种线性偏振光。

光学单元的工作原理是基于液态晶体的特性,以一种特殊的方式排列并旋转光的偏振面。当偏振光通过液晶层时,偏振面根据晶体分子的方向旋转,并在液晶盒的出口处旋转 90°。液晶滤光片通过光学单元透射光线。施加在每个光学单元上的电压变化可能会很大，从而导致每个单元中的晶体旋转到不同的程度。这使得改变光通量成为可能，直至其完全吸收。这时，子像素成了黑色。

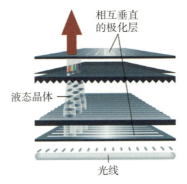

图 5-69　液晶显示器的工作原理

在面板和偏光片"三明治"的后面，每个单元都安装了分布式光源和滤光片（红色、蓝色或绿色）。因此，通过控制单元的亮度就可以在监视器的屏幕上再现任何颜色的图像。

7. "背景光源的分割"进化路线（图 5-70）

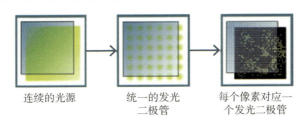

图 5-70　"背景光源的分割"进化路线

液晶显示器使用一系列管状荧光灯和漫反射器作为光源。光源均匀发光，照亮屏幕的整个区域，不论在屏幕生成图像时每个特定像素应该是暗还是亮。这会导致能源浪费，因为屏幕的黑色部分是不需要照明的。Sunnybrook Technologies 公司与英国哥伦比亚大学、约克大学的专家们联合开发的 DHR 型液晶显示器的结构中就考虑到了这个缺点。与传统 LCD 中使用的均匀光源不同，DHR 显示器包含一个面板，这个面板带有一组超高功率的白色有机发光二极管（OLED）（图 5-71），从而使光束可以集中在所需要的位置上并获得非常明亮的图像。至于屏幕的黑暗区域，那里会关闭 LED，从而提供更深的黑色。因此，屏幕不同区域的亮度范围非常宽。DHR 显示器所显示的图像比传统显示器的图像更加锐利，在明亮处要亮上 30 倍、在黑暗处要更黑 10 倍。

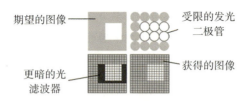

图 5-71　在带有背景光的显示器上获得图像

下一步可能是将光源额外分割到"一个像素,一个光源"的水平。在这种情况下,增加了光通量与显示器图像的协调性,可以显著降低显示器的能耗。

8."气泡显示器控制组件的分割"进化路线(图 5-72)

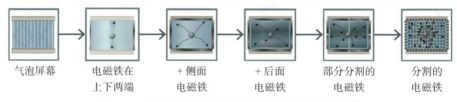

图 5-72　"气泡显示器控制组件的分割"进化路线

按照"物体和物质分割"进化路线,替代液体的将会是泡沫,即液体与气体或者不同密度液体的混合物。

气泡显示器是由匹兹堡大学的科学家开发的,他们称之为信息过滤器(The Information Percolator)。这台显示器由 32 根透明的管子组成,它们排列成一排放在装有液体(例如水)的透明箱子里。管子的顶部是开口的,每根管子底部与水泵相连。气泡就是像素,它的产生是由与计算机相连的微处理器控制的。计算机控制水泵,使得顺着管子上升的气泡组成一幅图像。气泡传递的信息可能是多种多样的。开发者提出了几个应用领域:钟表的刻度盘、信号灯、广告等。同时,气泡显示器还可以作为陈列品,就像喷泉一样。

由于气泡在浮力的作用下只能在透明管道内垂直向上运动,所以气泡显示器的功能受到很大的限制。对进化树分支的分析可以得出,与"分割单个物体"和"细小颗粒"转换类似,可以使用磁场与铁磁粒子相结合来增加气泡运动的可控性。

让我们尝试根据这些路线转换气泡显示器。

新的气泡显示器方案可能是这样,向透明管泵入的不是空气,而是一种密度低于水的黏性液体,它是铁磁颗粒的悬浮液,例如在油中(图 5-73)。如果在显示器的顶部和底部放置电磁铁,并泵入类似气泡的铁磁流体球,就可以控制这个球体的上升速度。

如果去掉导向管,在顶底电磁铁的基础上向两侧引入电磁铁,那么就能提高悬浮球运动的可控性。在这种情况下,可以从系统中去掉透明管,那样悬浮小球就能够偏离垂直方向并以复杂的轨迹运动（图 5-74）。

如果再引入一个电磁铁，将它放在水箱后壁的后面，就可以将悬浮球停在屏幕上的任意位置，也可以让它们紧贴在水箱的后壁上，使图像变得模糊，尺寸变得更大。

可以通过分割电磁铁提高悬浮球的控制效率，例如将它们中的每个部分都分割成两部分。在这种情况下，可以依次开启电磁铁，让悬浮球的运动更符合设计者的意图（图 5-75）。

这条路线的最后一步是建议将所有的电磁铁分解成很多部分，其尺寸大约与悬浮球相等（图 5-76）。在这种情况下，控制悬浮球的效率会很高，而且系统本身也达到了充分的协调。

图 5-73　小球的加速和制动

图 5-74　小球的偏转

图 5-75　将磁铁分割成几个部分

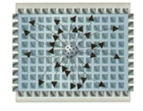

图 5-76　将磁体分割成许多部分

9."雾状屏幕的几何形状"进化路线（图 5-77）

图 5-77　"雾状屏幕的几何形状"进化路线

我们想象一下，如果液体分子的活动性增加，它将分解成小块并形成了雾或蒸气，即空气和液体分子的混合物。

"雾做的屏幕"，这听起来很不寻常，但确实是一项真正的发明，它是由芬兰坦佩雷理工学院的科学家开发的。为了创建这个他们称之为虚拟屏幕的装置，他们将一块二氧化碳（干冰）放在屏幕下方的一个专用腔室里。压缩机将空气泵入腔室，吸收蒸发的二氧化碳并将蒸气压入一个特殊的过滤器，这个过滤器用来平衡速度和压力差，以获得均匀的白雾的层流，其密度足以反射光线。事实上，可以在上面投影任何图像。在这个显示器上显示的半透明图像就好像"漂浮"在空中。

开发人员打算使用他们的发明来创建广告牌和"虚拟房间"，游客可以在其中真正地穿越雾墙。由雾制成的平面显示器的下一个方案是浮雕式屏幕。很难将浮雕表面与投影其上的图像匹配在一起。一种解决方案是将投影仪安装在离屏幕很远的地方。比如曾经有人试图用安装在地面上的强大投影仪将图像投影到云彩上，并以此来放映电影。此外，在平面雾屏上还可以建立立体影像。坦佩雷理工大学的研究人员也在研究一个类似的项目。他们利用几个由计算机控制的鼓风机，希望在雾中创建三维虚拟图像。

这里值得介绍下已有的向雾中投影三维图像的技术。这种三维图像就是流行的激光表演，其中有趣的效果是经过周密的策划，将激光照射在雾的特定地方（包括在观众上方），使雾中生出云。组合这两种技术，激光表演秀就能取得非常好的效果。

物质分割的下一步是从蒸气、雾转换到气体。最容易接近的气体是空气。所有直接在空气中获得图像的情况都属于这个转换。人类所观察到的大多数事件都是在空气中发生的，因此，空气可以被认为是最普通的显示器。

10."气体介质内的图像"进化路线（图 5-78）

图 5-78 "气体介质内的图像"进化路线

这条路线的第一步可以认为是飞机飞过的轨迹或者是在航空表演中飞机专门放出的彩色烟雾。有经验的飞行员可以使用彩色烟雾在天空中画出旗帜、字符或者其他物体。

下一个在空气中呈现的图像是烟花。根据在空中放出不同颜色的火花，绘制出预想的图案，既可用于娱乐活动，也可用于广告宣传。每年夏天日本都要举行焰火节（Hanabi），最具权威的大师们专门为此活动制作特殊的爆竹和烟花。在夏季的夜空里万火齐辉，形成一幅幅美景。

上述"显示器"传递有含义的图像的能力很低，信息量也很小。最好能有这样的"空气显示器"，它悬浮在空中并呈现出三维图像。其实已经有这样的显示器了。由麻省理工学院毕业生组成的美国公司 IO2 Technology 向公众展示了他们开发的新装置 Heliodisplay。三维图像直接出现在一个小盒子的上方。当操作者将自己的手放到发亮的图像上时，它就乖乖地移动了。这个图像还是交互式的，用手或者手指就可以像计算机鼠标一样指挥它。图像是平面的，也没有物理深度，但离近看感觉还是立体的。最好的观察角度是在57°～1507°，也不需要任何专门的眼镜或屏幕来观看图像。

为了建立这样的"屏幕"，使用了空气层之间的局部温差，温差会导致空气中的水蒸气瞬间凝结。也就是说，这个装置只是将一个非常有限的空间内的气体进行了转换。而没有向其中添加任何东西，也没有从中取出任何东西。

11. "等离子面板与其他显示器组件的合并"进化路线（图5-79）

图 5-79 "等离子面板与其他显示器组件的合并"进化路线

按照"物体和物质分割"进化路线的下一步是等离子，在这个层次上，物质是由原子组成的。等离子显示器就是这个转换的例子。

等离子显示器的结构如图5-80所示，在屏的后壁上有大量微型凹槽并充满惰性气体，这就是基本发光单元。显示器的每一个像素中包含有三个这样的基本单元（子像素），其内壁上涂覆有三种基本色彩的荧光粉：红色、绿色和蓝色。在单元上方有两个透明的电极。在这两个电极上施加电压后，透明电极之间就产生了等离子电荷。此时发出来的紫外光导致某个特定单元上的荧光粉发出相应颜色的光。等离子显示器内的每一个子像素都能以不同的亮度发光。这是通过控制等离

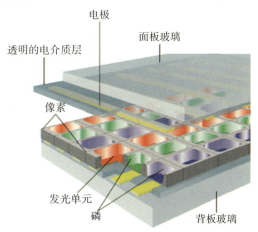

图 5-80 等离子显示器的结构

子面板相应单元的发光时间来实现的，最亮的那些像素在整个脉冲期间都发光，而最暗的那些部分则完全没有被激活。这样每一个像素都能发出大量不同颜色、不同亮度的光，从而获得高质量的彩色图像。

等离子面板的一个缺点是它对入射光线的反射率较高。由于这个原因，屏幕上

较暗的地方看起来往往不够黑。为了协调图像的亮度，需要在较亮的地方增加发光亮度，但这会增加能耗。

于是产生了一对矛盾：一方面，单元的侧壁应该很好地反射光线，以提高荧光粉的辐射来形成图像；但另一方面，单元应该吸收入射到等离子面板上的外部光源，以使非活动像素保持黑色，从而产生高对比度图像。

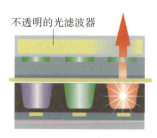

图 5-81　带纳米粉末滤波器的等离子显示器

使用额外的不透明滤光片可以解决这个矛盾，用它来遮挡不工作的单元（图 5-81）。使用进化树对显示器方案的分析表明，类似滤光片已经应用在以"背景光"为原理的显示器上，即普利司通的液晶显示器和粉末显示器。这样，组合后是一个顶部固定有不透明的纳米粉末滤光片（与像素匹配）的等离子显示器。但是，这样的系统经济性并不高，因为基本上是需要两个显示器才能完成其功能。

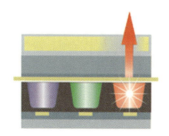

图 5-82　公用电极

为了提高效率，需要裁剪新组合的系统。裁剪的第一步可以是去掉滤光片的电极，并利用等离子面板的电极来控制粉末滤光片透明间隙的开合（图 5-82）。为了实现这个想法，需要改变电极参数并解决随之而来一系列的问题。实施这个转换方案能够降低组合后系统的成本。

现在，我们有两个结构类似的并行运行的且部分被裁剪的系统。即等离子面板是一个内部充满惰性气体的封闭盒子，同时，粉末滤光片也是一个装有粉末的封闭盒子。为了继续裁剪，我们可以将这两个盒子合并在一起，将粉末直接放到等离子面板的内部（图 5-83）。

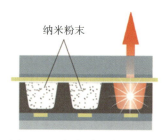

图 5-83　发光单元内的纳米粉末

通电后，粉末应该打开正在工作像素上方的缝隙，断电后，将其关闭。在实现这个想法过程中，可能会遇到一些困难，但是裁剪后所得到的系统将同时具备两种不同类型显示器的优点。

12. "光线图像的裁剪"进化路线（图 5-84）

图 5-84　"光线图像的裁剪"进化路线

现代的显示器（普遍采用的含义）是通过场转换的原理运行的电子设备。通常，是将电场转换为光，这个过程可能简单也可能复杂。正因如此，所以很难找到完全适合这种转换的例子，并建立进化路线。因此，我们只考虑那些通过最简单转换过程而获得图像的例子。

皮影戏就是在场这个层次上转换的例子，通过在光源和屏幕之间放置一个移动图形来获得图像。电影就是这个系统裁剪后的例子，因为电影图像不是通过使用真实人物获得的，而是通过在光源和屏幕之间放置可更换的摄影图像，即印在透明胶片上的光学拷贝获得的。

将投影系统中的胶片删除后，就得到了一个进一步裁剪的系统，即激光投影仪。它是用激光束在屏幕上画出图像。在这种情况下，需要的不是图像的物质载体了，而是其电子模型。西门子公司开发了 Mini-beamer 型手机就是个典型的例子。这是一个小小的投影仪，是真正的掌上投影仪，可用于临时展示。只需关闭房间内的灯光，并用一张白纸当屏幕就够了。据开发者介绍，拥有这样的带投影仪的手机，可以在任何地方进行展示。

"裁剪"路线的下一步可能是投影式电视机，它把所有的部件都整合在一个壳体内，而通过镜面系统将图像投影到屏幕上。

13. "发光组件的裁剪"进化路线（图 5-85）

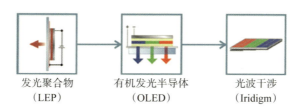

图 5-85 "发光组件的裁剪"进化路线

直接转换能量的显示器能够将电能转换为可见的辐射光或者反射光。

使用 LEP 技术（LEP 指的是发光聚合物）制造的显示器就是这样的例子，Cambridge Display Technology 公司拥有这项技术的专利（图 5-86）。将能发出三种颜色光的聚合物喷镀在柔软的透明涂层上，并将电极固定在聚合物层的两侧。当向电极施加弱电流时，发光聚合物层会发出某种颜色的光点，由这些小光点组成图像。显示器的结构很简单，但制造所需材料的过程，尤其是发光聚合物本身，是复杂且很昂贵的。与液晶显示器相比，LEP 显示器具有紧凑、简单且经济等优点。不需要用于装液晶的玻璃容器、背景光系统、偏振器或滤光片。聚合物像素可向所有方向均匀发散光线，从而形成 170°的视角。利用喷涂技术喷涂聚合物，可以生产各种尺寸的显示屏。

下一步是基于有机发光半导体（OLED）的显示器。这种显示器与 LEP 显示器相似：在有机物薄膜制成的网格内含有少量的荧光分子混合物，它们都位于两个（透明的和金属的）导体之间。每个像素内包含三个原色的子像素。在导体上加上电压后，电子和"空穴"在发射层内重组，并发射光子。有机物中的荧光分子混合物用于获得某种颜色的光点（图 5-87）。OLED 显示器的厚度小，重量轻，能够很容易地在柔性薄膜上制作出来，而不是在玻璃上。比如，Universal Display 公司就宣称开发出厚度不超过千分之一英寸的薄膜发光器件。有机发光半导体看起来很有发展前景。它们具有许多优点——能耗低、图像清晰度高、响应速度快，足以用来放映视频节目。

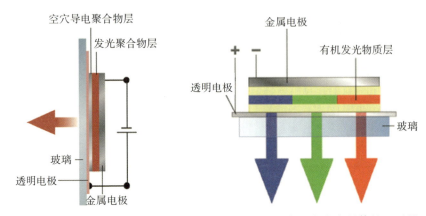

图 5-86　基于发光聚合物（LEP）技术的显示器　　图 5-87　基于有机发光半导体的显示器

1996 年，两个麻省理工学院的毕业生创建了 Iridigm 科技公司并提出了一种全新原理的显示器，它完全可以与现有显示器竞争。新技术基于光波干涉的原理，能够获得像肥皂泡上的彩虹颜色（图 5-88）。为了在这种显示器上形成图像，需要使用三原色元件，即红色、绿色和蓝色的元件。不同颜色元件被放置在不同的金属膜上。玻璃基板和它后面金属膜之间，每种颜色的间隙都有所不同。每个元件都有两种状态。只要金属膜与玻璃保持一定距离，该元件就会反射固定波长的光。但是，如果给电极和金属膜施加相反的电荷，则金属膜就被吸引到玻璃上，元件就不再反射光线，光学单元就变成了白色。

这种显示器的主要优点是在每个颜色单元内都有一个存储器，当薄膜和薄片交换电荷时，单元就一直保持其状态。如果屏幕上没有发生任何变化，那么显示器就完全不会消耗能量。

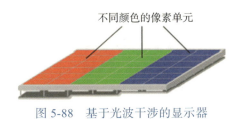

图 5-88　基于光波干涉的显示器

14. "裁剪为理想的显示器"进化路线（图 5-89）

图 5-89 "裁剪为理想的显示器"进化路线

理想化的显示器是不存在物理形态，但其功能却能被执行。这样的显示器能够解决现代电子产品的一个主要矛盾，即虽然计算机装备的尺寸已经在很大程度上缩小了，但其输入和输出设备必须要方便人的使用。

便携式显示器可以被认为是接近理想化的显示器。首先是靠近人眼的小型显示器。三菱电机公司开发的就是这样的显示器。该显示器在市场上一经推出，就在同类中以小巧紧凑的结构脱颖而出，使用者不仅能够看见显示器上的图像，还可以看见周围的环境。这是在极大地降低散射光并缩小显示器尺寸（高度为 4 毫米、长度为 7 毫米）后实现的。屏幕上的图像等同于放在 50 厘米外 10 英寸显示器上的图像，而它仅重 20 克。据称，小型显示器将与 DVD 播放器、掌上电脑和手机一起使用。

眼镜显示器比可穿戴显示器更简单、更轻且更便宜，因为在一个装置中包含了两个不同系统的功能。BMW 公司的技术部为一级方程式赛车手开发了一个微型 6 毫米 ×7 毫米显示屏，并安装在车手头盔前面的保护玻璃上。比赛时需要的信息直接在保护玻璃上显示出来。由于图像是半透明的，所以不会影响赛车手关注赛道上的情况。

MicroVision 公司的显示器更加理想化，它将高质量的彩色图像直接投影到视网膜上。本质上，这个装置是一个微型机械式扫描仪，即一个受电子电路控制的微型振镜。用一束由三个不同颜色的 LED 组成的光束，振镜通过透镜直接在视网膜上"画出"图像。通过这种虚拟屏幕，用户可以看到普通计算机正常大小的图像。

提高显示器理想度的下一个方案可能是直接在人的大脑中产生视觉图像的显示器。乍一看这很荒谬，但这是我们非常宏大的梦想，而且已多次出现在科幻小说和神话传说中。可以说，在人的大脑中引起视觉形象并不困难，但是还不清楚如何来控制这个过程。

人们已经开始尝试研制这种"显示器"。如日本的 Takara 公司声称，已经创建一套能够按照客户需要模拟出梦境的装置。客户只需要很专注地看着他想在梦中见到的图像，然后标注他喜欢的图像，这个装置就会为他准备一个个性化的梦境。在几个小时的睡眠过程，"睡眠机器"使用声音、音乐、光线和气味控制梦的过程，直到用柔和的音乐和光线唤醒客户。理想情况下，他应该非常清楚地记住梦中的一些细节。该公司的员工声称，这套装置还需要进行重大改进，因为并不总是能够实现需要的梦想，但是这种直接把图像传递到大脑中的设备的发展趋势，已经很明显了。

显然，传递视觉信息新原理的开发者们将把自己的注意力集中在对这个过程的控制上。当能够找到一种可靠的、直接在人的头脑中产生所需要图像的方法的时候，这将是一个重大突破，因为从技术进化的角度来说，这样的"显示器"是最理想的。

Chapter6 第 6 章

进化树的应用

无论是检索信息、对所获取的信息进行分析,还是产生新概念、提出专利规避的技术解决方案,抑或提出技术系统发展预测等与信息处理相关的工作,应用进化树都会起到显著的作用。

6.1 应用进化树的基本原则

进化树有助于解决创新中各种各样的问题。无论是解决问题、预测系统发展,还是规避专利,这些创新的目的都是为获取新的、以前未知的信息。图 6-1 展示了寻找新概念方案的具体步骤。

定义问题后,首先要在专利库等信息源中检索相关信息。大部分信息都是如何改进当前技术系统问题的解决方案。在检索过程中,应该考虑所有系统功能的细节及其可能的完善思路。这就需要扩展信息检索范围,积累与项目问题和方案原型有关的知识。

图 6-1 寻找新概念方案的具体步骤

接下来，需要将检索到的非结构化信息组织成便于分析的结构。信息组织的分类越合理，逻辑性越强，分析得就越透彻。只有这样，才能顺利完成信息处理的第二阶段，即综合和产生新的概念方案。为此，我们主要筛选那些能够解决系统矛盾并能改进原型的概念和技术方案。产生新的想法和概念是应用进化树的关键。在这个阶段，是对所分析系统相关新知识的综合。之前所有的操作本质上都是分析性质的，是为产生实际的新信息做准备。

在获得新的技术解决方案后，需要检查它们的新颖性，以剔除那些事实上是已知的想法。因此，有必要按照已经确定好的参数再进行一轮专利检索，以确保获得的想法确实是新的，之后再确认信息结构。

在进行信息预测时，建立具体的信息结构模型比获得新的技术方案更重要。比如对养蜂人来说，重要的不是生产蜂蜜，而是生产蜜蜂，蜂蜜只是生产蜜蜂的副产品。同样，我们的主要目的是获得完整、有效的信息结构，当它发展到某个程度后就变得非常完整和合乎逻辑，而获取新的预测结果将变得像养蜂人的蜂蜜一样水到渠成。

进化树能够客观且符合逻辑地将信息结构化，这极大地简化了信息处理的每个阶段。树型结构的信息，类似一个多维矩阵，它显示出哪些信息单元已经被填充，以及应该专注去检索哪些技术系统方案。如果我们没有找到空白的信息单元，那么我们就可以继续深入研究它。

进化树由若干条技术系统进化路线组成，每条路线都呈现出两个层面的内容，即概括性描述系统方案的抽象层面和与之相对应的展示实际系统转换方案的具体层面。为了完整地分析具体技术系统进化树，需要将其与抽象进化路线进行比较。如图 6-2 所示，这些基础的进化路线相当于模板或矩阵。模板中的"单元"对应着进化路线中的关键转换。需要在此放置问题的解决方案，没有填充的"单元"，就意味着那里是新的解决方案。

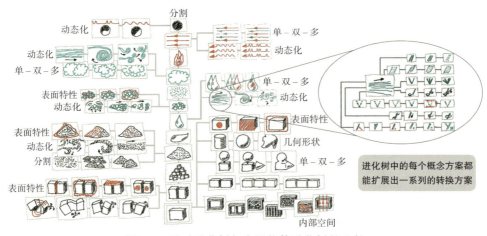

图 6-2　基础进化树与实际物体进化树的比较

如果将具体进化路线和抽象进化路线放在一起比较，将会出现以下两种情况。

1）具体进化路线中有一些空白的转换方案（图6-3a）。在找到那些进化路线上的具体空白点后，需要按照关键词重新进行检索。如果没有检索到新信息，那么这里可能有当前系统未知的且没有被注册专利的方案。这样的空白点是向竞争性专利发起攻击，及寻找预测性解决方案的最佳位置（相关信息，请详见第6.4节和第6.5节）。另外，这里还可能隐藏着一些当前系统的我们所不知道的方案，这些方案或许是已经存在的，或许是有发展前景的。

2）识别没有发展完整的进化路线同样重要。这种情况通常发生在末端没有完全填满的进化路线上（图6-3b）。在那里分布着最有发展前景的转换方案，这些方案可能成为新的、更完善的技术解决方案的基础。

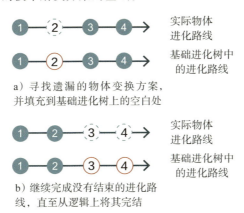

a）寻找遗漏的物体变换方案，并填充到基础进化树上的空白处

b）继续完成没有结束的进化路线，直至从逻辑上将其完结

图6-3 基础进化树与实际物体进化树步骤的比较

进化树中显示的系统空缺方案是产生新信息的基础。另外，通过对比基础进化路线中相应的转换方案，就有可能描述出空缺的方案。事实上，我们已经知道了系统的名称，它所完成的功能，其空缺方案的抽象化描述，而且通过与基础进化路线的对比，我们还了解到这个系统的发展逻辑。我们还可将其他系统进化树当作参考案例，对比同一条进化路线的发展并据此转换当前系统。

可以说，具体进化树和基础树的比较构成了一台"提示器"（也称概念生成器），借助它可以获取现实系统所空缺的转换方案的"画像"。有了这个画像，在产生新技术解决方案时就能更容易地提出切合实际的想法。

让我们以飞行器推进装置为例，通过分析分割进化路线的转换顺序来说明这点。第3章介绍了飞机推进装置沿着分割进化路线（见图3-8）的发展。虽然这条路线已经相对比较完整了，但是在"物体和物质分割"的基础进化路线中有些转换方案并没有填上实际的技术系统案例[44]。这些方案是：分割至颗粒、分割至液体和分割至真空。

可以快速分析下这个例子，并尝试填充路线中的空白单元。让我们总结一下基础路线和获得的推进装置的转换方案，并以表格的形式表示出来（表 6-1）。

表 6-1　飞行器推进装置的基础进化路线与具体转换方案

序号	"物体和物质分割"基础进化路线中的转换	飞行器推进装置的进化路线
1	单体	单螺旋桨推进器
2	分成两个部分	双螺旋桨推进器
3	分成多个部分	多螺旋桨推进器
4	分成很多个部分	双列螺旋桨推进器
5	颗粒	—
6	液体	—
7	气体	反作用喷气流
8	等离子体	离子束
9	场	光子束
10	真空	—
11	理想化的物体	滑翔机的"推进器"（空气）

让我们尝试用产生的新概念来填充基础路线中的空白单元。

比如"颗粒"。如何应用颗粒来产生推力？文学人物伏伦盖尔船长在比赛中从船尾向后射出香槟瓶的软木塞以加速他的快艇，如果使用机载武器射击也可以获得类似加速或减速飞机的效果（图 6-4）。飞机机炮的后坐力可达数吨（例如，由 A.A. 沃尔科夫和 S.A. 亚尔采夫主持设计的伊尔-2 型攻击机上的两门 23 毫米口径机炮各有4600 千克的后坐力）。所以，位于机尾的后射炮就是一种独特的"颗粒状"推进器，它给飞机加速提供了额外的动力。同时，机载武器向前密集发射，也会降低飞机速度，比如在紧急迫降时。当然这些都是假设性观点，但是使用小型移动物体来加速或减速飞机的这个原理是很重要的。

图 6-4　利用从机尾向后发射的炮弹加速飞机

表格中下一个空格是"液体"。我们来看一看将液体和飞机的空气螺旋桨组合使用的可能性。如果在旋转的螺旋桨后面喷上少许水，水和空气剧烈混合后将形成雾。为此，从螺旋桨喷出的空气就要推动密度更大的雾气，使得螺旋桨的推力急剧增加。当然，飞机携带大量用来增加推力的水是不划算的，但是可以在短时间内使用这个效应，例如在飞机起飞阶段（图 6-5）。

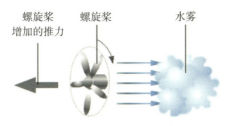

图 6-5　使用水雾提高螺旋桨的推力

在航空母舰上，飞机会利用喷射气流产生的效应为其提供额外推进力，这对于缩短飞机每米起飞距离都很重要的航空母舰来说，是非常有价值的。起飞时，主要的推力来自蒸汽弹射器，但飞机发动机也要输出最大功率以协助起飞。为了产生强大的初始推力，飞机后面会安装一块倾斜的钢板。反向喷射的气流打在这块板上，气流速度减小了但也为从发动机喷口喷出的气体分子建立了一个支撑。这样就使得发动机的推力急剧增加，飞机能够很快地加速。

如何使用真空来推动飞机？这里主要指的是在移动物体前面产生拉力的东西。例如，火箭在大气层飞行时，在其前端燃烧燃料会形成一个低压区，从而大幅降低空气阻力（图 6-6）。

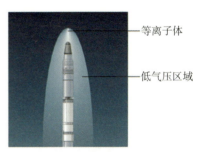

图 6-6　导弹在真空腔内飞行

这种提供新的预测性解决方案的简单方法，并不总是有效。通常不可能立即找到一个合适的技术解决方案来填补进化树分支上的空白单元。例如，在飞机推进装置的进化路线中填充"分割至颗粒"的方案。很少会有机组人员利用机载武器的后坐力来加速或者降低飞机的飞行速度。但是，从后面的章节可以看出，这种快速分析是一种非常有用的方法。

下面我们来详细了解一下进化树在信息处理各个阶段中的应用。

6.2　寻找带有标记的信息集

使用传统信息检索方法时，查询者与信息域的相互作用可用图 6-7 表示。显然，用户搜索区域与所需信息区域最大限度重合时检索效果最佳，即检索信息与获取信息的相关性比率接近 1。现实中，这些区域完全重合是不可能的，重合的信息可能随机"散落"在整个信息域中。

传统的技术和专利信息检索系统的检索通常是从任意的参考点随机开始的。然后，随着一些信息的获取，查询者有机会修正方向并扩大检索范围。换句话说，最初看起来信息域是同质的，而其中信息单元的价值也是相同的。只有在深入分析信息域的结构之后，才能确定最有希望的区域，该区域聚集了最有价值的信息。

这种将查询区域引入到所需信息范围的方式可以称为全面检索。如果使用自动搜索程序，这个方法是有效的，程序可以快速"挖掘"整个检索字段并提取那里与设定主题相近的所有信息。然而，这样一来就出现了信息噪声的问题，因为在一个相关信息单元上可能有很多偶然的、与需求无关的信息。当然，搜索引擎也在不断地完善，"噪声"也变得越来越小，但还远称不上理想。

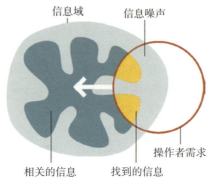

图 6-7　信息全面检索

我们认为，如果预先确定所需信息的集中区域，信息检索效率将会显著提高。最好是有某种地图，上面为查询者标出了所需数据最可能"出现"的位置。换句话说，用预先标记关键区域的检索方法，替代对信息域全面检索和对所有信息逐个排查的方法。专利检索要相对容易些，因为技术和专利信息的结构比其他领域的信息更规范。

使用基础进化树可以确定所需信息集中的区域。这些区域分布在所分析系统主要方案的位置，能通过基础进化树提示的方案做进一步的确定。另外，这种结构能够确定检索的"切入点"。最适合作为检索起点的是最具特征的系统转换方案。检索正是从这些点开始，随着"已知领域"的不断扩大，逐渐涵盖了所有新的信息领域。在检索到的单独信息集之间建立联系，其中一些被连成一片，从而在已经研究过的关键区域的基础上，形成了一个独特的、有逻辑性的信息集主干。

当我们发现（或产生）一个新的信息单元（所研究系统的方案）时，我们可以很容易地确定它在进化树结构中的位置。同时，经常会出现新的检索切入口，它提供了调整搜索的方向。与全面检索相反，这种方法可称为结构性搜索（图 6-8）。

当然，全面检索操作更简单，因为这不需要复杂的思考过程：一个接一个地遍历所有信息单元，评估找到的信息是否与所需信息相似就足够了。所以，难怪要用机器来完成这项循规蹈矩的工作。结构检索需要认真且深入的思考，但结果却是无比有效的。而且，这种方法并不拒绝使用计算机，相反，计算机搜索能极大地完善这种检索方法。

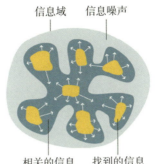

图 6-8　在预先标记的信息域内检索信息
（箭头表示搜索方向是从信息集中心开始的）

基础进化树能帮助查询者获取一组检索关键字。每组这样的集合都包括两个部分：物体名称和转换名称。将基础进化树中所描述的技术系统转换本质的特殊定义，添加到物体名称中，可以大大简化所需信息的检索。

这种形式的查询符合专利检索系统的组织原则，其中需要指明物体的名称及其重要特征属性的定义。

让我们回到"普利司通显示器"的例子。在检索显示进化树信息时，因为没有找到由小的部分、颗粒或粉末制成的显示器的转换方案，导致"单体"至"颗粒"的转换单元是空白的。根据组织性检索的原则，转换名称给了我们第一个关键字——"粉末"（一个特征属性），第二个关键字是单词"显示"（被转换物体的名称）。用这个组合词进行检索，搜索引擎给出了大量关于普利司通粉末显示器的信息。用"试错法"检索这样的信息是困难的，因为普利司通的主要业务是生产汽车轮胎。

应该强调，树状信息组织极大地减轻了检索系统其他转换方案的工作。在进化树主干还没有建立起来时，检索过程会很困难，找到的信息单元经常是相互重复的。但是，当达到一定的临界数量后，进化树的总体结构开始变得清晰，每一块信息单元都会快速而准确地占据到自己的位置上。这大大地提高了检索的针对性，其过程本身也得到了简化。

6.3　应用进化树解决问题

6.3.1　扩大初步概念方案的范围

在解决创新问题时，经常会遇到的情况是，我们想了很多初步概念方案，但没有一个适合的。此外，需求方不仅希望得到其问题的解决方案，还希望得到主要的改进技术系统和工艺转换方法的分析。在这种情况下，也适合使用进化树。在解决问题过程中应用进化树能够最大限度地扩大提出概念方案的范围，并为分析当前问题的替代解决方向提供分析资料。这样就不会忽略任何一个解决问题的方法，并针对具体问题的条件找到最佳的解决方案。

如果我们能在系统转换方案集中找到某种规律，那就可以确定系统在当前情况下按哪条进化路线发展。在获得的主要解决方案中揭示出关键转换后，就可以开始确定进化路线了。之后，需要在众多的解决方案中查看是否有同种转换。哪怕只找到了一个同种转换，那就可以说具有某些规律。接下来，应该分析这个规律可以对应到哪条基础进化路线。如果没有同种的解决方案，则需要将转换单元与基础路线作对比。需要注意的是，每个系统方案都可能同时对应几个不同的转换。也就是说，同一个概念方案可能符合多条进化路线的发展规律。当然，这会干扰决策过程。但是，正因如此，即使少量的初步概念，也可以扩展出多条值得研究的进化路线，这是不确定性的一个显著优势。因此，在确定概念方案属于哪条进化路线时，如果有任何疑问，都不要阻断这种可能性，而是按照这些路线继续寻找解决方案。

当我们拥有了许多解决方案时，就面临在其中选择最好的解决方案的问题。为了达到这个目的，要将有用系统的转换方案组织成便于分析的可视化信息结构。如果有这样一个信息结构、一个解决方案域，并且还能很便捷地在其中寻找方案，那么就可适当地进一步扩大初步解决方案的范围。理想情况下，我们应该能看到所有可能解决问题的方案，并选择最适合问题情境的那个解决方案。这种方法要让需求方的专家充分地参与到解决问题的过程中，利用他们的经验和知识来评估中间解决方案、选择最有发展前景的系统方案，并预测它们的进化方向。这可以将方案实施过程中在特定场景下可能出现的情况也充分地考虑在内。

这种方法需要最大限度地填充解决方案域，其中既有当前系统应该改进的方案，也有具有前景的预测性方案。为此，我们建议使用一种特殊的方法，该方法的基础是构建所谓的进化树并分析其分支完整性和逻辑性的技术。这个方法用于识别解决问题过程中找到的有用的系统发展趋势，并产生之前遗漏的那些并非显而易见的想法。

填充解决方案域的目标如下：
- 确保没有遗漏任何解决问题的重要方案。
- 最大限度地扩大解决方案的范围。
- 加强先前的初步解决方案。
- 获得改进有问题系统的所有主要方向。

在这一步，需要那些用于补充初步解决方案集合的有用系统转换方案。每个初步解决方案都对初始系统提出某种转换，即描述了技术系统的一个方案。这里，要弄清楚所提出的转换方案有什么共同点，并研究从一个方案过渡到另一个方案时是怎样发展出解决问题思路的。如果揭示了某些共同特性（判断标准），则可以将这些解决方案合并成一组。之后，每组方案都必须按照规则排序。这些序列可能是割裂的或不完整的，需要用适合系统的新转换方法来补充它们。

首先，需要确定在哪些进化路线中组织所获取的系统方案。为此，要按照方案中提出的要更改的组件来进行分组。接下来，要揭示出每个解决方案中所包含的初始系统转换本质，并检查是否有相似转换的解决方案。

哪怕只找到一个相似的转换，我们也可以认为存在某些规律或趋势。然后，要弄清楚哪些进化路线可与这个规律对应。如果看不出任何趋势，那么就将这个转换单元按所选基础进化路线的排列顺序简单地放置在相应的位置上。

从不同的角度思考系统方案是有好处的。通常，每个解决方案都包含有一组转换方案，这些方案可以划分在不同的进化路线中。这明显地扩大了新方案的检索范围。

接下来，需要根据进化路线的转换顺序放置系统方案。基础进化路线可以比作模板或矩阵，模板中的单元对应的是进化路线中的关键转换。在这些单元中放置的是解决问题过程中找到的系统方案。而那些空白单元是提示填充系统的其他方案（图6-9）。

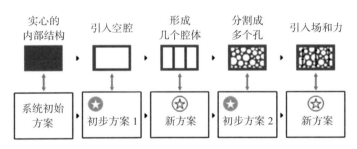

图6-9 填充空白单元的方法示意图

根据进化路线的建议找到改进系统方案后，还需要评估这些方案是否给解决问题带来了某种好处。如果确实有好处，那么可整理成初步解决方案。

最后，可以继续发展所获得的解决方案。为此，需要确认基于相同的转换是否可以提出几个不同的解决方案。同样，应用其他进化路线的转换来改进获得的解决方案也是很有好处的。

从不同的角度考虑一个解决方案是创新者非常重要的能力。要记住，问题的每个解决方案都涉及改进技术系统的综合性转换。几乎每个解决方案都可属于不同的进化路线。这将扩大检索新方案的范围。

在这种情况下，建议按照以下顺序操作：

准备阶段：获得初步的概念方案。使用任何方法或算法解决技术问题，并产生许多概念方案。

步骤1：选择基础进化树中的路线。确定可以在哪些进化路线中来组织获取的概念方案。

步骤2：确定概念方案在进化路线中的位置。将概念方案放置在进化路线中对应的转换方案中。

步骤3：确定转换的潜能。研究那些尚未找到解决方案的转换建议。

步骤4：产生替代概念方案。用根据转换建议所产生的概念方案填充空白单元。

步骤5：完善概念方案。发展和加强概念方案，直到获得有发展前景的解决方案。

最后阶段：选择要实施的概念方案。分析获得的概念方案，选择最有发展前景的并在其基础上形成问题的最终解决方案。

※ 案例：喷墨打印机进化树的喷墨腔毛细管片段分析（实际问题）

喷墨打印机的结构是在一个装满墨水的微腔中，装有一个喷射墨滴的激发器。激发器的工作原理是常见的活塞式，当然也可采用压电式或蒸汽式。蒸汽式激发器比活塞式更理想，因为它没有运动部件，并且这种激发器的活塞是由微腔中微型加热器产生的蒸汽泡充当的（图6-10）。当对加热器施加电压时，它周围的墨水会瞬间蒸发，产生的蒸汽将一部分墨水挤压出来，并通过喷嘴向下喷射到纸面上。然后，通过微腔上部毛细管，再次填充墨水，并为下一次喷射做好准备。

喷墨打印机的主要问题是其相对较低的打印速度。这是因为在喷射墨水之后，需要一定的时间才能将墨水完全充满微腔。

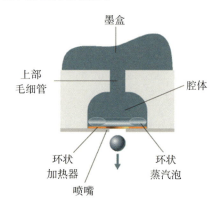

图6-10 带有蒸汽激发器的喷墨打印机腔体装置

显而易见，增加毛细管直径就能解决这个问题。但这只能在一定限度内完成。问题是，墨水在喷射时不仅通过喷嘴向下喷出，而且还向上冲击毛细管。向反方向喷射的墨水不仅降低了墨滴喷射的能量，还在毛细管内产生了逆流，从而降低了墨水填充速度。

因此，对供应墨水的毛细管有以下相互排斥的要求（图6-11）：

- 如果毛细管的直径大，则墨水很容易流入微腔，但喷墨时墨水会通过毛细管回流至墨盒。
- 如果毛细管的直径小，则回流的墨水可忽略不计，但会降低墨水填充微腔的速度。

在解决这个矛盾的过程中，找到了几个已知的解决方案，并形成新的概念方案。由于我们的目的是研究借助进化路线获得额外的解决方案的算法，因此我们不再详细介绍获得初步概念方案的过程，而是简单地将它们列出。

概念方案1：用两个侧面的毛细管替代一个位于中心的毛细管。在这种情况下，由脉冲引起的液体反向流动首先将撞击微腔的顶部并失去其部分能量（图6-12a）。

概念方案2：将一个自由浮动的小球放入微腔内。喷墨时，小球应堵住毛细管入口，防止墨水回流（图6-12b）。

概念方案3：用双瓣式阀门替代小球（图6-12c）。

概念方案4：在通往毛细管的入口处安装一个多瓣式阀门（图6-12d）。

概念方案5：如果微腔顶部有两根毛细管，可将它们的形状从直线状改为折线，并将这两根毛细管交叉。这样，反流的墨水将在交叉的地方相互碰撞，相互抵消能量（图6-12e）。

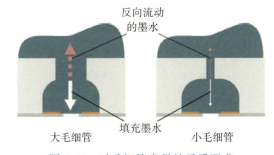

图6-11　对毛细管直径的矛盾要求

a) 两个小直径的毛细管　　b) 球形阀门　　c) 双瓣式阀门　　d) 多瓣式阀门　　e) 两根交叉的毛细管

图6-12　1～5项概念方案

需要注意的是，无论是在防止墨水回流的有效性方面，还是在可制造性方面，上述概念方案都有些不足。

为了获得其他概念方案以满足客户需求，对现有信息进行快速分析，将获得的解决方案放置在相应的进化路线上并组织成进化树（图6-13）。进化树由阀门闭锁组件分割和毛细管周围空间的复杂化两条进化路线组成。

在阀门闭锁组件分割路线中，没有填充的转换方案有：粉末或颗粒、气体、等离子体、场和真空。

在毛细管周围空间的复杂化进化路线中，没有填充的转换方案有：引入空腔，将空腔分割成许多微腔体（微毛细管结构）以及向毛细管附近区域引入场和力。

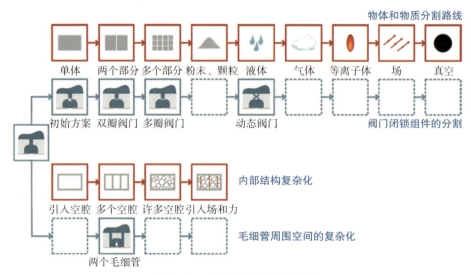

图 6-13　毛细管进化树的片段

为了寻找解决方案，首先按照"分割"路线从"粉末"开始分析尚未填充的转换方案。"液体"方案也包含在内，因为它在当前的装置内极为重要，其中液态墨水是重要的组件之一。由此，找到了如下概念方案。

- **"流体"转换方案**

流体是当前系统中的主要资源之一。因此，除了现有的使用液体的概念外，还获得了两个新的概念：

概念方案 6：如果在墨盒中产生频率等于在纸上喷墨频率的超声波振动，则可以在脉冲期间增加微腔中的压力，而在填充墨水时降低压力。这样在脉冲期间将有一个背压，防止墨水通过毛细管反流并促进它们通过喷嘴喷出。

概念方案 7：如果增加墨盒内的压力，就可以减弱液体（墨水向墨盒）回流。

- **"气体"转换方案**

概念方案 8：在毛细管中安装一个微型加热器，并与微腔内的加热器同时开闭。这样在毛细管中就形成了一个蒸汽塞，在几分之一秒内就能闭锁住毛细管以消除墨水回流现象。

- **"场"转换方案**

概念方案 9：利用墨水的电流变特性。给墨水施加电压，让其瞬间"冻结"在毛细管中，以阻止墨水回流。

"毛细管周围空间的复杂化"路线上有三个未填充的转换方案，但我们只考虑最后两个：微毛细管结构以及引入场和力。可获得以下概念方案：

- **"将空间分割成许多小腔体"转换方案**

概念方案 10：如果将空间分割成许多小腔体，我们就得到一个毛细管－多孔结构，墨水在其中的流动轨迹非常复杂（图 6-14）。在以脉冲的方式喷墨时，形成的高速回流碰撞到杂乱无章毛细管上，经过多次改变流动方向后很快就停止下来。由于填充微腔的墨水流速远低于其回流速度，因此它的流动几乎不会停滞。

使用微孔材料制造喷墨打印机打印头在工艺上是可行的，而且也不难实施。

图 6-14　用于供应墨水的毛细管－多孔结构

- **"引入场和力"转换方案**

概念方案 11：这里，我们主要对墨水回流的反向作用力感兴趣。据此，可以建议在毛细血管表面安装瓣膜，类似于静脉血管中的瓣膜。这些瓣膜不会阻碍墨水向微腔流动，但会阻止墨水回流至墨盒。这个技术解决方案结合了微毛细管结构和止回阀的优点。但是，能预想到在实现这个装置的过程中将遇到相当大的困难。

因此，在解决喷墨打印机效率问题时使用进化树为我们提供了六个有价值的概念方案。最终的解决方案是使用毛细孔材料制造打印头，它就是在其中一个概念方案的基础上产生的。在解决问题阶段并没有想到这个概念方案，而正是通过对已获得解决方案的分析才产生了这个方案。

※ **案例：用于处理玻璃板边缘的设备的进化树片段（实际问题）**

玻璃按一定尺寸切割以后，需要用砂轮将其锋利的边缘磨圆，即倒角。问题是倒角时，砂轮磨损的很快，而且玻璃也会出现裂缝和破口（图 6-15）。

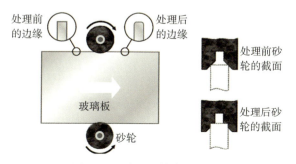

图 6-15　减少砂轮磨损问题

在解决这个问题时，获得了以下概念方案：
1）两个互成角度的砂轮（图 6-16a）。
2）两个端面垂直安装的砂轮（图 6-16b）。
3）喷砂处理（图 6-16c）。

a)
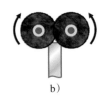
b)

c)

图 6-16　砂轮磨损解决方案

这几个概念没有一个令需求方满意的。其中，前两种方案的结构复杂，第三种则会弄脏玻璃。让我们使用进化路线来扩大寻找解决方案的范围。

所有方案描述的都是同一个组件的转换，即研磨工具。这些解决方案的逻辑表明，它们可以按照"分割"路线排列，但是解决方案中一个更重要的特性，即活动性（主动性）增加了，因此，这里更适合用"动态化"路线排列解决方案（图 6-17）。

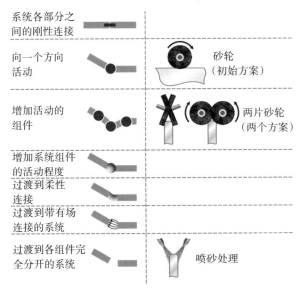

图 6-17　在进化路线上排列初步解决方案

让我们尝试按照进化路线提示的转换寻找解决方案。
1）刚性的系统：（没有方案）。
2）增加自由度：将砂轮安装弹簧轴上。这将有助于避免玻璃出现裂缝和破口

（图 6-18a）。

3）过渡到柔性连接：使用砂布带（图 6-18b）。

4）过渡到带有场连接组件的系统。可以用铁磁磨粒替代砂子来消除喷砂的缺点。磁场能很好地控制这种粒子流（图 6-18c），从而减少玻璃表面的污染。

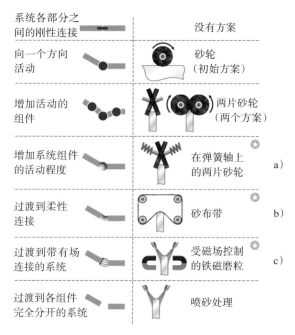

图 6-18　产生的替代解决方案

如果用一条砂布带能同时处理多片玻璃板，那么可以加强使用砂布带这个初步解决方案（图 6-19）。

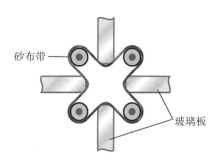

图 6-19　砂布带能同时处理多片玻璃板

在分析进化树时，可以使用一些专门的方法来寻找新的有效解决方案。我们将在下一节介绍几个这样的方法。

6.3.2 结构类比法

类比是最简单、最快速的解决问题的方法,只需要为每种情况找到合适的类比方案即可。我们开发的结构类比法,在使用进化树时显示出很高的效率。

可以说,类比是物体或过程之间的对应关系,它为一个物体的信息传递给另一个基本属性相似的物体提供了依据。

对塞缪尔·布朗来说,树枝间伸展的蛛网为斜拉桥的独创设计提供了灵感。对高大植物枝干、生物骨骼结构的研究使工程师能够更好地理解建造高层塔楼的原理。当代设计师正在尝试设计高度超过 1000 米的可容纳 10 万人居住的高楼。独特的结构将使其能够抵御火灾、洪水、地震和飓风的破坏。柏树是一种能承受住最强风的树种,它可作为超高层建筑的类似物。柏树树冠由许多通常只有 50 厘米的枝干组成,其上面分枝密布,类似于海绵的结构,可以让风从中间通过。而且随着柏树的生长,其根系越来越复杂并向四周扩展,因此很难将柏树推倒或连根拔起。

柏树形高层建筑的"根部系统"被埋在一个湖心的人工岛屿上。这个基座结构可以在地震时减缓来自地下的摇晃。

箱鲀(boxfish),俗称盒子鱼,其敏捷快速的外形结构启发了奔驰公司的工程师设计出最佳外形的汽车 Bionic Car。这是一个有趣的选择。与强壮且游动快速的鲨鱼、海豚不同,箱鲀真的很像一个盒子,它的鱼鳍和尾巴相对较小,但其外形使得它在低速游动时消耗的能量很少,并且非常灵活。据此设计出的 Bionic Car 运动灵活,油耗低,且盒子型厢体能方便地安排汽车的内部空间。

结构类比是类比法的一个特例[⊖],其主要观点是物体之间的单独比较永远没有在类似物体集合中比较某一特定结构有效。最便于研究的是只有两个组件的结构,即工具及其作用对象。

例如,夹具是工具,零件是对象(图 6-20)。它们共同完成"夹持物体"的功能。这种结构可以是许多技术系统的一部分。

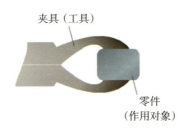

图 6-20 完成"夹持物体"功能的实例

⊖ 结构类比是由 E. Kunze 和 C. Whiting 在焦点物体法的基础上发展而来的,其作用是将任意选取的物体属性转移到需改进的技术系统中。在这种情况下,可能会产生意想不到的组合,再通过自由联想使其进一步的发展。

经常可以发现，不同系统内的某个特定结构彼此很相似。当它们执行相似功能时，这一点尤为明显。但这些结构所在系统本身的用途可能是多种多样的。

汽车的用途是运载货物和乘客。这个系统内除了其他组件以外，还包括一个由燃料箱及其内部燃料组成的双组件结构。作为汽车其他组件的组成部分，这个结构的组件完成的是"保持液体"这一辅助功能。

自动咖啡机的用途是制作和销售咖啡。纸杯子是这个系统的一部分，它是用来装咖啡的。杯子和咖啡也组成了一个双组件结构，其功能是保持液体。

装咖啡的杯子和装燃料的油箱完成的是相同的功能，也具有相同的结构，这个结构可以定义为"外壳和填充物"（图 6-21）。

图 6-21　不同的系统组件具有相同的功能

通过与类似结构的类比，可以找到完成所分析功能的新方案。例如，为了寻找挂壁式可拆卸肥皂盒的方案，可用货物抓取装置进行类比，这个装置带有一个保持其所固定的负载的组件（图 6-22）。简化的货物抓取装置的进化路线如下：
- 挂钩。
- 钳形抓取装置。
- 带弹性抓钩的抓斗。
- 真空式抓取装置。
- 电磁式抓取装置。

相应地，固定肥皂盒的方案可能如图 6-23 所示：
- 直接用螺丝或者钉子固定肥皂盒。
- 通过夹住肥皂盒后壁来固定。
- 用弹簧夹固定肥皂盒。
- 用吸盘固定肥皂盒。
- 用磁场固定肥皂盒。

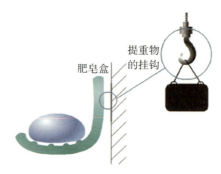

图 6-22　类似的结构："肥皂盒 – 墙壁"和"挂钩 – 重物"

图 6-23　肥皂盒固定方法与货物抓取装置的类比

这样，类比法为我们提供了一系列改进技术系统的概念方案，但作为参考的系统却完全是另外一个用途。

为了检验能否通过结构性类比来寻找新的概念方案，我们分析了一些由相互作用的"工具"和"作用对象"组成的结构，如"车轮和道路""尺子和被测量的零件""轴和轴承""铰链连接""外壳和填充物"。

对于"外壳和填充物"这一结构组合我们一共研究了 40 多个物体。其中包括：汽车轮胎、保温瓶胆、降落伞伞衣、手划船、汽车（手划船和汽车都可以看作是一个有填充物的外壳)、气球、电灯泡、房屋、潜水艇、燃料箱、鞋子等。

　　汽车轮胎是一个充分发展的技术系统,它可以作为比较其他研究对象转换的基准类比物。把汽车轮胎作为基准对象的另一个原因是我们已经为这个技术系统建立了一棵进化树。作为比较,我们从中选取了几个朝着提高汽车行驶安全性方向发展的轮胎转换方案。

　　以下是进化路线中的方案(图6-24):

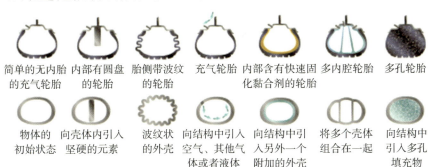

图6-24　汽车轮胎进化路线和转换的一般性概念

　　1)简单的无内胎的充气轮胎。这是最不安全的方案。轮胎被刺破时,空气从破口处泄露出去,轮胎就失去了承载能力。另外,瘪掉的轮胎,其胎侧可能会折叠在一起并被压在轮毂下,导致汽车偏离行驶路线并冲出道路。

　　2)内部有圆盘的轮胎。在意外被刺伤或者破裂时,内部安装有坚固圆盘的轮胎就不会折叠在一起。使得汽车能够保持行驶状态,防止事故发生。

　　3)胎侧带波纹的轮胎。轮胎被刺破后,其胎侧的折叠是随机性的,不一定正好在轮毂下方。如果它向侧面折叠,就会产生横向力,汽车可能会偏离道路。带波纹形胎侧的轮胎就没有这个缺点。在刺破后,这种轮胎会沿着波纹折叠并正好垫在轮毂下方。

　　4)充气轮胎。还有一种应对轮胎刺伤的方法,就是可以向轮胎不停地充气。在轮胎被刺破以及内部气压开始降低时,启动充气泵为轮胎充气,使轮胎内部压力保持在所需水平上。装备有这种系统的特种车辆在被子弹射中后仍能正常行驶。

　　5)内部含有快速固化黏合剂的轮胎。在安装车轮时,可向轮胎内部注入一定量的液体胶,转动轮胎将胶水均匀地分布在其内表面。当轮胎被刺破时,胶水随着向外泄露的气体一起被挤入破口处,胶水变稠并封住漏口。

　　6)多内腔轮胎。多内腔轮胎内部有多个独立的环形橡胶内胎。为这种轮胎充气时,空气会均匀分布在所有内胎中。轮胎被刺破后,只有其中一个内胎被损坏,利用剩余的内胎完全可以撑住轮胎,直至把车开到修理厂。

　　7)多孔轮胎。最可靠的轮胎是多孔轮胎。早在20世纪初这种轮胎被发明出来,并用在炮架拖车上。由于它是由多孔橡胶制成的,轮胎本身过于坚硬,所以没有得到广泛应用。经过约一百年的发展，这个系统也开始了新一轮的进化。现在的轮胎由特殊的多孔塑料制成，它最适合安装在高速汽车上，这种汽车能在地面上以突破音障的创纪录速度行驶。

描述与这些转换相对应的概念方案：
- "简单的无内胎的充气轮胎"对应"物体的初始状态"。
- "内部有圆盘的轮胎"对应"向壳体内引入坚硬的元素"。
- "胎侧带波纹的轮胎"对应"波纹状的外壳"。
- "充气轮胎"对应"向结构中引入空气、其他气体或者液体"。
- "内部含有快速固化黏合剂的轮胎"对应"向结构中引入另外一个附加的外壳"。
- "多内腔轮胎"对应"将多个壳体组合在一起"。
- "多孔轮胎"对应"向结构中引入多孔填充物"。

下面我们来看一下保温瓶胆、降落伞伞衣、手划船和汽车这几个具有类似构造的能够应用上述转换的物体。

1. 物体的初始状态（图 6-25）

保温瓶胆：双层密封的瓶胆形成了一个容器，容器内可以装液体。抽出双层瓶胆之间的空气，可最大限度地降低热量损失。保温瓶胆就是一个外壳，在其内部储存的液体就是填充物。

降落伞伞衣：用牢固的布料制成的外壳，其内部充满空气以后，形成一个半球体形状，通过绳索和悬挂系统与人体固定，确保人以适当的速度降落。

手划船：手划船或轮船也可看作是一个壳体，其内部可以放置不同的机械、重物、船员等。

汽车：汽车是一个很复杂的系统。经过简化后，可以说，其外面的车身就是壳体，而它里面的所有东西都是填充物。

图 6-25 所分析的各个系统的初始状态

2. 向壳体内引入刚性元素（图 6-26）

带有加强筋的保温瓶胆：用一个或者多个坚固的环，紧密地套在或者粘在瓶胆的外表面上，以增加其强度。

向降落伞伞衣内部引入金属弹簧：将用弹性金属丝做成的弹簧放在小型引导伞内部，保持引导伞的张开状态以便拉出主伞衣。在引导伞折叠时，弹簧被压缩成菊花形状，打开时，它将引导伞撑开成球形。

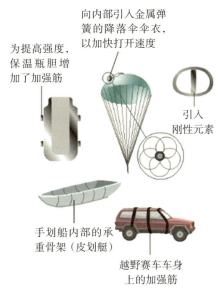

图 6-26　引入刚性元素的系统

手划船内部的承重骨架（皮划艇）：旅游用的皮划艇很流行。对它的核心要求是重量轻、强度高。另外，皮划艇应该能快速折叠易于包装。因此，它的结构是由轻巧耐用的折叠骨架组成，并在其上绷紧防水织物。

汽车车身的加强筋：用于越野拉力赛的运动型汽车应该有很牢固的车身，原因是这种汽车翻车的可能性比普通汽车要大得多。显然，加厚车身的金属结构件是不合适的，因此在这种汽车的车身上安装一个额外的加强框架，它是一个由牢固的金属管做成的立体框架。就像许多越野车一样，这种牢固的车架可以在生产的时候安装在车体的侧壁上。

3. 波纹状的外壳（图 6-27）

波纹状外壳的保温瓶胆：将保温瓶胆外壳做成波纹状以提高其强度。波纹是一种特殊的抵抗变形的加强筋。

运动型降落伞：空降兵降落伞的伞绳固定在伞衣的边缘上，而运动型降落伞的伞绳则不是，它是从伞衣上通过，一直延伸至顶端，将伞衣分成多个扇面。这使得从伞衣下方出来的空气分布更加均匀，降落更加稳定。

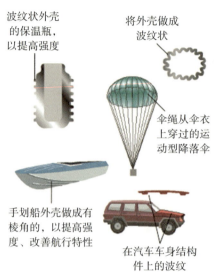

图 6-27　有波纹状外壳的系统

有棱角的船体：船体上有许多纵向凸起和凹陷。这种特殊的"波纹"能够提高手划船船身的强度和刚性，改善其速度和适航性。

汽车车身结构上的波纹：汽车车身是一个使用波纹、褶皱来提高其强度的典型例子。例如，许多汽车的发动机舱盖都不是平整的，而是有各种形状的褶皱，使其更加坚固。

4. 向结构中引入空气、其他气体或者液体（图 6-28）

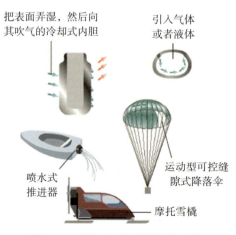

图 6-28　有气流或者液体的系统

蒸发式冷却的保温瓶：如果将容器的表面弄湿，然后向其吹气，由于蒸发冷却效应，表面温度开始下降。这个效应可以用在保温瓶的额外冷却上。

运动型可控缝隙式降落伞：气流可以用来控制运动型降落伞。为此要在伞衣后侧开出缝隙，部分气流经过这些缝隙向水平方向流出。降落伞就可以向前运动了。同时，使用专门的侧向缝隙能够使伞衣转动。

喷水式推进器：使用液体流推进手划船前进。任何一个螺旋桨式的推进器被水推斥以后，就会在手划船的后面产生一股动态的水流。

摩托雪橇：由螺旋桨推进的汽车驱动原理与摩托艇类似，其实就是一辆带有螺旋桨的汽车。这种设计广泛用于冬季有大片积雪的地区。在雪地上，这种用螺旋桨推进的汽车被称为"摩托雪橇"。

5. 向结构中引入另外一个附加的外壳（图 6-29）

带附加外壳的保温瓶胆：为了减少热量损失，可以将保温瓶胆放在一个额外的隔热容器中。

滑翔伞翼：这样的降落伞有两层表面，其上面的和下面的伞衣通过异形肋连接在一起。当降落伞打开后，迎面的气流会撑起伞衣内的腔体，使其具有类似机翼的形状。

充气艇：充气艇在垂钓者和游客中间很受欢迎。这是一个双层密封成异形的外壳，充气后呈现出船形。

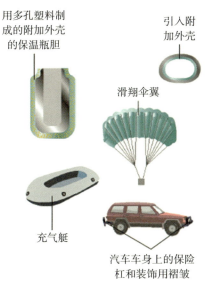

图 6-29　有两个外壳的系统

汽车车身上的保险杠和装饰用褶皱：可以把用来保护汽车壳体上的保险杠、装饰用褶皱等看作是附加的外壳。

6. 将多个壳体组合在一起（图 6-30）

可装多种菜肴的组合式保温瓶：可装多种菜肴的组合式保温瓶就是这样的例子。这样的保温瓶是将多个瓶胆装在一个外壳里。每一个内胆中都可以储存不同的食品。

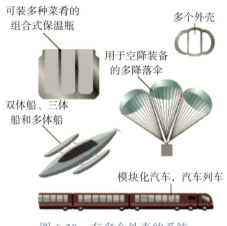

图 6-30　有多个外壳的系统

用于空降装备的多降落伞：降落伞不仅可以用来空降人员，还可用来空降重型装备。为了确保几吨重的设备以安全的速度降落，需要做一个巨大的降落伞。但是降落伞的伞衣越大，其被打开的速度就越慢。因此要使用多个降落伞来空降装备。

双体船、三体船和多体船：如果使用几个相互连接的船体替代一个船体，就可以大大增加船的稳定性和有效面积。最流行的是双体船，它有两个并排安装的船体。三体船和多体船能承受住很大的海浪。

模块化汽车，汽车列车：由于道路宽度的限制，不可能将多辆汽车并排安装在一起。因此，"多车身汽车"就组成了串联在一起的模块，即汽车列车。于 1940 年建造的 Le Tourneau 无轨列车的结构很有意思。它长度为 141 米，包含有 11 个串联起来的汽车模块。

7. 向结构中引入多孔填充物（图 6-31）

保温箱：真空内胆保温瓶保温时间很长。但通常，液体温度并不需要保持很久。这时可以使用泡沫塑料做一个带盖的箱子，箱内放有普通的液体容器。

快速打开式降落伞伞衣：在某些情况下，降落伞伞衣必须以最快的速度打开。其中一种加速开伞的方法是在伞衣的外径上设置一根管道，跳伞者的衣服上有一罐压缩空气。开伞时，空气充入管道，使其变成一个刚性的圆环，伞衣一下子就打开了。

浮桥块：最可靠的船是一个用泡沫塑料填充的坚固外壳。遗憾的是，这样的船体内部没有安装设备和运载人员的空间。但是，例如军队会用浮桥块组装浮桥，这就是一个内部填充有泡沫塑料的金属外壳。

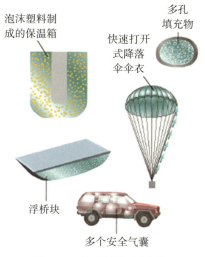

图 6-31 使用多孔填充物

汽车的多个安全气囊：多孔塑料被广泛地应用于汽车结构中，用于吸收噪声和填充封闭的空腔。另外，汽车安全气囊也可以看作是一种独特的多孔填充物。另一种可能的技术解决方案是在汽车发生碰撞时用充气的弹性小球填满汽车内部空间。

我们将这些转换方案汇总到一张表格内（图 6-32）。

可以看到，对于每个结构相似的技术系统（轮胎、降落伞、手划船和汽车），我们都找到了具有相同转换的技术方案。因为，相似组件所组成的结构拥有用来转换它们的相同资源。因此，这种方法可以用于寻找所研究技术系统转换的可能性。

图 6-32 不同系统转换方案汇总

随着拥有相同结构组件系统的发展，相同的转换将以这样或那样的形式重复。例如，对显示器进化树的分析表明，在几种情况下都能观察到不同类型的显示器向微观层次过渡。如果我们看一下电影、黑白电视机、彩色电视机和立体显示器这四种主要类型的显示器，那么就可以看出这样的过渡。

- 电影

电影放映机的工作原理是用机械装置将半透明的胶片放在光源前，由光将胶片上的图像投影到银幕上。对放映机来说，向微观层次过渡的意思是不再用机械的方式切换胶片中的画面了。在激光投影仪中，使用红、蓝、绿三种颜色的激光光束来画出图像。通过专用偏转激光束的镜面来使发光点沿着水平和垂直方向移动。

- 黑白电视机

与电影放映机类似，早期的电视机也是通过机械方式显示图像的。这里的核心显示组件是尼普科夫圆盘，它是一个有很多呈螺旋线分布的孔的圆盘。当光线透过转动的圆盘上的孔洞时，就会在屏幕上投射出能构成简陋图像的像素点。阴极射线管发明以后，电视系统就过渡到了微观层次。在阴极射线管中，通过磁场来控制电子枪所产生电子束的偏转，从而实现图像的扫描。电子束激活了阴极射线管前端玻璃板上的荧光像素，从而绘制出发光的图像。

- 彩色电视机

与电影放映机和黑白电视机类似，早期的彩色电视机同样使用圆盘显示图像，只是这个圆盘由红色、蓝色、绿色、黄色这四个扇形滤光片组成。旋转时，图像的边缘会覆盖住普通黑白电视机的屏幕，四种颜色依次从屏幕前转过。彩色电视机很快就过渡到了微观层次上，电子式扫描取代了机械式的扫描。与黑白电视机一样，彩色电视机也用的是阴极射线管，不同之处在于彩色电视机不是只有一个，而是有三个电子枪，它们能分别使红、绿、蓝三种颜色的荧光发亮。

- 立体显示器

由 Actuality Systems 公司开发的立体显示器采用的是同样的原理，即通过半透明屏幕的旋转显示图像。这是一个直径约为 50 厘米的透明球，其内部有一个平面的两维屏幕，它以每秒约 10 转的速度围绕垂直轴旋转。这样，在屏幕上就出现了一系列三维图像的"切片"，它们在观众面前融合在一起，形成一幅图画。这是一个真正的三维图像，可以像真实物体那样从不同侧面观察。这种旋转屏幕的显示器不同于多层显示器，后者形成的是只能在一个特定位置上观看的伪立体图像。

可以预见，向微观层次过渡也是立体显示器的进化方向。其中一种可行的解决方案是晶体或者气体介质在红外线的作用下产生发光点。具体是由红外半导体激光器发出两条光束，并在充满气体的空间内相交于某个特定的点。两条光束的总能量足够产生一个发光点。通过诸如可活动的镜子来控制光线的偏转，可以在整个气体空间内得到一幅由发光点组成的立体图像。

现在让我们看看怎样在使用结构类比法对改进技术系统进行快速分析的过程中应用进化树。从进化树的角度来看，它比其他组织信息的方法具有明显的优势，因为进化树拥有规模庞大的类比系统数据库。通过与已开发的更成熟的系统类比，能够直接找到解决方案。

我们在 6.1 节中展示了如何通过具体进化树与含有概括性进化路线的基础进化树的对比来寻找新的有发展前景的方案。如果我们将待改进物体的转换与另一物体的进化树进行对比，而且这个物体已经发展得很成熟，那么对比结果将更加有效。军事、航天等领域的科学技术向来领先。如果我们想构建一棵家用电器类的技术系统进化树，第二棵是航天领域相关产品的进化树，那么第二棵树通常会更加丰满（图 6-33）。基于此，需要在更先进的技术领域寻找待改进技术系统的类比对象，并与其中具体结构相似的系统进行比较。

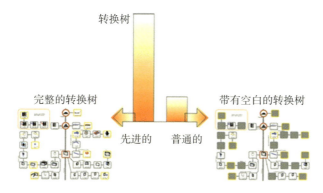

图 6-33　普通的与先进的技术系统进化树的比较

换句话说，如果要改进煎锅（是在外壳的一侧加热的结构），那么适合去分析那些有关火箭发动机喷嘴壁的方案，在结构上它与传统煎锅几乎没有区别。所以，为了分析待改进系统，需要从技术领先的领域中选择一个结构相似的先进系统并构建进化树，从中寻找解决问题的提示，比较该系统与待分析系统中具有相似结构的方案。

让我们看一个使用结构类比法解决将熔融铝直接轧制成板材的实际案例。熔融状态的铝进入两个相对旋转的轧辊之间，铝被挤压成一条薄带，经冷却后在离开轧辊时已经是成品铝板了（图 6-34）。工程师们一直在不断提高铝板质量，首要问题是如何避免气泡和划痕以获得更平整的表面。铝板表面不平整的冲突发生在板材和轧辊表面之间。问题在于半凝固的铝板很容易黏附在轧辊表面，导致部分铝颗粒脱离铝板并留在轧辊表面。此外，后续的过程加重了这个冲突：黏附在轧辊上的颗粒在板材上形成凹陷，导致其质量下降。怎样办？

显然，轧制铝板的同时凝固材料是一个非常复杂的过程，而且很难解决。让我们试着从另一个角度看待这种现象，并提出一般性的问题。光滑轧辊表面与一个正在凝固的铝接触。如何转换轧辊以改进与铝板的相互作用？

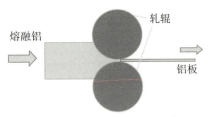

图 6-34 熔融铝的板材成型装置

其他技术系统是如何转换表面的？

为了回答这个问题，让我们分析一下显示器进化树（参见第 5 章）。因为屏幕表面是显示器最重要的特征之一，所以不会缺少这方面的案例。

我们能从显示器进化树中看到什么？在进化过程中，电影银幕由光滑表面转换为微型金字塔凸起，电视显示器表面也变得粗糙，被条纹形的微透镜、微百叶等覆盖，而且这种粗糙度的大小不是随意的，而是有严格规定的。这就产生了一个提示性问题：如果将轧辊表面参照屏幕表面进行类似的转换会发生什么？在其表面也覆盖微凸起或者划出浅浅的网格，这会比平滑的轧辊更好，还是更糟（图 6-35）？

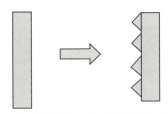

图 6-35 从光滑到粗糙表面的过渡适用于各种技术系统

这个类比清楚地表明工程师们有机会改变轧辊表面的状态。类比引发的讨论大致如下：自相矛盾的是，表面非常光滑的轧辊比粗糙表面的轧辊有更大的附着力。事实证明，两个表面抛光良好的金属之间的吸附力是非常强的，这是因为两个表面之间存在的分子间作用力，即范德华力取代了附着力。

这项技术最有前景的发展方向是在不降低板材表面质量的前提下，适当增加轧辊表面的粗糙度以避免产生分子间作用力。下一步的工作是需要通过实验确定粗糙度的最佳参数。

6.4 应用进化树规避竞争对手的专利

6.4.1 专利竞争的主要方法

专利竞争是企业竞争的精髓。只有那些有强烈创新欲望的公司才能在竞争中取得成功，保持并加强其市场地位。除了专利许可费的收入外，还能够更好地管理投资策略、更及时有效地对市场需求做出反应。

任何一个优秀商业创意的核心都是有效的技术解决方案，即新的具有竞争力的产品概念，通常这些方案都受到专利保护。在商业上取得成功的技术解决方案有很多，例如：汽车、水彩笔、电视机、缝纫机等。几乎所有东西都可以申请专利，如在设计、工艺、控制算法等过程中获得的新想法或概念。而且，每份专利都有可能成为专利拥有者与制造商之间冲突的导火索。在这里，有许多竞争公司间的利益冲突，经常会发生真正意义上的专利战。每家公司都想成为第一，都想保护自己的产品并规避其他公司的专利。

- 摩托车生产商 Harley-Davidson 公司就遇到了一个风格仿制的问题。日本公司生产的摩托车外形与 Harley-Davidson 公司生产的颇受市场欢迎的摩托车外形很相似。为了阻止竞品的推广，Harley-Davidson 公司在 1994 年针对其生产的摩托车发动机的声音提交了专利申请，一种沉稳的低频隆隆声（日本摩托车上用的是高速发动机，运行时发出的是"活跃"的高频声音）。美国联邦专利和商标局批准了该项申请，确认这种有特点的声音是这些摩托车独有的，它有别于其他摩托车的声音。虽然专利申请过程很漫长，但是该公司已经利用这份专利申请来为其产品做广告了。
- 还有一场发生在俄罗斯的专利持久战。圣彼得堡市十月地方法院证实，受理了加特契纳市居民维克多·彼得罗夫对西门子公司俄罗斯分公司侵犯知识产权的诉讼请求。法院认为该公司在其生产的手机内使用原告的"表情符号"是违法的。维克多·彼得罗夫早在 2000 年就为这些在俄罗斯很受欢迎的表情符号申请了专利。这项发明被称为"个人心理情绪状态的定向调节方法"。
- 新的专利战可能会在计算机公司之间爆发。微软为"双击"鼠标键申请了专利。这项专利的专利号是 6727830，颁发日期为 2004 年 4 月 27 日。计算机鼠标的双击动作早已在任何一款计算机程序中使用。微软的这项发明可能会影响到几乎所有计算机制造商。到目前为止，微软还没有宣布它想怎样使用这项独特的专利，以及计划从鼠标制造商那里收取多少费用。但有一点很清楚，如果无法驳斥这项专利，那么鼠标将会涨价，微软公司的收入也会增加。
- 微软公司的不同之处在于它奉行的是积极的专利政策。比如，6754472 号专利声称，微软公司拥有"使用人体来进行能量和信息传递的方法和设备"的权利。该公司计划给人体连接诸如传呼机和移动电话之类的电子设备，以获取有关人体状态的信息，并将周围环境信息传输给设备的佩戴者。在微软公司的一份声明中说："人体只是所创造及申请的知识产权的一部分"。
- 以微软、惠普、戴尔和苹果为首的几家大型公司正在寻求废止澳大利亚联邦科学与工业研究组织 (CSIRO) 的无线网络组织方法的专利。21 世纪初无线网络才开始飞速发展起来，而这项技术在1996年就已经获得了专利。这家组织及时地"预测"了这个发明的发展前景，并迅速地申请了专利。这项专利就像一把达摩克利斯之剑，悬挂在很多大企业的头上。毕竟，这项专利涵盖了与无线网络连接的所有基本方法，尤其是用于建立无线网络的设备和那些能够接入这些网络的装置。CSIRO也采取积极的应对行动，向其他公司提供专利使用许可。许可证的费用可能高达每年数十亿美元。

当然，也经常发生专利在失效以后才被应用的情况。这时专利的保护期限已经结束，不可能再受到法律保护了。最先发现有前景的创意、进行专利保护并组织生产和销售的商人将获得最大的利润。而发明者本身经常无法享受到他们自己的劳动成果，对他们的赞扬也通常来得很晚。在这种情况下，企业主们并不需要考虑购买专利许可的事情，他们只需关心怎样组织并生产出物美价廉的产品，以及进行相应的广告宣传就行了。

1888年，工程师乔治·劳特获得了用于标记糖盒及糖袋的带有球形书写部件的记号笔专利，令他意想不到的是，几十年以后，精明的商人莱洛茨几乎原封不动地利用他的发明并获得了巨额利润。同样，降落伞制造商（出于显而易见的原因）也没有给第一个提出"从高处安全降落的装置"的作者列奥纳多·达·芬奇支付一分钱。

然而，现在情况发生了巨大的变化。由于计算、试验和设计方法以及工艺设备的改进，现在从想法到大批量生产的时间被大大缩短。机器人、自动化设备的广泛使用让劳动力的分配比重发生了很大变化。直接从事生产的人数不断减少，而从事包括新产品创造在内的生产过程服务人员的数量正在增加。设计师的工作效率也越来越高，一个使用Pro Engineering程序的设计师就能替代20世纪中叶的半个设计局。

所有这些都大大地加快了创新过程。现在从获得专利授权到批量生产的间隔越来越短，离专利保护期限的截止日期（通常为15~20年）越来越长。在这种情况下，企业主已经不能再简单地把喜欢的想法直接拿来并开始生产产品，因为拥有专利的公司或者发明者本人完全可能向他提出合理的要求。是否拥有专利是决定任何生意成功与否的最重要因素。

1. 公平的信息竞争

找到一个好的技术解决方案、全新产品的想法，对任何公司来说都是一个巨大的成功，因为这是在市场上展现自己并获取丰厚利润的好机会。然而，想出一个全新的产品并不容易。一方面，产品买方的需求数量可能本来就不多；另一方面，虽然技术已经取得了长足进步，但仍然存在一定的局限性。因此，"创新空间"也并不是无限的，往往需要开发市场上已有商品的新替代方案。

决定进入某个细分市场的公司往往会发现，所选择的细分市场已经被其他公司的产品占据。如果能让消费者相信你的产品是最好的，那你就能赢得竞争。广告可以达到这个目的，另一种方法是开发出一款更好的产品，并以更低的价格将其推向市场。这并不容易，因为要花费大量的资金研制产品，并组织批量生产。此外，还经常会出现所有有发展前景的方向都被竞争对手的产品占据并申请专利保护起来的情况。而通常获得专利许可证的费用也是非常昂贵的。

可以尝试复制其他公司生产的商品，开发相应的生产工艺并进行生产。但其他公司一般会采取严格的措施来保护自己的知识产权，因而会面临侵犯知识产权的风险。反向设计是合法获取竞争对手生产的产品信息的途径之一[45]。当企业生产的产品在市场上公开销售，那么竞争对手就可以得到它，并对其进行研究。经过仔细研究后，就可以搞清楚这个产品的功能、部分组成、生产工艺，并组织生产向市场推出自己的产品。

如果决定要生产相同或类似的产品，那就要解决两个重要问题：开发和保护该产品生产工艺流程，并针对公司的技术工艺能力进行适应性开发和保护。开发类似产品的生产工艺流程很困难，但很容易保密。如果一家公司很仔细地进行反向开发，它会得到很多信息，并开发出自己的工艺。完全复制竞争对手的工艺过程是毫无意义的，因为每一家公司都拥有自己的装备配置和生产线，在任何情况下都必须使现有工艺适应公司的装备和生产能力，或者创造一种新的、更有效的技术。

产品的生产工艺流程很少用专利来保护，一般保护的是与其相关的保密信息。如果另一家公司开发并使用了同一种工艺或者有很多重复的技术，并不会受到任何制裁。通常，保护工艺流程的商业秘密是公司本身的事情。法律只规定不得使用工业间谍、贿赂员工等手段获取其他公司的机密信息。

相对于工艺流程，公司生产的产品几乎都受到有国家保障的专利保护。这里保护对象可能是产品本身的结构，也可能是其组成部分、操作原理、运行规律、制造其元件的材料等。正因如此，产品成了各公司利益对抗的重要领域以及专利竞争的舞台。一些公司试图最大限度地保护自己开发的产品，而他们的竞争对手则要反驳（使之无效）或者规避这些专利，并获得保护他们自己产品的专利。

2. 用法律或创新手段规避专利

为了规避竞争对手的专利并获得新的发明专利，需要两个关键人物的通力合作。他们一位是拥有某个创意的发明者，另一位是专利代理人，他能够按照专利法的规定准备专利申请材料并将其提交给专利审核部门。对于任何公司来说，他们都是非常有价值的专家。正是他们的工作，公司才能取得巨大的成功。同样，如果出现错误，公司所付出的代价也将是高昂的。

规避竞争对手的专利时，如果发明者和专利代理人都各自按照自己的方向开展工作，那么可以分出两种主要规避专利的手段。

使用法律手段规避专利，这是第一种也是主要的规避专利的方法。

这种方法利用的是专利法中的漏洞和专利中对发明内容描述的错误，但对发明对象本身没有任何改变。使用法律手段规避专利时，专利代理人要尽量尝试保护所规避的发明对象而不是改变它。图 6-36 是这种情况的表现形式，图中所有的动作都在下半部分进行。也就是说，使用法律手段规避专利时，主角是专利代理人。发明者起到的是辅助作用，他从技术角度确保改变的专利表述不会导致发明本质发生变化。

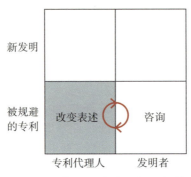

图 6-36　使用法律手段规避专利

要想以合法的手段规避专利，就要对比所申请专利和竞争对手专利中的权利要求和说明书，并从中找到实际物体的特征、方法和物质等描述的差异点，然后使用其他术语按照一定规则重新描述现有发明。而如何重新描述是每一位有经验的专利代理人的秘密武器。这项工作中的主要指导原则是现行的专利法。通常都能提出异议，说明对方保护的是早已授权的发明，或者提出新申请并获得现有发明的替代专利。

凭借专利代理人的丰富经验和资质，使用法律手段规避专利是很有效的。这里很重要的资源是找出被规避专利中不准确的描述。为了撰写完整可靠的能覆盖所获得的解决方案的权利要求和说明，需要进行深思熟虑、细致烦琐的工作。可以假设，竞争对手在准备专利时，并没有足够细致地完成工作。申请、审查和获得专利是一个复杂且昂贵的过程，需要几十位专家参与。任何阶段的失误都可能导致发明保护的不足，未来这项专利就有可能被提出异议。另外，没有绝对完善的专利法，不同国家的专利保护水平差异也很大。有时还会因此闹出笑话。

来自墨尔本的专利代理人约翰·基奥 (John Keogh) 一夜之间成了世界名人。他利用澳大利亚专利法中的漏洞，申请并获得了车轮的专利，并认为他终结了车轮发明地点是在古代亚洲还是在古代非洲的争议。根据 2001 年澳大利亚专利局出具的文件，约翰·基奥为"便于运输的圆形装置"申请了专利。

通过法律手段规避专利是一件非常令人兴奋和有趣的话题，但是它已超出本书的讨论范围。在每个专利代理人的储备中都有大量的方法和手段来对抗竞争对手的专利。有时候做起来很简单，但大多时候需要细致烦琐、周到的工作。不过即使这样,还有一些专利极难用法律手段规避。

金戈尔是位传奇人物,他开发了第一台缝纫机模型,并巧妙地为自己的发明申请了专利。专利的描述极为简单:"金戈尔缝纫机的特点在于针孔靠近针尖锐的一端"(图 6-37)。要用法律手段规避这个专利几乎是不可能的。

与他同时代的人认为这份专利是理想的解决方案,不可能再从缝纫机的工作原理上做出进一步的改进。因为,在金戈尔申请的专利中,所描述的缝纫针在任何可行的缝纫机结构中都存在,留给其他发明家的只是些传动机构的细微改进。

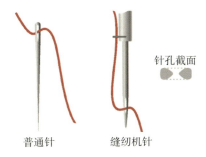

图 6-37　普通针和被金戈尔申请专利的缝纫机针

第二种手段是用创新方法规避专利。

这种方法需要对专利中的装置或者工艺流程的结构做出或多或少的改变,这些改变就是发明内容。这里,发明者起主导作用。用创新方法规避专利时,所有的动作都集中在图 6-38 的上半部分。

找到一个比竞争对手更好的解决方案并为其申请专利是彻底摆脱困境的最佳方法。也就是说,通过解决技术问题来从本质上改进发明对象。为此需要:

1)分析现有技术解决方案并确定其中的缺点。
2)尝试消除这些缺陷或者确定不能消除它们的原因。
3)消除这些原因并获得新的技术解决方案。

很多发明者都是按这种方式解决问题,而且往往非常有效。为了获得新的解决方案,可以使用所有的 TRIZ 工具,从而获得有效的解决方案。另外,法律方面的工作将会大大简化,只需要提出申请并获得专利就可以了。

但是,经常出现的情况是,竞争对手专利中所描述的方案完全符合我们的要求,而与之完全不同的方案却并不合适。这就产生了以下矛盾:

- 需要改变发明对象,以便获得能够替代竞争对手专利并覆盖其内容的专利。
- 发明对象的改变不能涉及技术系统的工作原理。

可以将法律和发明手段组合成"法律–发明"方法来解决这对矛盾,这个方法的本质是"改变,但没有变化"。在这种情况下,专利代理人和发明者是同等重要的,他们相互协作,其内容集中在图 6-39 的中间部分。

应该指出，任何系统的成分和结构一般都有某种可变性，因此，总能对系统组件进行微小的改进。这种改进并不会改变系统的工作原理，就是说从技术角度对发明对象做出最小改变。然而，这可能足以获得某种法律意义的有显著差别的专利特征，也就给专利代理人提供了更多的保护这个替代专利的机会。

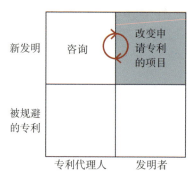

图 6-38　使用创新方法来规避专利　　图 6-39　使用"法律 – 发明"方法来规避专利

进化树适合解决这类问题，它能将被规避专利中所描述的技术系统组织成一组进化路线集。我们获得的替代方案越多，就越容易在这个领域中找到最有效的可用于规避专利的解决方案。由于进化路线建立在技术系统进化法则的基础上，因此可以根据所选专利特征描述出所分析系统的所有基本转换方案。之后，只要在这棵进化树上找到还没有填充完整的分支，就可以对竞争对手的专利展开攻击。

本质上，这就是本书 6.1 节介绍的专利信息处理过程的内容。这个过程的起点是一个需要转换的原型，然后对它进行改进并找到类似的等价的且能够申请专利保护的解决方案。这个过程结束时，我们应该获得一系列关于原型转换的概念方案，使我们能够组合成新的、可申请专利的方案。在这个专利中，要有几个改变的系统组件，它们位于几个新的系统模型中，这些模型能够让我们确定将来可能用于规避专利的方法。替代系统模型需要申请专利，要以所谓的专利伞原理进行组织，这能阻挡竞争对手规避我方专利的可能主要途径。

需要哪些步骤才能确定竞争对手专利的替代方案？

准备阶段：有必要确定一个原型，即需要被规避的专利。

步骤 1：确定此项专利中所保护技术系统的功能、构成和结构。

步骤 2：确定应改变的专利特征。

步骤 3：专利检索，找到该系统的主要替代方案。

步骤 4：为所分析系统构建进化树。

步骤 5：比较基础进化树和具体进化树（参见第 6.1 节），找出哪些转换方案不受专利保护。

步骤 6：评估在系统中使用这些方案的可行性，选择最合适的方案。

步骤 7：根据这些方案提出技术解决方案。

最终阶段：用法律手段保护所产生的解决方案。

规避金戈尔专利的思路。

让我们回到金戈尔和他的缝纫机针传说。可能以如下的样式规避他的专利（图 6-40a）：将缝纫机中上下运动的针替代为围绕某个旋转中心摆动的钩子（图 6-40b）。这个方案是由法国裁缝蒂莫尼尔提出的。与针相比，钩子具有许多优点，首要的是它的传动机构更简单。

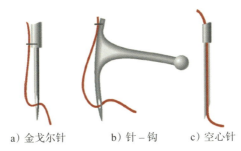

a）金戈尔针　　b）针－钩　　c）空心针

图 6-40　缝纫机针的替代方案

还有一种方案与针本身有关，更确切地说是与穿线用的孔有关。可以沿着针的纵向设置孔，使得线自针的顶部穿入，从其底部穿出（图 6-40c）。另外，还可以直角形的孔替代竖直孔，例如，线从孔的侧面穿入，在其底部穿出。

6.4.2　应用进化树规避实际专利

让我们用一个真实的例子来说明所提出的方法是如何工作的。我们面临的问题是：寻找关于波轮洗衣机柔顺剂注入装置专利的规避方案。这种洗衣机壳体上安装有敞口朝上的洗衣桶，它通过电动机驱动旋转。在洗衣桶的底部安装有圆形波轮，用于洗涤和漂洗衣物。另外，洗衣桶自身也可以快速旋转，以去除衣物中的水分。

这是一种经济型洗衣机，因此其生产成本应该最低。洗衣机的工作模式是固定的，它包括一个洗涤周期和两个漂洗周期（图 6-41）。为了控制洗衣过程的强度，使用者只能改变每个周期的持续时间和波轮的运动方式。每一次洗涤和漂洗后，通过洗衣桶和波轮的快速旋转，把水从衣物中甩出，并从洗衣机中排出。

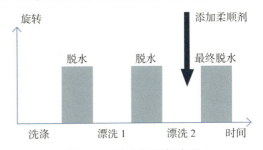

图 6-41　洗衣机运行流程

洗涤前先往洗衣桶内倒入洗衣粉，然后将柔顺剂倒入洗衣桶上部边缘的特定装置,这个装置能在最后一次漂洗时将柔顺剂注入洗衣桶内。

图 6-42 显示了柔顺剂注入装置的结构。

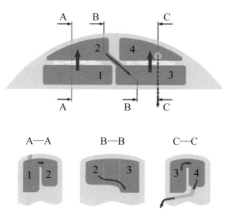

图 6-42　柔顺剂注入装置

在洗衣桶上缘内侧有几个注塑成型的凹槽,分别标为 1、2、3、4 号。其中,1、3 号在洗衣桶的内侧,2、4 号在外侧,而凹槽 1、2 和 3、4 有一个共同的隔板。1、3 号凹槽比 2、4 号凹槽的深度大。另外,2 号和 3 号凹槽之间由倾斜的导管相连。1 号凹槽上端有用于注入柔顺剂的孔,而 4 号凹槽的底部有将柔顺剂注入洗衣桶的孔。洗衣桶快速转动时产生的离心力是该装置运行的动力源。

柔顺剂供给装置的运行方式如下:

1)洗涤前先往 1 号凹槽注入柔顺剂。洗涤时只有波轮转动而洗衣桶不动,柔顺剂仍旧留在 1 号凹槽内。

2)当洗衣桶开始转动并进行脱水时,在离心力的作用下,柔顺剂开始流向较浅的 2 号凹槽,并一直被压在凹槽内的外壁上。

3)接下来是漂洗阶段,洗衣桶停止转动,柔顺剂从 2 号凹槽经过导管流入 3 号凹槽。

4)下一步,洗衣桶又开始快速转动并对衣物进行脱水。柔顺剂开始流向 4 号凹槽,并一直被压在凹槽内的外壁上。

5)洗衣桶停止转动并进行第二次漂洗,柔顺剂从 4 号凹槽底部流出,经过导管注入洗衣桶内。

应该注意到,这个装置功能单一且结构极其简单。它没有任何运动件、阀门、电源,使用者只需在洗涤前把柔顺剂倒入其中即可。可以认为这个装置是接近于理想化的方案。不幸的是,这个"理想化的系统"已经被竞争对手申请了专利。似乎只有购买专利许可证这一条路了。

对这项专利进行规避也是绕开竞争对手保护范围的可行手段。但面临的问题是,生产商的设计师们想找到一个不改变当前装置原理且结构也同样简单又有效的新方案。这时，我们就遇到了典型的专利障碍：系统完全符合要求，但是由于法律原因不能够生产和销售。

为了规避专利，需要确定能够使用进化树进行分析的专利特征。为此首先要建立柔顺剂供给装置的简化模型。最简单的模型是这样一个装置，它有用倾斜导管连接的三个腔体（图 6-43）。第一个腔体 A 装有柔顺剂，它离洗衣桶中心近些；第二个腔体 B 是空的，离洗衣桶中心稍远些。第三个腔体 A1 的位置与第一个腔体 A 并列，它通过导管与腔体 B 连接。

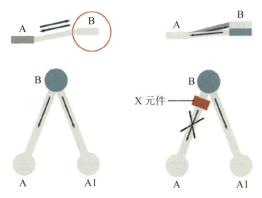

图 6-43　三腔式供给装置模型

显然，在洗衣桶快速转动并产生离心力时，柔顺剂开始流向第二个腔体，并留在那里，直到旋转停止。然后，柔顺剂将沿着倾斜的导管流向第一个和第三个腔体。

为了防止这种情况发生，需要将管道的入口设置在第二腔体的上部，将出口设置在其下部。这样停止旋转时，柔顺剂就不会回流，而是流向下一个腔体。这就能符合我们的要求，因为我们需要的是让柔顺剂流向下一个腔体，而不是往回流动。

因此，为了使柔顺剂在洗衣桶的一个旋转周期内移动一步，需要一个带有三个按照特定方式布置的腔体的模型。将多个这样的模型串联起来就得到这样一个设备，它能按步骤（根据滚筒旋转周期的次数）将柔顺剂从第一个腔体按照某些方向逐步移动到后续的腔体内（图 6-44）。

这样的模型使得我们能够更详细地理解该装置的特征并确定所分析专利的特征。

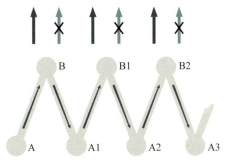

图 6-44　洗衣桶快速转动次数的计数器

改变这个技术解决方案的限制非常严格。不能将这个装置的工作原理复杂化，不能增加由洗衣机电脑板控制的阀门或者开关。另外腔体的尺寸（隔板的倾斜角度、表面性质、腔体和导管的尺寸和深度）已经充分地优化了，调整这些参数有可能导致装置的性能变差。似乎可以将洗衣桶旋转频率作为控制液体流动的参数，但是，洗衣桶在脱水时的转动速度是最大的，不可能再增加了。

因此，只有一个专利特征可以改变，即三腔体模型的摆放方式。

在现有的结构中，若干个三腔体模型位于洗衣桶口的下方，沿着其转动方向以链条形式排列。事实上，这是关于线形结构的转换，这些转换可用以下进化树的分支描述：

1) 腔体布置与洗衣桶转动方向的协调。
2) 线形结构的几何进化。

为了转换这个供给装置的方案，我们可以使用以下基础进化树的片段（图 6-45）。其中概括性转换方案可按以下方式排列。

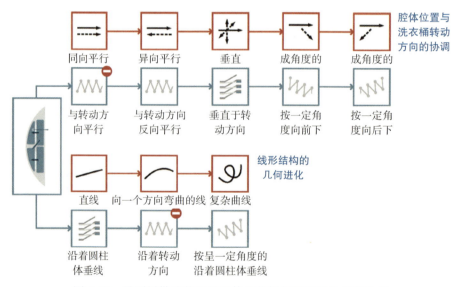

图 6-45　柔顺剂供给装置的具体进化树与基础进化树的比较

"腔体布置与洗衣桶转动方向的协调"进化路线：

1) 平行于旋转方向，向同一个方向。
2) 平行于旋转方向，向不同的方向。
3) 垂直于旋转方向，朝向滚筒的中心。
4) 垂直于旋转方向，背离滚筒的中心。
5) 垂直于旋转方向，沿洗衣桶外形线向下。
6) 垂直于旋转方向，沿洗衣桶外形线向上。

7）与旋转方向成一定的角度。

"线形结构的几何进化"进化路线：

1）直线。

2）向一个方向弯曲的线。

3）复杂曲线。

柔顺剂供给装置的进化树片段如下：

"腔体布置与洗衣桶转动方向的协调"进化路线：

1）平行于转动方向：

  ①与转动方向相同。

  ②与转动方向相反。

2）垂直于转动方向：

  ①从上到下。

  ②从下到上。

  ③向洗衣桶内部。

  ④向洗衣桶外部。

3）与转动方向成一定的角度：

  ①向前向下。

  ②向前向上。

  ③向后向下。

  ④向后向上。

"线形构造的几何进化"进化路线：

1）直线：沿着圆柱体的高。

2）向一个方向弯曲的线：沿着圆柱体的周长。

3）复杂曲线：与圆柱体的高成一定角度。

在研究了这些模型可能的摆放形式以后，我们的结论是：已经获得了一些可供选择的新方案。在图6-45中，用红色圆圈表示已经被申请专利的三腔体模型布置方案，而其他方案完全可以用来建立替代方案。

这里可以立即排除向洗衣桶中心以及与旋转方向相反的两种布置方案。向洗衣桶中心的方案需要增加桶壁的厚度才能实现。

与洗衣桶转动方向相反的腔体布置方案与原专利具有同等价值。这个方案可以作为一种可能的规避专利的途径，但这需要向专利代理人咨询原专利权力要求的范围。

从法律角度，自上而下沿着圆柱体的高和沿着圆柱体的外形按一定角度向前下或后下的方案保护起来更简单些。

从工艺角度来看，自上而下沿着圆柱体高的布置模型更容易实现。我们就选择这个方案作为原专利的替代方案。

如何按垂直布置的模型实现具体的装置（图 6-46）？

柔顺剂供给装置的腔体分两层。同层腔体向着洗衣桶中心排列，两个腔体由一块隔板分开。上层内侧腔体 1 的上部开有柔顺剂注入口。外侧腔体 2 的底部是倾斜的，而且与腔体壁之间还有缝隙。底部挡板伸出来，能够将柔顺剂引导至下一层内侧的腔体中。下层外侧腔体 4 的底部有一个开口，用于将柔顺剂注入洗衣桶内（图 6-47）。

这个替代装置的工作流程如下（图 6-48）：

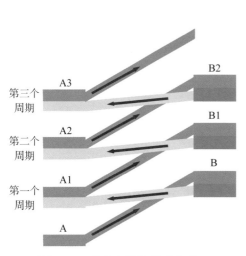

图 6-46　垂直布置的模型方案

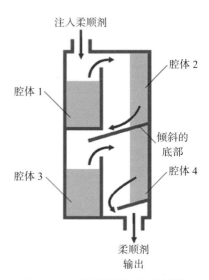

图 6-47　装置的新方案布置图

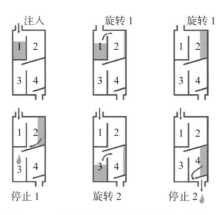

图 6-48　柔顺剂供给装置的运行流程

1）将柔顺剂注入腔体 1，并储存在那里。

2）洗衣桶开始转动并进行脱水。在离心力的作用下，柔顺剂开始流向腔体 2，并保持贴向外侧腔体壁的状态。

3）洗衣桶停止转动，进行漂洗，柔顺剂从腔体 2 沿着倾斜的底部和挡板流向腔体 3。

4）然后洗衣桶又开始转动并再次进行脱水。柔顺剂开始流向腔体 4，并保持贴向外侧腔体壁的状态，直到转动停止。

5）洗衣桶停止，进行第二次漂洗，柔顺剂流向腔体 4 的底部并注入洗衣桶内。

这样，通过使用进化树，我们获得了替代技术解决方案，这些方案为规避现有专利提供了新的可能。为了进一步实施方案，我们选择了一个工艺上最容易实现的方案，并申请了专利。应该指出，上述大多数方案都是可行且有效的，也能成功地申请到专利。

6.5 高效的系统预测

6.5.1 应用进化树进行预测

人不断地在预测自己的行为。有时预测可能很简单，例如过十字路口时，行人只需分析几个最主要因素：绿灯是否亮起、汽车是否停止、道路是否湿滑，并判断他自己是否能安全地走到马路对面。

预测也可能是长期且复杂的，例如需要对遥远的未来做出计划。这时，就不得不考虑和分析许多因素，建立事件可能发展的模型，并根据对这些模型的分析结果做出决策。如果某人把这件事做得很好，那这个人就被认为是成功的；如果预测得不准确，事情会意想不到地"落在"他的头上，甚至都没有时间对它做出反应，那这个人则被认为是失败的。

准确的预测在企业创新活动中特别重要。为了开发一个有发展前景的产品，必须尽可能准确地预测类似产品和技术系统的发展。如果找到了一个新的具有竞争力产品的想法，那么企业能够在竞争对手中间保持领先地位。掌握预测方法、具有前瞻性的眼光是每一位工程师，特别是发明家所必须掌握的技能，因为没有这种能力就很难高质量地完成创新工作。科学和技术的发展离不开对未来的展望，也离不开对今天最现实的问题、明天对这些问题可能的解决思路以及需要在哪些方向上集中最大力量的认识。各种预测方法可以归纳为两种主要方法：定量法和定性法。

长期以来，定量预测几乎被认为是唯一可行的方法。它是基于对已知趋势和模型的推断。这种外推法的优势在于对所用模型非常熟悉并（通常）具有定量估计的能力。

例如，如果我们要预测 10 年后中级轿车的每百公里油耗，那么我们可以进行如下操作。长期跟踪这项指标的下降（或上升）趋势，将收集到的信息以图表的形式呈现（图 6-49），并将油耗变化曲线延长至我们感兴趣的时间上。在这种情况下，定量预测给出的乘用车每百公里油耗为 2～3 升。如果向专家寻求帮助，这个范围还可能进一步缩小，虽然他们的意见可能带有主观性。

预测技术系统的某些指标在未来几年的变化，如产品的出产数量、轮船的排水量、飞机的速度等。对系统某个阶段内的指标进行预测时，使用定量预测法很实用。

在预测技术系统一些近期的指标时，可以认为定量预测法或多或少是令人满意的：生产量、轮船排水量、飞机速度等。在系统发展周期中的某一阶段范围内，使用这种方法的效果还是不错的。

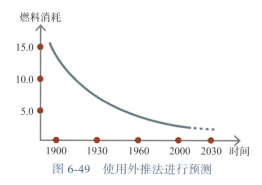

图 6-49　使用外推法进行预测

例如，1965 年，戈登·摩尔预测集成电路上的晶体管数量每 18 个月增加一倍。在之后的数十年里，这一预测都是有效的，但据许多专家称，它可能会失效。事实上，硅基集成电路技术几乎发展到了物理极限，而新技术已经出现，向新技术转换会导致这种情况发生重大改变。甚至摩尔本人也在几年前表示，在未来他的预测可能不再有效。

能够预见技术系统从一种形式发生质变并转换成另一种形式是非常重要的。技术史上有很多意外事件都与没有理解质变的重要性有关。我们可以引用 19 世纪末一个众所周知的失败预见为例。当时对伦敦市交通运输系统发展的预测是：50 年后，城市里马车的数量会大幅增加，城市街道上的马粪厚度将达到二层楼窗户那么高。由于没有考虑到技术系统的质变，即汽车的发明，让这个预测变成了笑料。

其他一些历史上的预测性观点，今天看起来都十分可笑，例如：
- "飞行器比空气还重，不可能飞起来"——开尔文勋爵，英国皇家科学院主席，1895 年。
- "640KB 的内存对任何人来说都足够了"——比尔·盖茨，1981 年。
- "未来的计算机重量不会超过 1.5 吨"——《大众力学》杂志，1949 年。
- "钻探石油？您的意思是钻到地下去寻找石油吗？您疯了！"——当钻探公司老板听到著名地质学家埃德温·德雷克介绍其项目时如是说。

定量预测完全不能满足发明实践的要求，因为质变是技术系统量变积累的结果。但这正是发明家感兴趣的，即预测技术系统将如何变化？哪些子系统会发生最大的变化？这时将会出现什么样的矛盾并需要解决哪些问题？

定性预测首先应该给出被预测系统会出现哪些可能的原理性的变化，预测其发展中质变的本质。然而，重要的是预测不仅要根据专家的主观经验，还要基于客观标准。在这方面，TRIZ 中使用的以技术发展客观规律为基础的预测方法看起来是很可取的。因为它是从具体技术系统是否符合技术系统发展规律的角度进行综合分析的，所以，这种预测将会更加准确。

根据专家评估进行的传统预测只能给出系统某些部分的变化，但是很少能指出如何实现这一点。使用 TRIZ 预测能够给出具体的技术解决方案，并形成产品或者新一代技术的完整的、有理论依据的概念模型。因此，可以使用整个 TRIZ 工具集来获得预测性解决方案，此外，能称得上发明的任何解决方案都是预测性的。

专利申请书无非描述了在开发产品原型之前具有一定优势的新系统方案。在提交专利时，尤其是在开发新的技术方案时，若不清楚系统是否会按照这条路线发展，或者仅仅是一次不成功的尝试，则根本不需要为此申请专利。因此提高预测技术系统发展的可靠性是非常重要的。

不管预测哪个系统的发展，最终都是建立一条按时间排列的方案序列。如果能够在整个时间轴上做到这一点，即无论是过去还是未来都填充有方案，那么就能够对系统的整个进化过程了如指掌。如果时间轴上排列的系统方案非常简单，那么只能说有可能会预测到系统以后的发展方案。

比如说，按开发时间排列所分析的系统方案（图 6-50），当沿着时间轴移动时，将不可避免地来到当下的时间点，这时我们已经不知道下一个系统方案是什么了。这会让人想起在火车车厢上的移动。当车厢之间的门打开时，我们可以很轻松地从一节车厢走到另一节车厢，并能够很仔细地观察每一节车厢的情况。现在我们已经来到了那扇关闭的门（当下），已经不知道它背后是什么，是另一节车厢还是其他什么？

要想知道这扇门背后的内容，需要"离开火车"，也就是说，跳出系统发展的时间模型框架，并使用其他模型对其可能的方案进行分析。这个模型要有这样的结构，它可以描述人类的某种需求，并采用进化树以可视化的方式显示出所有能够满足这个需求的系统方案。成功的预测能够确定人类需求和满足这些需求的技术能力之间的最佳平衡点。

在预测任何系统的发展时，可以将其想象为满足需求的一种手段。其意思是，人需要的不是物体或者其他什么东西，而是使用这些物体能够执行的功能和完成这些功能后所得到的所谓"产品"或者体验。我们购买的不是某个具体的产品，而是该产品能够保证某种消费特性、满足我们某种需求的能力。具体的产品本身只是获得这种体验的一种手段。

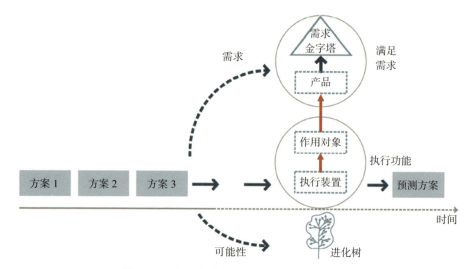

图 6-50 按开发时间排列所分析的系统方案

很多动机理论都对人类需求进行过研究，以分析和构建促使人们以一种或另一种方式行事的驱动力。麦克莱兰、赫茨伯格、马斯洛等理论研究者的出发点是，当一个人在生理或心理方面缺少某种东西时，就会体现在需求上。因此，人的需求具有不同的层次，即主要的（生理上的）和次要的（心理上的）。

应用最广泛的是马斯洛需求层次理论，该理论可用所谓的马斯洛金字塔表示，它包括以下需求：

- 自我实现的需求。
- 得到社会承认、取得社会地位的需求。
- 社交需求。
- 安全需求。
- 生理需求。

需求金字塔是按照需求层次建立的。根据马斯洛的观点，人总是首先满足最重要的、必不可少的需求，即生理上的以及安全上的需求。一旦得到了满足，这些需求就不再是驱动行为的动机，而是让位于下一个层次中重要的需求，如社交需求和得到社会承认的需求。在金字塔最顶层是自我实现的需求。

所有人的需求都是通过使用某些物质来满足的，这些物质是某些系统作用后的产品（图6-50）。比如，满足社交需求的一种方法可能是借助一张写有字母的纸。

从图 6-50 中可以看出，最有效且最具竞争力的系统位于两个向量的相交点上。其中的一个向量表示用户需求，另一个向量是系统作用，它能生产出满足需求的产品。系统越理想，其生产的产品价格越低，质量越好，在这个细分市场内满足用户需求的覆盖面就越广。基于此，系统的改进应朝着降低产品生产成本、提高质量、改善消费特征的方向发展。

执行装置和作用对象构成了能生产产品的系统的最小组合。当然，为了保证它们之间的相互作用，在实际系统中还需要增加某些额外部分，但是系统功能就是由这对组件完成的。在进行系统预测时，需要准确了解未来这些组件应该如何变化。改变组合中哪个组件就可以获得新的系统方案。

为了获得预测结果，需要弄清楚系统主要的、有发展前景的方案。一般来说，执行装置就是那个为了满足需求而要改进的组件，因此，预测的主要工作是确定一个更有前景的执行装置以替代现有方案。

根据图 6-50，我们提出以下算法，用于获得所分析系统的有发展前景的预测方案：

1）确定用户需求。
2）确定系统作用对象。
3）确定系统作用对象在受到作用后应该得到的产品。
4）（在需要时）转换系统作用对象。
5）确定系统的执行装置。
6）转换执行装置。

为了有效地转换执行装置和作用对象，重要的是在视野范围内同时看到足够多的方案，理想的是，能看到这些系统组件能够实现的所有主要方案。

6.5.2 系统组件主要方案的演算

如上所述，寻找系统组件新方案的最佳方法是定性或者技术预测方法。

与分析某个特定指标的定量外推法不同，这里研究的是系统构成及其结构的发展。通常，研究所选对象的发展是从最初的系统方案到最完善的方案，然后按照某个技术系统进化法则发现其发展趋势，构建特定的进化路线。之后建立预测性解决方案，即演算出所研究对象的可能方案。

这种方法的缺点在于观察范围较窄，不可能一下子看到被研究组件的所有主要的转换方案（图 6-51）。就像是在保护区内为游客设置了严格的参观路线，而不像在普通公园内可以自由散步。

我们认为，为了找出有效的预测性解决方法，最好不只拥有一条这样的"路线"，而是拥有包含所有可能路线的整张地图。这样，就能一下子看清所有的可能性（图 6-52）。如果预测者拥有自己的结构化处理方式和可视化的信息库，那么他的工作效率就会大大提高。进化树最适合扮演地图这个角色，因为进化树上有被研究对象现有的按法则排列的方案。此外，还能获得有价值的信息，这些信息是关于进化树中缺失的但可能发展出来的方案。

在 6.1 中介绍过用来确定所分析对象的有发展前景方案的方法。如果将所建立的具体进化树和构成基础进化树的进化路线做比较，我们就能找到完成该对象的新方案。其本质就是在信息场中做标记,并对暂时还不存在的系统方案的"外貌"做出描述。这样可以更清晰地看到哪些元素可以作为系统的构成,并专注于其中最好的。同时,用于建立进化树的客观方法使我们不会关注那些普通的、庸俗的方案,而是获得新的、令人意想不到的方案。

图 6-51 按照一条进化路线的预测

图 6-52 按照多条进化路线的预测

除了基础进化树以外,也可以把其他信息结构作为改进技术对象的"参照点"。使用 6.3.2 中介绍的"结构类比法"就可以获得有关所研究对象的大量信息。该方法的本质是当不同系统组件之间具有所谓的相似结构时,它们之间就是最相近的类比。我们可以用这种方法分析所选结构,并在另外的技术更成熟的领域使用类比法寻找它的转换方案。

在技术领域,不同技术系统的发展程度是不同的。比如,汽车或航天工业集中了最优秀的专家、科研潜力和大量的财政资源,相应的技术系统及其组成部分也得到了最大程度的开发。研究这些系统的发展历史,可以为其组件建立非常详细的进化路线,并以此构建进化树。在这样的进化树中,就像基础进化树一样,基本上没有空白的转换方案。同时,与基础进化树相比,用这样发达的技术系统进化树作为"参考点",有着巨大的优势。因为,这棵树上的所有转换都比基础进化树上的抽象转换更加直观,信息更加具体。

除了发达的技术领域外,还有一些研究人员较少、科研和资金资源也很少的系统。所以,在这些系统进化路线上经常会出现还没有填充任何转换方案的空白点。对这样不完整的路线并不总能对它做出合理的预测。最有效的预测方法是将两个结构相似的系统进化树进行比较,其中一棵是需要预测的系统,另一棵是发达的系统。简单地说,要发明一种新煎锅,在火箭发动机喷嘴结构中寻找类比是有效的。因为这两种情况都有一个在一侧加热的外壳,这为两个系统的比较提供了充分的理由。

比较两个真实系统的进化树不仅可以获得所研究系统的新的、有趣的方案。对发达系统的分析,还能清楚地说明在其发展过程中它为什么而改变,以及在这个过程中解决了哪些矛盾。

可以说，预测就是一个充满未知数的方程。用进化树来显示出系统可能的方案，就能够确定其中的一些未知数。这最终将简化预测过程并使其更加完整和准确。在有"标记"的信息场中，研究人员眼前呈现出一幅包括了系统所有主要方案的清晰画面。有了这些信息，他可以完全专注于反向解决问题并分析系统方案，以尝试寻找以下问题的答案：

1）为什么需要系统的这种或者那种方案？
2）新系统的哪些参数发生了变化以及如何变化？
3）每种方案的优点是什么？
4）每种方案的缺点是什么？
5）对生产的产品质量有何影响？
6）新方案是更贵了还是更便宜了？
7）所研究系统的超系统将如何变化？

因此，这里指的是一般意义的研究工作，即研究新的假设系统的模型。

6.5.3　应用显示器进化树预测解决方案的实例

在构建和分析显示器进化树的过程中，产生了许多预测方案，本节将介绍其中一部分内容。这里值得说明的是，本书介绍的这棵显示器进化树是在2001—2002年建立的，就是说是在很久之前完成的。它是建立在公开信息基础上的，更多具有举例说明的性质，因而做了适当的简化。而在实际工作中，为了做好预测，需要大量的研究工作，还要调查一些非公开信息以及分析专利资料，这样会获得更准确的结果。

那么这棵树上的预测方案有多少已经实现了？显示器技术后来的发展是否朝着进化树所展示的方向发展？让我们试着看看这棵简单的显示器进化树发生了什么变化。本质上它与更大型的真实进化树的区别仅在于研究的深度不同。下面是一些预测方案的实例：

预测方案A：提高盲人和弱视者显示器的信息量（2001年）。

需求：最大限度地获取感兴趣的信息。

作用对象：感觉器官（除视觉外）。

产品：受到信息作用的感觉器官。

执行装置：销钉式显示器。

销钉式显示器是在构建进化树时就已存在的方案。按照MATChEM算子（参见3.2.2节）对其进行转换，可以获得以下预测方案（图6-53）：

- 声场：在显示器的局部，通过销钉直接传递声音。
- 热场：对盲人来说的"彩色"显示器，是通过对销钉顶端加热或冷却来形成图画。
- 化学场：带气味的显示器。
- 电场：在销钉上施加电压的彩色浮雕式显示器。

- 磁场：将用户的手指引导至屏幕上正确位置的装置。

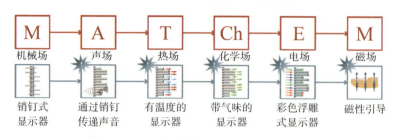

图 6-53　用引入场算子分析销钉式显示器

预测方案 A 的实现情况：

从总体趋势上来看，盲人显示器的发展方向是在皮肤上以综合作用的方式传递信息。2006 年开发出的前额视网膜系统（Forehead Retina System）就符合这样的发展趋势。它使用一定频率的电脉冲来传输图像，研究结果表明，不同频率的电脉冲能被感知为不同的颜色。

预测方案 B：能够将所显示物体形成真实活动的复制品的显示器。

需求：获取最真实的图像。

作用对象：感觉器官（首先是视觉器官）。

产品：能感受真实图像的感觉器官。

执行装置：显示器。

双屏幕显示器的"动态化"进化路线（参见第 5.5 节）与动态化基础路线的比较结果显示，这条具体的进化路线并没有结束，它还缺少两个转换方案，即"使用场"和"分割成几部分的系统"（图 6-54）。

如将活性聚合物与柔性屏幕结合，可以获得最逼真的三维图像。这样的显示器是一个执行装置或机器人，它可以像任何的物体或者人。按照分割显示器的进化路线分析可以获得类似的装置，例如，使用"显示光纤"来呈现图像。

图 6-54　双屏幕显示器的"动态化"进化路线

预测方案 B 的实现情况：

尽管在我们构建这棵进化树时并没有在技术文献中找到有关这类装置的信息。但当时确有这样的想法，即一个面部是柔性显示器的机器人。与其他机器人相比，这样的机器人能完全展示出人类（或非人类）的面部颜色、色彩变化等。实际上这样的显示器在几年之后就已实现了。

预测方案 C：带有浮雕式屏幕的显示器

需求：获取视觉上的伪三维图像。

作用对象：感觉器官（首先是视觉器官）。

产品：能感受真实图像的感觉器官。

执行装置：显示器。

双屏幕显示器的"动态化"进化路线（参见图 6-54 中的倒数第二步）与基础的"动态化"路线的比较结果显示，这条显示器进化路线还缺少"使用场"的方案。在这个地方，可能会有一种主动浮雕式的显示器方案，其表面的形状会根据图像而变化。根据进化路线的逻辑，可以使用柔性的可卷曲显示器，并通过磁场之类的场来改变其形状（图 6-55）。

图 6-55 带有动态微凸起的显示器

预测方案 C 的实现情况：

在 2006—2007 年，媒体上出现过关于主动浮雕式显示器的报道。日本川口洋一郎教授是其中一位发明者。他开发的 Gemotion 显示器有一个用来显示图像的柔性屏幕。屏幕可在 72 个气缸的作用下改变其形状，不过这个显示器还不具备传递复杂信息的能力。

第二种显示器是一个装有铁磁流体的托盘，在磁场的作用下其表面能以像素为单位改变形状。

下一步，主动浮雕式的显示器将按照图 5-15 所展示的进化路线发展，其顺序是将屏幕表面分割成很小的像素并协调它们之间的位置、形状、大小等，再增加屏幕每个区域的动态性并确保它们的可控性。其结果是，很有可能创造出一个具有实用价值的屏幕，例如用于广告宣传。

预测方案 D：显示器与主机分离的笔记本计算机。

需求：获得具有最大活动程度的显示器的笔记本计算机。

作用对象：感觉器官（首先是视觉器官）。

产品：能感受真实图像的感觉器官。

执行装置：显示器。

显示器的"动态化"进化路线（图 5-39）与基础的"动态化"进化路线的比较结果显示，具体的进化路线没有结束，它缺少最后的转换，即"带有几个分离部分的系统"（图 6-56）。

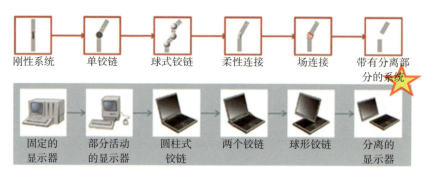

图 6-56　动态显示器的分析

这个缺失的步骤给了我们以下提示：让笔记本计算机的显示器在与键盘分开的状态下显示。这种可拆卸显示器既可以挂在墙上，也可以用在小型现场发布，还可以放在任何方便工作的地方。

预测方案 D 的实现情况：

2006 年，三星发布了一款新产品：三星 M70 笔记本计算机，其屏幕可以与键盘分离并独立工作。

预测方案 E：理想化的显示器。

理想化的显示器是指能够直接在人的意识中形成视觉图像的方法（图 6-57）。整个显示器和微电子装置的发展历史都是以微型化、理想化为衡量技术进步的标准。在进化树的顶部展示了理想化的显示器，但它们还可以更加理想。

需求：不用任何装置来获取视觉和其他信息。

作用对象：意识。

产品：接收到视觉信息的大脑。

执行装置：显示器。

显示器"裁剪"进化路线与基础"裁剪"路线的比较结果显示，显示器转换的最终方案还没有被填充。在基础进化路线中这个转换使用理想物体。什么是最理想的显示器？显然是没有物质但能执行功能，即最符合要求的"显示器"方案是不通过眼睛和其他感觉器官，直接在使用者意识中产生图像的方案。

预测方案 E 的实现情况：

有许多公司都在开发理想显示器，例如在第 5 章介绍的 Takara 公司所研制的

"睡眠机器"。但这类产品的效果还不太稳定。而索尼公司发布的有关信息表明,该公司采取的思路是通过直接唤起人的视觉或其他神经回路来显示图像,并申请了这个方法有关的专利。以日本企业申请专利的习惯,可以肯定地说,新技术的开发工作已经全面展开了。

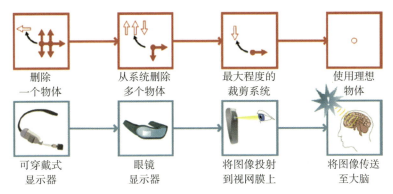

图 6-57　显示器"裁剪"进化路线

在本小节结束时,需要说明,系统的预测方案通常已经以某种形式存在,但许多公司的专家并没有完全理解到所研究系统的关键发展方向。使用进化树进行分析可以更清楚地理解系统发展的逻辑,并从技术进化的角度预测哪些(无论是现有的还是新创建的)方案是最有发展前景的。

6.5.4　应用计算机分析复杂系统的方法

计算机可以提高使用进化树预测分析的效率。

一棵进化树只描述一个组件的转换,而为了执行功能至少需要两个组件,也就是说,为了正确描述两个组件之间的相互作用,至少需要两棵进化树。如果考虑到作用发生时环境的变化,那预测效果就会显著增加,这是另一棵额外的进化树。因此,为了描述一个功能的实施方案至少需要三棵进化树,并将它们作为整体进行研究,以分析每次改变一个或者几个成分所能获得的结果。

当我们开始开发这个方法并将进化树应用在具体项目时,它就像在一张大的海报上勾勒出的树的结构。在小纸片上绘制并写上每个单独方案的内容,然后按照进化路线的顺序将它们粘贴在这棵树的枝干上。这样我们就得到了一张巨大的贴满"东西"的海报,其大小和复杂程度非常接近于真实的树木。这样看上去效果不错,但是要搬运这样的挂图,比如到报告厅去,显然是很不方便的。另外,增加新方案也很困难,因为需要重新描述所有得到的组合,并按照系统模型手工绘制。

在获得一系列概念或者点子后,设计师就可以开始对其进行分析,根据自己的判定原则从中挑选最有前景的方案。

当然，出于可见性、效率、移动性和信息传递的原因，人们希望将进化树的制作过程计算机化。在进化树的基础上，我们开发了一个计算机程序原型，即"概念生成器"，它能帮助设计师快速获得大量高质量完成不同功能的各种方法，并以直观的形式显示出来。每种方法都可用于获得解决方案的基本概念，它们的组合则可用于设计技术系统的综合概念。获得一系列的概念之后，设计师就可以开始分析它们并根据推荐的标准选择有发展前景的概念。

程序的基础（图 6-58）是一个内容丰富的数据库，其中包括许多从基础进化树提取出来的物体转换方案的图标以及相应的文字描述。这些方案可按用户的指令显示在操作窗口中，并对执行所分析功能的组件进行"组装"。使用基础进化树作为导航，引导操作者选择转换方案。

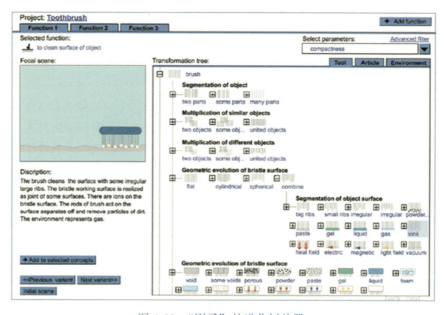

图 6-58 "刷子"的进化树片段

这样，设计师就得到了一系列各种各样的概念方案，其中有些已经实现或者获得了专利，但也有一些是设计师自己综合出来的新概念。由于设计师很熟悉自己的行业，因此他很容易就能找到所分析组件的进化树上的现有解决方案。

这个程序的目的是为设计师展示完成他所需功能的所有主要方案。在已知实现功能的方法中，可以挑选出最符合问题情境的方法，并把它应用到所设计的系统中。空白方案以及组合现有解决方案就是寻找新概念的地方。

这个程序能够根据要改进的参数自动向设计师提供概念方案，或者在设计师选择概念时提出某些建议。设计师根据分析目标、所拥有的资源和需要改进的操作参数，选择出最有前景的概念方案。

在分析复杂系统时，可以构建功能链，这里有一个简单的例子（图 6-59）。

这个概念生成器可以是任何计算机辅助设计系统的有用补充，无论是 AutoCAD、Pro-E 还是任何其他类似的工具。基于进化树的方法，使设计师能够建立一个由执行基本功能的视觉模型所组成的虚拟技术世界，在其中可以模拟任何技术系统的结构及运行。

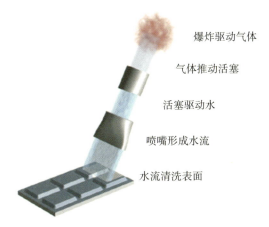

图 6-59　构建功能链的例子

参 考 文 献

[1] АЛЬТШУЛЛЕР Г С, ШАПИРО Р Б. О психологии изобретательского творчества[J]. Вопросы психологии, 1956(6): 37-49.

[2] АЛЬТШУЛЛЕР Г С. Основы изобретательства[M]. Воронеж: Центрально-Чернозёмное издательство, 1964.

[3] АЛЬТШУЛЛЕР Г С. Как научиться изобретать[M]. Тамбов: Тамбовское книжное издательство, 1961.

[4] АЛЬТШУЛЛЕР Г С. Творчество как точная наука[M]. Москва: Издательство Советское радио, 1979.

[5] КУДРЯВЦЕВ А В. Обзор методов создания новых технических решений[M]. Москва: Госкомитет СССР по делам изобретений и открытий, 1988.

[6] АЛЬТШУЛЛЕР Г С. Поиск новых идей: от озарения к технологии[M]. Кишинёв: Издательство Картя Молдовеняскэ, 1989.

[7] КАРПУНИНА М Г, МАЙДАНЧИКА Б И. Справочник по ФСА[M]. Москва: Издательство Финансы и статистика, 1988.

[8] ЛИТВИН С С, ГЕРАСИМОВ В Г. Развитие альтернативных систем путем объединения их в надсистему[J]. TRIZ, 1990, 1(1): 11-26.

[9] СТРИЖАКОВ А В, МАРТИРОСОВ А Л, КУБАРЕВ А Е. Начертательная геометрия[M]. Москва: Издательство Феникс, 2004.

[10] АЛЬТШУЛЛЕР Г С. Алгоритм изобретения[M]. Москва: Издательство Московский Рабочий, 1973.

[11] АЛЬТШУЛЛЕР Г С. Найти идею[M]. Новосибирск: Издательство Наука, 1986.

[12] АЛЬТШУЛЛЕР Г С, ЗЛОТИН Б Л, ФИЛАТОВ В И. Профессия: поиск нового[M]. Кишинёв: Издательство Картя Молдовеняскэ, 1985.

[13] АЛЬТШУЛЛЕР Г С. Дерзкие формулы творчества[M]. Петрозаводск: Издательство Карелия, 1987.

[14] АЛЬТОВ Г. И тут появился изобретатель[M]. -3-е изд. Москва: Издательство Детская литература, 1989.

[15] СЕЛЮЦКИЙ А Б. Нить в лабиринте[M]. Петрозаводск: Издательство Карелия, 1988.

[16] СЕЛЮЦКИЙ А Б. Правила игры без правил[M]. Петрозаводск: Издательство Карелия, 1989.

[17] СЕЛЮЦКИЙ А Б. Шанс на приключение[M]. Петрозаводск: Издательство Карелия, 1991.

[18] СЕЛЮЦКИЙ А Б. Как стать еретиком[M]. Петрозаводск: Издательство Карелия, 1990.

[19] АМНУЭЛЬ П. Звездные корабли воображения[M]. Москва: Издательство Знание, 1988.

[20] ГОРИН Ю. Указатель применения физических эффектов и явлений[M]. Ленинград: Издательство Наука и техника, 1982.

[21] ТИМОХОВ В И. Про биологические эффекты: В помощь учителю биологии[M]. Гомель: Издательство б.и., 1993.

[22] КАРПУХИНА С И. Зашита интеллектуальной собственности и патентоведение[M]. Москва: Издательство Центр экономики и маркетинга, 2002.

[23] САЛАМАТОВ Ю П, КОНДРАКОВ И М. Идеализация технических систем[M]. Красноярск: Издательство ТРИЗ-фонд ЧОУНБ, 1984.

[24] БАУЭР П. Летательные аппараты нетрадиционных схем[M]. Москва: Издательство Мир, 1991.

[25] ДМИТРИЕВА В Г. Проблемы создания перспективной авиационно-космической техники[M]. Москва: Российское государственное издательство физико - математических книг, 2005.

[26] МЕЛЕЩЕНКО Ю С. Техника и закономерности ее развития[M]. Ленинград: Издательство Лениздат, 1970.

[27] ПОЛОВИНКИН А И. Законы строения и развития техники[M]. Волгоград: Издательство ВПИ, 1985.

[28] АЛЬТШУЛЛЕР Г С. Алгоритм изобретения[M]. Москва: Издательство Московский Рабочий, 1973.

[29] ПОЛОВИНКИН А И. Автоматизация поискового конструирования[M]. Москва: Издательство Радио и связь, 1981.

[30] ГОЛДОВСКИЙ Б И, ВАЙНЕРМАН М И. Рациональное творчество[M]. Москва: Издательство Речной транспорт, 1990.

[31] ФЕЙ В. Хронокинематика Технических систем: Рукопись[M]. Красноярск: Издательство ТРИЗ-фонд ЧОУНБ, 1988.

[32] САЛАМАТОВ Ю П. Система законов развития техники[M]. Петрозаводск: Издательство Карелия, 1991.

[33] КАМЕНЕВ А Ф. Технические Системы: Закономерности развития[M]. Ленинград: Издательство Машиностроение, 1985.

[34] Половинкин А И. Автоматизация поискового конструирования[M]. Москва:

Издательство Радио и связь, 1981.

[35] КИЗЕВИЧ Г В. Принципы выживания или Теория творчества на каждый день[M]. Москва: Издательство Вильяме, 2004.

[36] ХОМЕНКО Н Н, ШПАКОВСКИЙ Н А. Совершенствование отвально-роторной машины методом ТРИЗ и ФСА[J]. TRIZ, 1996(1): 55-59.

[37] КУДРЯВЦЕВ А В. Блистательный мастер Раймунд Луллий[DB/OL]. [2024-03-31]. https://metodolog.ru/00110/00110.html.

[38] ZWICKY F. Discovery, Invention, Research through the Morphological Approach[M]. Toronto: The Macmillian Company, 1969.

[39] ПОЛОВИНКИН А И. Основы инженерного творчества: Учебное пособие для студентов втузов[M]. Москва: Издательство Машиностроение, 1988.

[40] МОРОЗОВ А Д. Введение в теорию фракталов: Современная математика[M]. Ижевск: Институт компьютерных исследований, 2004.

[41] БЕЛЕНЬКИЙ И. История кино[M]. Москва: Издательство Астрель, 2019.

[42] ХАЛФИН А М. Механическое и электронное телевидение[M]. Москва: Издательство Госиздат, 1937.

[43] БУГРОВ В А. Основы кинотелевизионной техники[M]. Москва: Издательство Искусство, 1964.

[44] ШПАКОВСКИЙ Н А. От винта![J]. TRIZ-profi, 2005(1): 24-28.

[45] МЭГГС П Б, СЕРГЕЕВ А П. Интеллектуальная собственность[M]. Москва: Издательство Юристъ, 2000.